WTO 补贴规则与
中国财政补贴政策选择

王光　著

中国商务出版社
CHINA COMMERCE AND TRADE PRESS

图书在版编目（CIP）数据

WTO补贴规则与中国财政补贴政策选择/王光著.--
北京：中国商务出版社，2021.5
ISBN 978-7-5103-3795-6

Ⅰ.①W… Ⅱ.①王… Ⅲ.①世界贸易组织—补贴—
贸易协定—规则②补偿性财政政策—政策选择—研究—中
国 Ⅳ.①F744②F812.0

中国版本图书馆CIP数据核字(2021)第078036号

WTO补贴规则与中国财政补贴政策选择
WTO BUTIE GUIZE YU ZHONGGUO CAIZHENG BUTIE ZHENGCE XUANZE
王光 著

出 版：	中国商务出版社			
地 址：	北京市东城区安定门外大街东后巷28号邮编：100710			
责任部门：	商务事业部（010-64243016）			
责任编辑：	刘姝辰			
总 发 行：	中国商务出版社发行部（010-64208388 64515150）			
网购零售：	中国商务出版社考培部（010-64286917）			
网 址：	http://www.cctpress.com			
网 店：	https://shop162373850.taobao.com/			
邮 箱：	349183847@qq.com			
开 本：	710毫米×1000毫米 1/16			
印 张：	19.5		字 数：	262千字
版 次：	2021年6月第1版		印 次：	2021年6月第1次印刷
书 号：	ISBN978-7-5103-3795-6			
定 价：	60.00元			

凡所购本版图书有印装质量问题，请与本社总编室联系。（电话：010-64212247）

版权所有盗版必究（盗版侵权举报可发邮件到此邮箱：1115086991@qq.com 或致电：010-64286917）

序（一）

WTO是当今全球经济治理体系中的重要支柱，在构建和发展全球多边贸易规则方面，具有举足轻重的作用。但从发展趋势看，WTO在贸易规则谈判、贸易政策审查以及贸易争端解决三个方面的功能实现均出现了问题，WTO需要改革已成共识。关于WTO改革的各种讨论可谓不绝于耳，改革面临的形势也在不断发生着变化。值得关注的是，美、欧、日等发达经济体多次发布联合声明，试图重塑WTO补贴规则，意图通过WTO多边规则改革的方式向中国施压。在新形势下，作为经济体量、增长潜力以及综合影响力最大的发展中国家，我国应成为改革完善国际经贸规则与全球经济治理的重要参与者与贡献者。正因如此，我国高度重视WTO改革问题，相关部门也提出了我们对于WTO改革的立场和主张，包括重视建立健全符合国际惯例的财政补贴体系等多方关注的一些重大问题的研究。

研究建立健全符合国际惯例的财政补贴体系这一主题，需要立足于交叉学科的研究视角。一方面，基于国际贸易学的视角，对国际经贸规则有较为全面的掌握，需要系统梳理有关国际补贴规则的历史演进、主要内容与基本特征，需要分析当前美、欧、日等发达经济体对WTO改革意见中补贴议题的关注，以及对中国相关产业政策的关切；另一方面，基于公共财政学的视角，对中国财政补贴政策有较为全面的梳理，需要深入分析WTO改革背景下中国财政补贴政策的空间，并在此基础上结合我国经济发展的实际情况，提出中国如何参与国际经贸规则的制定，以及如何参与全球治理的对策建议。

王光博士毕业于对外经济贸易大学，对国际经贸规则有较为深厚的学术积累，学术功底扎实。2018年，他来中国财政科学研究院做博士后科研工作。时值有关WTO改革呼声高涨之际，美、欧、日等发达经济体多次发布联合声明，引起了国际社会的广泛关注，国内各方面对建立健全符合国际惯例的财政补贴体系等问题也给予高度重视。基于此背景，在我的建议与指导下，王光博士对相关问题进行了系统研究，进而完成了他的博士后科研工作报告，本书《WTO补贴规则与中国财政补贴政策选择》正是在这一成果基础上形成的。

《WTO补贴规则与中国财政补贴政策选择》一书利用10个章节的篇幅围绕着"财政补贴政策空间的边界"与"财政补贴政策选择的框架"两条主线进行论证。其中，"财政补贴政策空间的边界"涉及对现有WTO补贴规则的讨论，以及在WTO改革背景下对有关补贴规则议题的讨论。"财政补贴政策选择的框架"的分析，是基于"宏观→微观"的渐进式框架，讨论补贴作为财政政策的常用工具如何对经济发展与企业行为产生激励。这两条主线的结合点与落脚点即是"如何实践符合WTO补贴规则的财政补贴政策"，这正是本书所尝试解决的最终问题，也是其理论价值与实践意义的重要表现。

目前，鲜有文献较为完整地梳理出中国的补贴政策全貌，这可能源于这一工作存在一些难以克服的困难。本书已做出初步尝试，归纳总结出中国补贴政策选择的基本特征与规律，并在此基础上提出当前国际环境下有关中国补贴政策选择的一些建议。这为后期进一步研究建立健全符合国际惯例的财政补贴体系等问题提供了必要的学术积累。这样的研究，对于我国在继续保持对外开放的同时，进一步推进国内政策环境的改革与完善形成理论上的支撑，并为下一步我国主导有关国际经贸规则谈判与制定以及参与全球治理做好前期的论证铺垫。

傅志华

中国财政科学研究院副院长

研究员、博士生导师

序（二）

　　贸易自由化可能是经济学理论中争议最小而政策实践中争议最大的概念，历史上罕有真正贸易自由的时刻。但在二战结束后，曾长期实行贸易保护主义的美国依托其空前的全方位压倒性优势，通过主导建立多边贸易体制，在西方世界中强力推动贸易自由化。到冷战结束、全球经济体系合一之时，乌拉圭回合谈判建立了世界贸易组织，锁定了过去近半个世纪贸易自由化的成果，并将其扩展至90%的世界贸易。更重要的是，在大幅削减关税等贸易壁垒之后，多边贸易体制并没有止步于此，而是将触角伸向边境后的国内经济政策和体制。乌拉圭回合首次制定了关于补贴、知识产权、技术标准等非传统贸易政策领域的多边纪律，其目的也不再局限于消除关税壁垒这样的限制措施，而是寻求建立统一的制度或标准。这一点在知识产权领域体现的最为显著，TRIPS并不是要消除影响贸易的限制性措施，而是要建立一套统一的知识产权保护最低标准和实施体系。而另一个突出的领域就是补贴。GATT第六条只是赋予缔约方反补贴的权利，但并未就缔约方如何实施补贴做出任何规定。而WTO《补贴与反补贴措施协议》（SCM协议）则对成员可以和不可以实施何种补贴制定了详细规则，而鉴于补贴政策对一国经济和社会发展的极端重要性，可以说SCM协议是多边贸易体制真正意义上第一次深入成员的国内经济体制，对成员的国家经济主权构成了实质性的制约。SCM协议的达成反映了20世纪80年代之后兴起的新自由主义经济思想对国际贸易体制的深刻影响，也代表了冷战后世界各国对深度经济一体化和经济体制趋同的乐观预期。

然而，历史从来不是线性发展的，2008 年全球金融危机告诉我们，市场经济体制不是完美和万能的，经济全球化除了带来收益，也会带来风险。而 2016 年英国脱欧和特朗普当选美国总统更像是当头棒喝，原来市场经济和全球化的两任领导者也在承受着巨大的副作用，尤其是不断拉大的收入差距和阶层分化，并开始从他们过去一直强力推动的立场后退甚至逆转，特朗普领导的美国政府在肆意破坏贸易自由化和多边贸易体制的作为更是超出了几乎所有人的预期。但是，美国在一方面采取滥用单边贸易保护措施、瘫痪 WTO 上诉机构、退出 TPP 等反贸易自由化行动的同时，另一方面又严厉指责中国违反 WTO 精神、尤其是采用非市场经济的不公平竞争手段、滥用发展中国家特殊和差别待遇，并与欧盟、日本等在 2017 年 WTO 第 11 届部长会议期间发起了所谓 WTO 改革的讨论。换言之，美国一方面在伤害、摧毁 WTO，另一方面却又说要改革、改善 WTO，其中的逻辑着实一度令人困惑。但通过 2018 年之后美国对华贸易战以及随后美国在 WTO 改革讨论中的实际表现，可以确定美国的真实目的是要摆脱 WTO 规则对其的束缚，使其能够更加自由地实施美国优先的国内和国际经济政策，同时美国又希望加强 WTO 规则对中国的约束，限制中国利用其特殊的体制优势与美国竞争的能力。"宽以待己、严以律人"，这大概就是美国政府对当前国际贸易体系的期望。虽然拜登赢得美国总统大选，并推翻了特朗普政府时期的不少政策，但在对待 WTO 和中国的问题上，拜登政府更多地继承而非颠覆前任的手法。在其 2021 年贸易政策议程中，拜登政府宣称将采取一切可行的措施应对中国的胁迫性和不公平经济贸易做法，尤其是在WTO中团结其他志同道合者共同向中国施加压力。而同时，美国贸易代表戴琦多次宣称无意尽快取消已经被WTO裁定违规的、对中国加征的301关税，甚至也不打算撤回对一些盟国加征的钢铝232关税。可见，拜登政府所谓的"以工人为中心的贸易政策"仍然试图同时获得本国加强贸易保护的自由和限制他国政府干预的权利。

尽管在我们看来美国当前的贸易政策处在一种自相矛盾的分裂状态之中，但无论是美国实施的单边贸易保护还是推行的多边自由贸易，都将中国作为最主要的针对对象，而中国又不得不予以认真的应对。和针锋相对的双边贸易战相比，中国在WTO多边框架下应对美国的攻势要更加困难和复杂。美国等所倡导的WTO改革，尽管其含义不明，但似乎很难予以一概反对。更关键的是，虽然美国刻意回避了自己在单边关税、农业补贴等方面的问题，但美国所提出的主张得到了相当一部分尤其是发达国家的支持，而这些主张的核心目标恰恰是中国。从美欧日的七次联合声明的内容来看，所谓非市场导向的政策和做法首当其冲，尽管并未点名中国，但所有人都知道这是剑指中国。虽然这些联合声明看起来内容庞杂，但其反映的是西方国家的一个共同认知，即中国在利用这些非市场导向的政策和做法，赢得与西方国家的国际经济竞争，而现有的WTO规则没有能够约束这些做法，甚至为这些做法提供了便利和庇护，这是他们提出要改革WTO的根本出发点。从这个角度来说，美欧日的目的是推动中国的市场化水平向其靠拢，或者实现前文所指出的在贸易自由化基础上的、更高水平的经济一体化或经济体制趋同。但是一个矛盾的地方在于，美欧日尤其是美国已经在贸易自由化上采取了大幅度倒退的举措，事实上美国是在破坏WTO现有规则的同时，胁迫中国接受美国试图主导制定的WTO新规则，这无疑是一种很难让人接受的做法。既然美国可以肆意破坏它主导制定的旧规则，那么制定新规则的意义又是什么呢？难道这些新规则只是约束中国而美国却可以自行其外吗？

WTO改革本身是一个边界并不清晰的概念，从目前来看，积极参与WTO改革讨论的主要是美欧日加等发达国家和中国以及少数几个发展中国家。对中美之外的国家来说，虽然它们也非常反感美国的贸易保护措施和破坏WTO的行为，但它们也希望中国在市场经济体制方面做出一定让步，以换取美国对多边贸易体制的支持。因此，从维护稳定的国际贸易和投资环境的角度来看，中国必须面对和回应西方国家提出的对中国市场经济体制的关切，尤其是其中核心的产业补贴和相关的国有企业问题，否则会被视为麻烦制造者。同样重要的是，从国内改革的角度来看，产业补贴和国有企业问题也是我国经济体制改革长期的难点和焦点问题，虽然西方国家的指责存在很多误解、偏见甚至恶意，但我们自身确实也有加强研究、讨论、辩论和反思的必要，并借助国际谈判推进相关领域的改革。特别是，补贴和国有企业作为我国社会主义市场经济体制下政府参与经济活动的两个重要抓手，其主要着眼点是放在国内的，主要是为了实现国内的特定产业和社会政策目标。但是鉴于我国在世界经济和贸易中的地位，这些政策工具又必然产生一定的国际外溢效应，完全无视国际影响或国际规则显然也是有悖现实的。我们工作的关键在于如何在国际规则和国内目标实现一种平衡。

本书作者在对外经济贸易大学获得博士学位，又在财政部中国财政科学院研究院完成博士后研究，可以说是在我国国际贸易和财政学两个学科的顶尖学术机构都经过完整、严谨的学术训练，正是研究补贴的国际规则和国内效应的适当人选。作为一个年轻学者，能够勇于探索这样具有重大现实意义和研究难度的课题，值得鼓励和肯定。从本书所取得的研究发现和政策建议来看，作者确实很好地同时运用了国际贸易和财政学的相关理论知识，对WTO补贴规则的现有内容、讨论方向和未来前景做了详尽深入的解析，同时对我国财政补贴政策的实践及其与WTO规则的关系作了细致精确的研究，并对未来我国财政补贴政策的改革以及参与WTO补贴规则谈判的路径提出了有针对性的建议。我本人也从这些研究发现受到很好的启发。

今年正值中国加入WTO20年，我深为有年轻学者持续、继续关注WTO相关议题的研究感到高兴，也对作者完成这样优秀的研究成果表示祝贺，特为之序。

屠新泉

对外经济贸易大学中国WTO研究院院长

教授、博士生导师

摘　要

在政府实现特定经济目标与社会目标的政策工具箱中，补贴属于国家财政政策中的一个常见且重要的工具。在开放经济环境中，一国国内的补贴政策具有"外溢性"，鉴于此，在开放经济环境中的补贴政策，自然涉及多边贸易体制中关于补贴的纪律规范。在构建和发展全球多边贸易规则方面，WTO具有举足轻重的作用。在WTO框架下，涉及补贴纪律规范的多边规则在维护与保障各成员之间的公平贸易方面起到了重要的规范与监督作用，这种制度设计使得各成员的国内经济政策对其他成员的影响得以有效协调，既尊重了各成员补贴政策的自主权，又规范了各成员的补贴政策实践。

近年来，美、欧、日等发达经济体陆续发声，提出对WTO未来发展的改革意见。值得关注的是，美、欧、日等发达经济体多次发布联合声明试图重塑WTO补贴规则，意图通过WTO多边规则改革的方式向中国施压。新形势下，作为经济体量、增长潜力以及综合影响力最大的发展中国家，我国应成为改革完善国际经贸规则与全球经济治理的重要参与者与贡献者。基于此背景，WTO补贴规则与一国财政补贴政策选择自然成为需要研究的问题。

本书研究的基本思路如下：围绕着"WTO补贴规则与中国财政补贴政策选择"，以"确定财政补贴政策空间的边界"与"分析财政补贴政策选择的框架"为主线进行论证，并结合中国财政补贴政

1

策实践进行验证。具体而言，论证了这样几个问题，即：（1）在当前WTO框架下，已有的多边补贴规则有哪些？（2）WTO改革背景下，有关补贴规则的多边纪律规范未来可能有哪些变化？（3）中国财政补贴政策应该怎么选择？（4）WTO补贴规则下中国财政补贴政策空间的边界在哪里？（5）当前以及未来中国财政补贴的政策空间有多大？

通过对上述问题的解释，本书得出以下主要结论：（1）在WTO框架下，明确且较完善的补贴规则是《补贴与反补贴措施协定》。《服务贸易总协定》对补贴的态度较为温和，它对补贴的规范是方向性的。而《农业协定》与《补贴与反补贴措施协定》之间的关系，更像是特殊与一般的关系。当前，农业领域内的补贴纪律主要体现在《农业协定》中的"国内支持"部分。（2）WTO框架下多边补贴规则的改革趋势将集中在"国有企业""发展中国家待遇"等问题上面。从当前有关多边纪律对国有企业规范的发展趋势看，国有企业的经营活动受到的约束范围可能会增大，国有企业作为主体被泛化为公共机构的可能性在增大，或作为客体被认定受益政府补贴的可能性在增加。长期看，对于发展中成员的"毕业"机制的设计，未来可能是一个趋势。（3）中国实施财政补贴政策的主体通常涉及中央政府及地方政府等多层级政府，中央政府与地方政府在财政补贴政策的实施过程中存在着合作与监督的关系。财政补贴政策实施的基本原则应是处理好"政府与市场""政策成本与政策收益"这两对关系。在平衡"经济效率"与"社会福利"等不同政策目标时，需要考虑到补贴受益群体的多样性与标准的设定、补贴方式与路径的选择等问题。财政补贴政策的选择需要考虑"区域经济""产业发展"以及"企业竞争"等层面的问题。(4)在开放经济环境中,财政补贴政策"外溢性"导致了一国国内政策在多边规则下随时面临着被他国申诉的风险。主要是"制度性差异""竞争模式""多边规则缺陷"等主要因素影响被诉风险水平。中国的补贴政策选择,需要分析当前多边补贴规则的可利用空间,确保充分可用的既有政策空间不被挤压,与此同时,在现有规则下通过不断地改革与完善国内政策环境来进一步释放政策空间。长远地看,更应该分析并引导未来规则的变化趋势,主动争取更大的有利空间。(5)中国财政补贴政策在WTO框架下的多边纪律规范边界为:补贴信息通报的义务与有关国有企业的规范被明确,大部分符合WTO规则的补贴项目得以保留,《补贴与反补贴措施协定》中的禁止性补贴以及《农业协定》中的农产品出口补贴被取消,补贴价格可比性方法被确定,同时有选择性地保留了发展中国家的部分特殊与差别待遇。(6)当前中国可以保留和实施补贴的项目已经相当丰富,中国的财政补贴政策框架与入世时的情况基本保持一致,基本是从八个维度(产业发展促进、产业调整升级、科技创新研发、节能减排环保、资本市场发展、中小微企业发展、社会福利政策、经济对外开放)展开。从中央政府下沉到地方各级政府,地方政府与中央政府在补贴政策实践上的框架与思路基本保持一致,但在地方政府实践中,其补贴政策目标更微观、更具体且具有地方特色。(7)中国的财政补贴政策空间与WTO框架下的多边(《补贴与反补贴措施协定》《服务贸易总协定》以及《农业协定》)或诸边(《政府采购协定》)规则的特征密切相关,也与有关"国有企业""发展中国家待遇"等议题的WTO改革密切相关。

关键词:WTO 补贴规则 财政补贴 政策选择

目　录

图目录

表目录

缩写说明

WTO	World Trade Organization	
	世界贸易组织	
GATT	General Agreement on Tariffs and Trade	
	关税及贸易总协定	
SCM	Agreement on Subsidies and Countervailing Measures	
	补贴与反补贴措施协定	
GATS	General Agreement on Trade in Services	
	服务贸易总协定	
AoA	Agreement on Agriculture	
	农业协定	

第 1 章

导　论

1.1 研究背景和问题

1.1.1 研究背景

2016 年以来,"英国脱欧""美国特朗普政府上台"这两大事件进一步推动了金融危机以来的逆全球化浪潮。某些国家基于本国利益以单边主义、贸易保护主义为政策导向,采取一系列反全球化措施,意图阻止全球化进程。但全球化的历史潮流并不会因此而发生逆转,根本原因在于:当今的全球化已不同于往日之全球化。过去的全球化是以产品分工为特征,而当今的全球化已经进入以价值链竞争为特征的新阶段。随着全球生产从最终产品分工转向以产业链为基础的生产要素分工,从资源获取转向要素整合,嵌入在全球产业链上的各经济体基于自身比较优势,选择其参与全球价值链的方式,各经济体间的政策切入点也随之由最终产品竞争转向价值链竞争。在此背景下,各经济体更关注于削减全球价值链中影响其实现价值增值的各种壁垒与障碍,进而维护其在全球竞争中的优势与利得。在以价值链竞争为特征的全球化中,尽管各经济体之间的政策外溢性会以环环传递的形式彼此影响,但与此同时,某些经济体若想以单边主义、贸易保护主义为政策导向,从而实现本国利益最大化的意图也变得不现实。

此次逆全球化浪潮对当前国际经济秩序产生了深刻的冲击。美国曾是全球化的推动者与主导者,而今的美国画风已变,转而成为反全球化的引领者与助推者。最突出的一个表现是,美国曾经主导多边贸易体系与区域经济一体化,而今却频频高举单边主义大旗,退出跨太平洋伙伴关系协定，重新谈判北美自由贸易协定，威胁退出世界贸易组织（WTO），与此同时，美国还对其主要的贸易伙伴（如中国、欧盟、日本、加拿大、俄罗斯等）频频制造贸易摩擦。这一系列单边主义、贸易保护主义行为背后的动机越来越明显地指明：美国认为其为全球化提供的公共品（多边贸易体制）并没有获得预期中的收益，因此想通过单边主义推动反全球化，意在重构更有利于美国利益实现的新的国际经济秩序。

在当前逆全球化浪潮兴起的背景下，对于深入参与全球化并因此而受益匪浅的中国而言，更应该看清这百年未有之变局中所隐藏的风险。改革开放四十多年来，中国经济实现高速发展的两个基本经验：一个是"改革"，另一个是"开放"。中国在融入全球化的过程中，在"改革"中不断对外开放，与此同时，在"开放"中也在不断地促进国内改革。自中国加入WTO、开启新一轮对外开放以来，因"开放"而释放出的增长红利，使得中国已经成长为世界第一贸易大国。在当前以价值链竞争为特征的全球化进程中，中国在全球价值链中的地位正从中低端往中高端迈进，在这一过程中，一方面需要处理好"国内改革"与"对外开放"的关系，另一方面，更应主导国际经贸规则的谈判与制定，不断削减在价值链迈进过程中的规则约束与壁垒障碍。近年来的逆全球化风波使得全球化进程受阻，此时的中国应该在保持对外开放的同时，将重心转向对内政策环境的改革与完善上来。

世界贸易组织（WTO）是当前全球经济治理体系中的重要支柱，以WTO为核心的多边贸易体制是当前全球贸易发展有序的基本保障，在构建和发展全球多边贸易规则上，WTO具有举足轻重的作用。自2017年以来，以美、欧、日等为代表的发达经济体多次发布联合声明，试图重塑WTO规则。但从历次发布的联合声明内容看，美、欧、日等发达经济体基本围绕着WTO补贴规则处处指向中国，意图通过WTO多边规则改革的方式向中国施压。鉴于此背景，对WTO补贴规则进行系统性研究，并在此基础上讨论中国财政补贴政策选择问题，将有利于中国在继续保持对外开放的同时，进一步推进国内政策环境的改革与完善，并为下一步主导有关国际经贸规则的谈判与制定做好铺垫。

1.1.2 研究问题

对 WTO 补贴规则与中国财政补贴政策选择进行研究，本书需要讨论清楚"财政补贴政策空间的边界"与"财政补贴政策选择的框架"两个主要问题。具体而言，在 WTO 框架下分析一成员方的哪些财政补贴政策符合多边补贴纪律规范，这一问题涉及对现有 WTO 相关规则的讨论以及在 WTO 改革背景下对有关补贴规则的相关议题的讨论，进一步地，需要分析开放经济环境中，财政补贴政策的"外溢性"问题。同时，还需要讨论财政补贴作为财政政策的常用工具是如何对经济发展与经济主体产生激励的，这直接影响着财政补贴政策该如何选择？最后，落实到中国的财政补贴政策实践中进行验证与分析。

1.2 研究的范围和相关概念的界定

1.2.1 研究范围界定

本书主要讨论 WTO 框架下的多边补贴规则以及在 WTO 改革背景下与补贴规则相关的议题；与此同时，分析一国财政补贴政策的选择以及在开放经济环境中一国财政补贴政策选择的空间，并在此基础上，讨论符合 WTO 多边补贴纪律规范的财政补贴政策空间边界；最后，具体到中国财政补贴实践中进行验证与分析。

1.2.2 相关概念界定

1. WTO 补贴规则的概念界定

（1）WTO 框架下的多边规则

本书所提及的 WTO 框架是指由《建立世界贸易组织协定》构成的世界

贸易组织的法律框架。世界贸易组织的法律框架由《建立世界贸易组织协定》、货物贸易多边协定(《1994年关税与贸易总协定》《农业协定》《实施卫生与植物卫生措施协定》《纺织品与服装协定》《技术性贸易壁垒协定》《与贸易有关的投资措施协定》《反倾销协定》《海关估价协定》《装运前检验协定》《原产地规则协定》《进口许可程序协定》《补贴与反补贴措施协定》《保障措施协定》)、《服务贸易总协定》、《与贸易有关的知识产权协定》、《关于争端解决规则与程序的谅解》、《贸易政策审议机制》和诸边贸易协定(《政府采购协定》《民用航空器贸易协定》《信息技术协定》)组成。其中,除诸边贸易协定外,皆为WTO框架下的多边规则。

(2)WTO补贴规则

在WTO框架下,明确且较完善地对补贴进行规范与约束的规则是《补贴与反补贴措施协定》,但《补贴与反补贴措施协定》约束和规范的只是影响货物贸易的补贴。实际上,WTO框架下,与补贴有关的纪律规范还涉及其他的多边规则,比如《服务贸易总协定》与《农业协定》。尽管服务贸易与农业贸易等领域的补贴纪律没有如同货物贸易领域里的补贴纪律那么完善,但鉴于服务贸易与农业贸易的特殊性,在这两个领域内,关于补贴的纪律自然而然也具有自身的特殊性,相对应的有关补贴的规则则体现在WTO框架下的《服务贸易总协定》与《农业协定》之中。此外,诸边协定,如《政府采购协定》《民用航空器贸易协定》也或多或少涉及有关补贴规则,一个例证:《民用航空器贸易协定》规定,民用航空器贸易适用《补贴与反补贴措施协定》。总体而言,WTO补贴规则基本是以《补贴与反补贴措施协定》为核心,《服务贸易总协定》与《农业协定》为配合的多边纪律规范。

2.补贴与财政补贴的概念界定

（1）补贴的一般性界定

Houthakker（1972）[1]早已指出，对"补贴"进行准确定义是一项很难的工作。大部分文献对"补贴"的定义并非一致，究其原因在于"补贴"自身的复杂性，并且"补贴"所涉及的因素较多，比如资金赠予、税收减免、低息贷款、信贷担保、资本注入、超额收益担保以及低成本要素投入等，这其中涉及一系列复杂的政策选择（Steenblik，2007[2]）。此外，"补贴"通常还涉及产业救助、产业政策、企业发展战略、政府支持计划等经济激励，比如，通过政府购买的形式提供补贴（Rickard and Kono，2014[3]；Kono and Rickard，2014[4]），再如，市场价格支持（人为提高市场价格）等。即便如此，已有文献也较为一致地认为，补贴是一种由政府到私人部门的转移支持。通常情况下，私人部门涉及"生产者"与"消费者"，政府对私人部门的支持形式较为多样（一般多以货币或类似的方式，如直接给予生产者或消费者现金补贴、税收减免、低息贷款等），在转移支持的过程中，政府并没有要求有相应等值的补偿回报。正是因为"补贴"的这一特性，政府在进行转移支持时，往往会附加一些限制条件，从而使得符合这些限制条件的生产者或消费者获得政府的补贴。

（2）补贴与财政补贴的关系

补贴实质是政府的一种再分配政策，这涉及税收、转移以及政府对某

---

① Houthakker, H. S. 1972. *The Control of Special Benefit Programs*, in U.S. Congress, Joint Economic Committee. The Economics of Federal Subsidy Programs- A Compendium of Papers, 92nd Congress, 2nd Session. Washington: International Monetary Fund, January.

② Steenblik, Ronald. "A Subsidy Primer." *Global Subsidies Initiative of the International Institute for Sustainable Development, Geneva* (2007).

③ Rickard, Stephanie J., and Daniel Y. Kono. "Think globally, buy locally: International agreements and government procurement." *The Review of International Organizations* 9.3 (2014): 333-352.

④ Kono, Daniel Yuichi, and Stephanie J. Rickard. "Buying national: Democracy, public procurement, and international trade." *International Interactions* 40.5 (2014): 657-682.

一特定地区或群体的援助以及拨款的政策（Golden and Min，2013[①]）。这一过程中补贴政策实施的直接主体或间接主体是政府，政府给予受益群体的财政资助、收入或价格支持等转移支持的背后均是以政府的财政支出作为支撑。尽管并非所有的补贴均计入政府预算，但大部分的补贴作为财政预算的支出端已经反映在政府的预算中，对于那些尚未经过预算安排（游离于常规政府预算体系之外）的支出，则可视为隐性的财政补贴。基于上述特征，在研究WTO补贴规则与财政补贴政策选择的过程中，本书认为，"补贴"与"财政补贴"可视为等同的概念。

3.财政补贴政策

补贴同税收一样，是一国财政政策工具箱中的常规工具，是一国政府实施经济治理的常用政策，更是其经济主权的一般表现。作为财政政策工具箱中的常用工具，相较于其他财政政策工具，补贴可能是政府干预经济的政策工具中更贴近市场的。政府购买、转移支付以及税收调整等传统财政政策更多地体现出政府干预经济的力量，这些政策对于经济发展的刺激作用直接且明显，政策效应所辐射的范围也较大，此外，为实现一定的经济发展目标，通常还需要货币政策、贸易政策等其他经济政策的配合与协调。因此，这些传统财政政策的"副作用"则是带来经济短期波动的风险增大，对资源配置扭曲的程度增大。相比而言，财政补贴的政策目标与补贴对象明确，故而财政补贴政策的影响效应是局部的、有针对性的，而非"大水漫灌"式的。此外，财政补贴政策的实施方式多样且灵活，多以市场激励的方式间接影响市场微观主体的经济决策，而非以政府直接干预的方式影响市场主体的经济行为。因此，财政补贴政策在实现调整经济结构、促进经济发展等政策目标的同时，可以以较为温和的方式减缓经济波动，这一点尤其是在处理国内资源配置与收入分配时表现得更为突出。还

[①] Golden, Miriam and Brian Min. "Distributive politics around the world." *Annual Review of Political Science* 16 (2013): 73-99.

可以看到，与其他财政政策工具一样，补贴也是一种财政支出方式（通常包括税式支出［负向税收］与预算支出等方式）。从优化财政支出结构与效率角度看，补贴方式的多样性与灵活性注定了财政补贴政策自身所具有的优势。

4.财政补贴政策的外溢性

在开放经济环境中，随着全球化的深入，各国经济已经深度融合，在国际贸易与投资领域内，以多边、区域、双边等形式的国际合作，使得一国国内的补贴政策具有了"外溢性"，这种"外溢性"表现在一国的补贴政策会传导到他国并产生间接影响，与此同时，其他国家的补贴政策也会对本国的经济产生影响。全球化促使各经济体采取相似的经济政策，这使得财政补贴政策的"外溢性"表现得更为普遍。正是由于这些"外溢性"，使得一国国内的补贴政策在开放经济环境中表现出贸易政策的效果。但补贴不同于其他非关税贸易政策，最明显的一点在于补贴是需要政府支出作为支撑，而其他贸易政策则是增加政府收入。造成补贴这些特性的根源在于：其他贸易政策是为了保护本国产业针对他国而实施的，政策作用的效果明确且直接，而补贴政策的实施动机主要是基于国内资源与收入的再分配而针对本国的厂商与消费者的。这一政策对他国的作用有一个传导的过程，因此本国的补贴对他国的影响是间接的。

1.3 研究思路、技术路线与内容结构、研究方法

1.3.1 研究思路

对 WTO 补贴规则与中国财政补贴政策选择进行研究，需要讨论清楚以下几个问题：

1.在当前 WTO 框架下，已有的多边补贴规则有哪些？

2. WTO 改革背景下，有关补贴规则的多边纪律规范未来可能有哪些变化？

3.中国财政补贴政策应该怎么选择？

4.WTO补贴规则下中国财政补贴政策的边界在哪里？

5.当前以及未来中国财政补贴政策的空间有多大？

本书将利用10个章节的篇幅进行论证，并尝试对上述5个问题给出解释。实际上，本书将围绕着"财政补贴政策空间的边界"与"财政补贴政策选择的框架"两条主线来回答上述5个问题。其中，"财政补贴政策空间的边界"的确定是指在WTO框架下分析一成员方的哪些财政补贴政策符合多边补贴纪律规范，这一问题涉及对现有WTO相关规则的讨论以及在WTO改革背景下对有关补贴规则的相关议题的讨论。"财政补贴政策选择的框架"的分析是基于"区域经济→产业发展→企业竞争"这样一种"宏观→微观"的渐进式框架讨论财政补贴作为财政政策的常用工具是如何对经济发展与企业行为产生激励的。这两条主线的结合点，即是"如何实践符合WTO补贴规则的财政补贴政策"，这也正是本书所尝试解决的最终问题。进一步地，本书将结合中国的财政补贴实践进行分析、说明与论证。

1.3.2 技术路线与内容结构

全书共有10个章节的内容，可划分为五个部分，见图1.3.2（技术路线图）所示。除"导论""文献回顾与背景分析""主要结论""政策建议"等结构性章节内容外，本书的主体部分则是第三章至第九章的内容。

全书的主体部分主要从"理论分析""规则分析""政策分析"三个维度出发，围绕着"财政补贴政策选择的框架"与"财政补贴政策空间的边界"两条主线来论证WTO补贴规则与中国财政补贴政策这一研究主题。其中，第三、四两章基于封闭经济与开放经济两个视角从理论层面分析了"财政补贴政策选择的框架"，回答了中国财政补贴政策应该怎样选择的问题。第五、六两章从规则分析层面讨论了"财政补贴政策空间的边界"问题，即在WTO框架下分析一成员方的哪些财政补贴政策符合多边补贴纪律规范。第五章侧重于对现有WTO相关规则的讨论，第六章侧重于在WTO改革背景下对有关补贴规则议题的讨论。第七、八、九三章专注于政策分析，即结合中国的财政补贴实践进行分析、说明与论证，进而回答了WTO补贴规则下中国财政补贴政策的边界，当前以及未来中国财政补贴政策的空间等问题。

具体到全书各个章节：

第一章为导论。本章介绍了全书研究的现实背景、主要研究问题，并对全书研究的范围和相关概念进行了界定，同时分享了全书的研究思路与技术路线设计、内容结构安排与具体的研究方法，并对全书可能存在的创新点进行了说明。

第二章为文献回顾与背景分析。本章首先借鉴了大部分学者的各种定义，提炼出已经形成共识的部分，并结合WTO框架下SCM对"补贴"的定义，尝试给出了一般性的定义；其次，结合现有大部分文献，较为集中地归纳出财政补贴的要素特征与经济属性，如"补贴的动机""补贴的对象""补贴的收益""补贴的成本""补贴的方式"；进一步地，对在开放经济环境中的财政补贴以及多边补贴纪律进行经济学分析。

第三章为财政补贴政策选择的理论分析。本章尝试搭建了一个分析框架，从财政补贴的属性特征（补贴原则、补贴主体、补贴客体、补贴方式、补贴标准等）出发，基于多层次结构（区域经济→产业发展→企业竞争）去分析财政补贴政策对经济发展与经济主体的激励作用机制，这对于理解中国财政补贴政策选择是一种理论上的探讨。

第四章为开放经济环境中补贴政策空间的理论分析。本章借鉴集合的思想，提出了一个在开放经济环境中理解符合多边纪律规范的财政补贴政策空间的思路，并以此为逻辑起点讨论了两个问题，即：影响财政补贴政策"外溢性"的因素有哪些？符合WTO多边补贴规则的财政补贴政策空间的边界在哪里？

第五章为WTO补贴规则——现有多边规则的一般性分析。本章分析了国际法层面的补贴纪律与规范的由来以及WTO补贴规则的演进，并对WTO框架下《补贴与反补贴措施协定》《服务贸易总协定》《农业协定》中的补贴规则进行了系统梳理与比较分析。

第六章为WTO改革背景下的补贴规则——变化趋势性分析。本章总结WTO各主要成员方的意见，归纳分析了WTO各主要成员对补贴规则改革的重要关注点。

第七章为中国加入WTO的主要承诺。本章从中国加入WTO的法律文件入手，基于中国在WTO框架下的多边权利与义务，分析了中国财政补贴政策在WTO框架下的多边纪律规范的边界。

第八章为中国财政补贴政策选择。本章以中国向WTO通报的补贴通知为依据，采用案例分析的方式，基于八个维度（产业发展促进、产业调整升级、科技创新研发、节能减排环保、资本市场发展、中小微企业发展、社会福利政策、经济对外开放）全面分析了2018年与2019年中央政府以及2019年地方政府的各项补贴政策，讨论了中国财政补贴政策的规律特征，从实践层面丰富了对中国财政补贴政策选择的理解。

第九章为WTO改革背景下中国财政补贴政策空间。本章结合WTO补贴规则改革，通过对WTO框架下多边补贴规则的趋势分析，有针对性地剖析了中国在产业、服务、农业、政府采购各个领域的财政补贴政策空间。

第十章为主要结论与政策建议。本章基于全书的论证分析回答了5个问题（在当前WTO框架下，已有的多边补贴规则有哪些？WTO改革背景下，有关补贴规则的多边纪律规范未来可能有哪些变化？中国财政补贴政策应该怎么选择？WTO补贴规则下中国财政补贴政策的边界在哪里？当前以及未来中国财政补贴政策的空间有多大？），并从7个维度（国有企业、市场经济地位、发展中国家待遇、政府采购、产业、服务、农业）给出了具有针对性的政策建议。

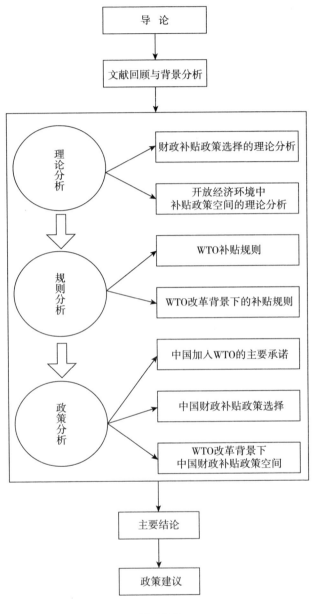

图 1.3.2

1.3.3 研究方法

1. 法与经济学分析。本书的研究主题涉及多学科的交叉：一方面，财政补贴作为财政政策工具箱中的一个常用工具，对补贴政策的研究自然涉及财政政策理论的分析。进一步地，考虑到开放经济环境中一国财政补贴政策的"外溢性"使得补贴政策同时具有了财政政策与贸易政策的双重属性，对财政补贴的研究又涉及贸易政策理论的相关分析，这些均属于经济学的研究范畴。另一方面，在WTO框架下分析多边补贴规则，则需要对WTO的法律框架以及各种贸易协定进行文本分析与比较，这又涉及国际经济法的研究方法。鉴于本研究的学科交叉特征，在论证分析过程中，涉及"财政补贴政策空间的边界"的确定时，采用了法律文本分析方法，在涉及"财政补贴政策选择的框架"的讨论时，采用了经济学的分析方法。

2. 案例分析。具体到中国财政补贴政策实践分析，本书从两个方面入手：其一，采用中国加入WTO时的所有官方资料（主要为：《关于中华人民共和国加入的决定书》、《中华人民共和国加入议定书》及其附件、《中国加入工作组报告书》）以及近年来中国对WTO改革建议的一些官方文件（主要为：《中国与世界贸易组织》《中国关于世贸组织改革的建议文件》），并对这些原始资料进行文本分析与比较分析，从法律层面理解中国在WTO多边补贴规则下的财政补贴政策实践情况；其二，以中国向WTO提交的有关补贴政策的通知为蓝本［主要来源于近年的两个文件，即：WTO文件1（G/SCM/N/343/CHN）以及WTO文件2（G/SCM/N/315/CHN）］，详细解读了2018年与2019年中央政府的财政补贴政策与2019年地方政府的财政补贴政策，从政策层面分析中国在WTO多边补贴规则下的财政补贴政策实践情况。

1.4 本书创新

1. 本书尝试搭建了一个分析框架，从财政补贴的属性特征（补贴原则、补贴主体、补贴客体、补贴方式、补贴标准等）出发，基于多层次结构

（区域经济→产业发展→企业竞争）去分析财政补贴政策对经济发展与经济主体的激励作用机制，这对于理解中国财政补贴政策选择是一种理论上的探讨。

2. 本书借鉴集合的思想，提出了一个在开放经济环境中理解符合多边纪律规范的财政补贴政策空间的思路，并以此为逻辑起点讨论了两个问题，即：影响财政补贴政策"外溢性"的因素有哪些？符合WTO多边补贴规则的财政补贴政策空间的边界在哪里？

3. 本书采用案例分析的方式，基于八个维度（产业发展促进、产业调整升级、科技创新研发、节能减排环保、资本市场发展、中小微企业发展、社会福利政策、经济对外开放）全面分析了2018年与2019年中央政府以及2019年地方政府的各项补贴政策，讨论了中国财政补贴政策的规律特征，从实践层面丰富了对中国财政补贴政策选择的理解。

第 2 章

文献回顾与背景分析

2.1 补贴的一般性界定

Houthakker（1972）[1]早已指出，对"补贴"进行准确定义是一项很难的工作。大部分文献对"补贴"的定义并不一致，究其原因在于"补贴"自身的复杂性，并且"补贴"所涉及的因素较多，比如资金赠予、税收减免、低息贷款、信贷担保、资本注入、超额收益担保以及低成本要素投入等，这其中涉及一系列复杂的政策选择（Steenblik，2007）[2]。此外，"补贴"通常还涉及产业救助、产业政策、企业发展战略、政府支持计划等经济激励，比如，通过政府购买的形式提供补贴（Rickard and Kono，2014[3]；Kono and Rickard，2014[4]），再如，市场价格支持（人为提高市场价格）等。即便如此，已有文献也较为一致地认为，补贴是一种由政府到私人部门的转移支持。通常情况下，私人部门涉及"生产者"与"消费者"，政府对私人部门的支持形式较为多样（一般多以货币或类似的方式，如直接给予生产者或消费者现金补贴、税收减免、低息贷款等），在转移支持的过程中，政府并没有要求有相应等值的补偿回报。正是因为"补贴"的这一特性，政府在进行转移支持时，往往会附加一些限制条件，从而使得符合这些限制条

---

① Houthakker, H. S. 1972. *The Control of Special Benefit Programs*, in U.S. Congress, Joint Economic Committee, The Economics of Federal Subsidy Programs- A Compendium of Papers, 92nd Congress, 2nd Session, Washington: International Monetary Fund, January.

② Steenblik, Ronald. "A Subsidy Primer." *Global Subsidies Initiative of the International Institute for Sustainable Development*, Geneva (2007).

③ Rickard, Stephanie J., and Daniel Y. Kono. "Think globally, buy locally: International agreements and government procurement." *The Review of International Organizations* 9.3 (2014): 333-352.

④ Kono, Daniel Yuichi, and Stephanie J. Rickard. "Buying national: Democracy, public procurement, and international trade." *International Interactions* 40.5 (2014): 657-682.

件的生产者或消费者获得政府的补贴。

2.2 WTO框架下SCM对补贴的界定

WTO框架下的《补贴与反补贴措施协定》（Agreement on Subsidies and Countervailing Measures，SCM）从"补贴主体""补贴形式"以及"补贴效果"三个维度对"补贴"进行了定义，并且构成"补贴"的这三个维度必须同时符合标准时，才可确认为"补贴"。具体而言，补贴是由"政府或公共机构"（主体）提供的"财政资助或任何形式的收入或价格支持"（形式），并且"相关产业或企业因此而获得了利益"（效果）。其中，财政资助包括三类，分别是政府直接提供的资金（赠款、贷款或资本注入）、潜在的资金或债务的直接转移（政府为企业提供的贷款担保）；政府应征税收的减免；政府提供除一般基础设施之外的货物、服务，或者购买货物。收入或价格支持被WTO下的SCM定义为另一种补贴形式，主要表现为由法律限定某一产品的最低价格，或是维持物价的物资储备制度。因补贴而使得相关产业或企业获得的利益是以该产业或企业在正常商业条件下获得的条件、条款或优惠为参照标准的。

2.3 补贴与财政补贴的关系

补贴实质是政府的一种再分配政策，这涉及税收、转移以及政府对某一特定地区或群体的援助以及拨款的政策（Golden and Min，2013[①]）。这一过程中补贴政策实施的直接主体或间接主体是政府，政府给予受益群体的财政资助、收入或价格支持等，这些转移支持的背后均是以政府的财政支出作为支撑。尽管并非所有的补贴均计入政府预算，但大部分的补贴作为财政预算的支出端已经反映在政府的预算中，对于那些尚未经过预算安排

---

① Golden, Miriam, and Brian Min. "Distributive politics around the world." *Annual Review of Political Science 16* (2013): 73-99.

（游离于常规政府预算体系之外）的支出，则可视为隐性的财政补贴。基于补贴的一般性界定与 SCM 中对补贴的界定，"补贴"与"财政补贴"可视为等同的概念。

2.4 财政补贴的属性分析

1. 财政补贴的动机

补贴的使用都是具有目的性的（Schrank，2000[①]），其对经济、社会以及环境均有着深远且持续的影响（Steenblik，2007[②]）。基于经济学视角，补贴作为一国财政政策工具箱中的一个重要工具，可以促进经济发展，增进社会福利（Frye and Shleifer，1997[③]）。政府实施"补贴"的主要动机有三（Schwartz and Clements，1999[④]）：其一，解决市场失灵问题，提升资源配置效率。在市场不能发挥资源有效配置的作用时，作为次优的政策工具，政府的财政补贴会在一定程度上弥补市场自身的不完备性。比如"搭便车"问题导致研发资源的要素回报低于其投入成本，从而导致生产者对研发活动的投入水平降低，其背后的原因在于创新研发的成果存在正外部性，出现了市场失灵，由此产生的后果就是生产者对创新投入不足（Grossman and

---

[①] Schrank，W. "Subsidies for Fisheries: A Review of Concepts." in Papers Presented to *the Expert Consultation on Economic Incentive and Responsible Fisheries: Rome*，*28 November-1 December 2000*，*11-39. Rome: FAO Fisheries Report NO.638*，*Supplement* (2000).

[②] Steenblik, Ronald. "A subsidy primer." *Global Subsidies Initiative of the International Institute for Sustainable Development, Geneva* (2007).

[③] Frye，Timothy，and Andrei Shleifer. "The Invisible Hand and the Grabbing Hand." *American Economic Review* 87.2(1997): 354-358.

[④] Schwartz，Gerd，and Benedict Clements. "Government subsidies." *Journal of Economic Surveys* 13.2 (1999): 119-148.

Helpman，1991[1]；Neary，1998[2]；Tassey，2004[3]），创新不足可能会进一步阻碍一国的经济增长（Arrow，1962[4]）。因此，各国政府通常会给予研发补贴以覆盖生产者的研发成本，鼓励生产者的研发活动（Romer，1986[5]；Aghion and Howitt，1990[6]；Aschhoff，2009[7]；Özçelik and Taymaz，2008[8]），大多数研究结果表明，财政补贴导致了更多的创新产出（Audretsch et al.，2019[9]；Aerts and Schmidt，2008[10]）；再比如，环境的外部不经济性要求政府在推行环保税时应加大政府补贴和对企业税收减免的权重（Sachs et al.，1999[11]）。对于环保技术的推广，给予生产者的技术设备补贴会降低环保外

---

① Grossman，Gene M.，and Elhanan Helpman. *Innovation and growth in the global economy.* MIT press，1991.

② Neary，J. Peter. "Pitfalls in the Theory of International Trade Policy: Concertina Reforms of Tariffs，and Subsidies to High-Technology Industries." *Scandinavian Journal of Economics* 100.1 (1998): 187-206.

③ Tassey，Gregory. "Underinvestment in public good technologies." *The Journal of Technology Transfer* 30.1-2 (2004): 89-113.

④ Arrow，K. J.，"Economic Welfare and the Allocation of Resources to Invention"，In R.R. Nelson (ed.)，*The Rate and Direction of Inventive Activity:Economic and Social Factors* (PP. 609-626)，Princeton，NJ: Princeton University Press，1962.

⑤ Romer，Paul M. "Increasing returns and long-run growth." *Journal of political economy* 94.5 (1986): 1002-1037.

⑥ Aghion，Philippe，and Peter Howitt. *A model of growth through creative destruction.* No. w3223. National Bureau of Economic Research，1990.

⑦ Aschhoff，Birgit. "The effect of subsidies on R&D investment and success–Do subsidy history and size matter?." *ZEW-Centre for European Economic Research Discussion Paper* 09-032 (2009).

⑧ Özçelik，Emre，and Erol Taymaz. "R&D support programs in developing countries: The Turkish experience." *Research Policy* 37.2 (2008): 258-275.

⑨ Audretsch，David B.，Albert N. Link，and John T. Scott. "Public/private technology partnerships: evaluating SBIR-supported research." *The Social Value of New Technology*. Edward Elgar Publishing，2019.

⑩ Aerts，Kris，and Tobias Schmidt. "Two for the price of one?: Additionality effects of R&D subsidies: A comparison between Flanders and Germany." *Research Policy* 37.5 (2008): 806-822.

⑪ Sachs，Jeffrey D.，and Andrew M. Warner. "The big push，natural resource booms and growth." *Journal of development economics* 59.1 (1999): 43-76.

部性给厂商带来的外部社会成本，政府补贴会通过内部化这一社会成本，进而实现福利水平的增进。鉴于环境规制的连续性，政府对企业的补贴也应是持续保持的（Van Vliet et al.，2010[①]；Bergek et al.，2014[②]）。

其二，利用规模经济效应，释放生产能力。对于存在规模经济的产业，政府通过补贴帮助生产者克服其生产初期由于生产规模较小而带来的成本压力，培育其形成规模经济，进而形成竞争优势，充分释放其生产能力；类似地，财政补贴支持幼稚产业发展（Bhattacharjea，2002[③]）以及保护国内重要产业也是基于类似的逻辑；从企业的微观视角看，政府补贴可以降低受益企业的资本成本（Claro，2006[④]），促进受益企业的员工数量、固定资产与产出的增加（Bernini and Pellegrini，2011[⑤]；Cerqua and Pellegrini，2014[⑥]），进而实现生产规模的不断扩大，形成规模经济，增强企业市场竞争力（Schwartz and Clements，1999[⑦]）。

其三，平衡效率与公平的关系，实现收入再分配，增进社会福利。从消费角度看，为了促进更加公平的消费分配，通过补贴消费者或生产者从而实现以固定价格供应生活必需品，实现社会福利的增进（Schwartz and

---

① Van Vliet，Oscar，et al. "Multi-agent simulation of adoption of alternative fuels." *Transportation Research Part D: Transport and Environment* 15.6 (2010): 326-342.

② Bergek，Anna，Christian Berggren，et al. "The impact of environmental policy instruments on innovation: A review of energy and automotive industry studies." *Ecological Economics* 106 (2014): 112-123.

③ Bhattacharjea，Aditya. "Infant industry protection revisited." *International Economic Journal* 16.3 (2002): 115-133.

④ Claro，Sebastian. "Supporting inefficient firms with capital subsidies: China and Germany in the 1990s." *Journal of Comparative Economics* 34.2 (2006): 377-401.

⑤ Bernini，Cristina，and Guido Pellegrini. "How are growth and productivity in private firms affected by public subsidy? Evidence from a regional policy." *Regional Science and Urban Economics* 41.3 (2011): 253-265.

⑥ Cerqua，Augusto，and Guido Pellegrini. "Do subsidies to private capital boost firms' growth? A multiple regression discontinuity design approach." *Journal of Public Economics* 109 (2014): 114-126.

⑦ Schwartz，Gerd，and Benedict Clements. "Government subsidies." *Journal of Economic Surveys* 13.2 (1999): 119-148.

Clements，1999[①]）；从实现社会福利政策目标的另一方面看，有研究表明，政府补贴更可能给予承担更多社会责任的企业，比如增加就业水平，提供更多公共产品的企业。Kornai（1986）[②]、Dong 和 Putterman（2003）[③]指出，转型经济中的国有企业承担着保持地方就业、提供地方性公共产品等社会性责任，因此政府要为其提供补贴和政策性贷款等。从政府角度看，地方政府的补贴更倾向于提升地方经济发展与就业水平（Wren and Waterson，1991[④]；Harris，1991[⑤]），为了维持或加速当地经济发展，对处于经济困难中的当地企业，特别是有经济活力复苏可能的企业，当地政府更倾向于救助（Claro，2006[⑥]）。

2. 财政补贴的对象

按照补贴的受益群体划分，财政补贴一般分为消费者补贴与生产者补贴。消费者补贴使得消费者可以以低于自由竞争市场中相同商品的价格购买该商品。一般地，政府通常以现金直补、消费专补等形式直接增加消费者收入或间接改善消费者习惯，进而提升消费者福利水平，达到刺激消费，拉动国内经济增长的目的。Parker、Souleles 和 Johnson（2013）[⑦]以美国为例，发现 2008 年的退税政策促进了消费者对耐用品的消费；类似的结

① Schwartz，Gerd，and Benedict Clements. "Government subsidies." *Journal of Economic Surveys* 13.2 (1999): 119-148.

② Kornai，János. "The soft budget constraint." *Kyklos*，39.1 (1986): 3-30.

③ Dong，Xiao-Yuan，and Louis Putterman. "Soft budget constraints, social burdens, and labor redundancy in China's state industry." *Journal of Comparative Economics* 31.1 (2003): 110-133.

④ Wren，Colin，and Michael Waterson. "The direct employment effects of financial assistance to industry." *Oxford Economic Papers* 43.1 (1991): 116-138.

⑤ Harris，Richard ID. "The employment creation effects of factor subsidies: some estimates for northern Ireland manufacturing industry，1955-1983." *Journal of Regional Science* 31.1 (1991): 49-64.

⑥ Claro，Sebastian. "Supporting inefficient firms with capital subsidies: China and Germany in the 1990s." *Journal of Comparative Economics* 34.2 (2006): 377-401.

⑦ Parker，Jonathan A.，et al. "Consumer spending and the economic stimulus payments of 2008." *American Economic Review* 103.6 (2013): 2530-53.

论，Hsieh、Shimizutani 和 Hori（2010）[1]以日本为例，发现 1999 年政府发放消费券提高了消费者对耐用品的消费。对于生产者补贴而言，与自由竞争的市场相比，生产补贴或降低了生产者的生产成本，或提高了生产者的价格，从而使得生产者受益。

财政补贴多与国内的产业发展紧密相连。一般地，政府会根据不同产业或企业在其不同生命周期内的表现而给予不同的财政支持。对于处于萌芽和成长阶段的产业或企业，政府主要提供研发支持，降低其投资风险，鼓励其开拓市场，扶植其快速成长；对具有战略意义的新兴产业，政府主要是根据国家战略，有目的地扶持，创造更加有利的竞争环境，促使该类产业形成比较优势；而对于那些处于衰退阶段的产业，政府更多的是通过政策优惠引导，以创造更好的产业结构调整环境，帮助其迅速完成产业转型升级。Chen 等（2008）[2]以中国为例，认为政府补贴的主要目标是发展农业、公用事业和高科技产业等战略性产业。

3. 财政补贴的收益

政府补贴的政策目标明确，主要包括"纠正市场失灵、释放规模经济效应、实现社会政策目标"（Schwartz and Clements，1999）[3]。作为财政政策工具箱中的常用工具，相较于其他财政政策工具，补贴可能是更贴近市场的政策工具了。补贴政策的实施方式多样且灵活，多以市场激励的方式间接影响市场微观主体的经济决策，而非以政府直接干预的方式影响市场主体的经济行为。这一点在处理国内资源配置与收入分配时表现得更为突出，尤其是在市场失灵的条件下，财政补贴不仅不会扭曲市场的资源配置，造成经济效率的损失，反而增进了经济效率，实现了帕累托改进，体

---

① Hsieh, Chang-Tai, Satoshi Shimizutani, and Masahiro Hori. "Did Japan's shopping coupon program increase spending?." *Journal of Public Economics* 94.7-8 (2010): 523-529.

② Chen, Xiao, Chi-Wen Jevons Lee, and Jing Li. "Government assisted earnings management in China." *Journal of Accounting and Public Policy* 27.3 (2008): 262-274.

③ Schwartz, Gerd, and Benedict Clements. "Government subsidies." *Journal of Economic Surveys* 13.2 (1999): 119-148.

现出"有为政府"的积极干预作用。还可以看到,与其他财政政策工具一样,补贴也是一种财政支出方式(通常为:税式支出[负向税收]与预算支出等方式)。从优化财政支出结构与效率角度看,补贴方式的多样性与灵活性注定了补贴政策自身所具有的优势。

4. 财政补贴的成本

尽管政府补贴了不同类型的受益群体。但不可否认的是,政府用于补贴的财政支出并不要求等值的补偿回报,这一特征属性导致了在既定规模的预算范围内,财政资金存在大量的机会成本。比如,政府提供较完善的融资渠道、较便宜的土地租赁与使用、较成熟的税收激励等,这些均需要财政支出作支撑,尤其是在财政预算吃紧的时候,这一机会成本将更大。

此外,补贴是实现资源二次分配的主要工具,但是在这一过程中,一部分群体的受益是以牺牲另一部分群体的利益为代价的。这一代价的成本取决于补贴规模的大小、补贴对受益者群体设定标准的高低以及市场结构的特征(需求弹性与供给弹性)等因素(Schwartz and Clements,1999[①];Rickard,2018[②])。补贴还会对受益的群体形成扭曲激励,对于潜在受益者而言,往往会向政府施压以获得政府的财政支持,因此补贴背后还存在着大量的寻租成本,这一寻租成本规模取决于不同潜在受益者群体间在争取政府财政支持时的竞争关系以及潜在受益者群体对政府施压的方式与影响程度。

5. 财政补贴的方式

根据已有文献的归纳总结,补贴基本可以概括为以下几种形式,即"现金拨款""信贷补贴""税收补贴""股权补贴""实物补贴""政府购买

① Schwartz, Gerd, and Benedict Clements. "Government subsidies." *Journal of Economic Surveys* 13.2 (1999): 119-148.

② Rickard, Stephanie J. *Spending to win: Political institutions*, *economic geography*, *and government subsidies*. Cambridge University Press, 2018.

补贴""管制补贴"等。基于补贴方式与内容的不同,财政补贴有了直接与间接之分。政府将"财"或"物"(诸如资金划拨、价格或收入补贴等)直接发放给符合特定标准的生产者与消费者,则为直接补贴。比如政府直接支付给生产者或消费者的现金补助,政府给予的股权投资补贴,政府以低于市场价格供给商品与服务、以高于市场价格购买商品与服务等;与之对应地,若政府通过提供财政、金融、税收等渠道(政府基金、政策性银行、担保机构、税务系统)给予生产者或消费者的优惠与资助等,则为间接补贴。比如低利率的政府贷款、给予企业的利息补贴、政府提供的贷款担保以及特定的税收减免等。

此外,依据用于补贴的财政支出是否计入财政预算安排,可以将其分为预算内补贴与预算外补贴,有些潜在的财政补贴游离于常规预算体系之外(比如给予陷入困境的企业为实现资产重组而进行债务清偿的财政资助),而有些则列入政府的公共预算之中(比如财政拨款与政府采购等)。

依据补贴政策的隐蔽性属性,可以将其分为显性补贴与隐性补贴,比如政府的某些管制行为改变了市场价格或者设置了市场准入条件,从而使某些受益者得到了隐形的利益转移,这就是管制补贴的一种形式,具有较强的隐蔽性。

2.5 开放经济环境中的补贴

补贴同税收一样,是一国财政政策工具箱中的常规工具,是一国政府实施经济治理的常用政策,更是其经济主权的一般表现。鉴于补贴形式多样,涉及因素复杂,在一国范围内评估补贴的影响并非易事。若在全球范围内评估一国补贴的影响,将更难以确定,这种不确定性主要取决于具体的补贴措施、实施补贴的形式以及采取评估补贴政策效果的方式。补贴有其自身的复杂性(补贴方式多样,补贴对象多样),还具有外在的隐蔽性

（补贴政策难以及时捕捉，具体补贴实施的政策、文件难以收集，评估补贴政策的数据难以统计等）；除此之外，不同于封闭经济中的情形，在开放经济环境中，一国国内的财政补贴政策通常会产生"溢出效应"，间接影响其外部环境，再加上补贴自身的复杂性与外在的隐蔽性，则进一步加深了各国间补贴政策信息不对称性的程度，这势必造成：若评估一国补贴政策对他国产生的影响，那么这个成本将是高昂的。也正因如此，补贴政策的效果与影响往往是国际社会最为关注的重要问题。

在开放经济中，一国市场在全球市场中的位置、参与全球竞争的水平与程度会直接影响到该国的补贴水平。不同于封闭经济，此时的补贴不仅仅是一国的财政政策，更能表现出该国的贸易政策特征，从而在全球范围内间接影响并分配了不同群体之间的利益，改变了社会福利水平。在GATT/WTO的多边体制下，关税作为传统的贸易政策，其实施的政策空间已不大，越来越多的双边、区域、多边贸易投资协定已经将全球的关税水平降至较低的水平上。在低关税的前提下，各国政府将各种非关税政策作为对传统关税政策的替代，其中，补贴因其外在的隐蔽性而备受各国政府青睐。全球化催使各国采取相近的经济政策，在面临他国补贴政策时，本国政府将会面临更多的压力，并且这种压力在全球化的进程中将是竞争性的。因此，在开放经济环境中的财政补贴，既需要考虑到他国对本国的影响，也需要分析本国对他国的影响。

2.6 开放经济环境中关于补贴的经济学分析

开放经济中，若一国国内出现市场扭曲，政府干预经济的最优政策选择是生产补贴，其原因在于补贴政策所带来的社会福利要高于其他政策选择，比如关税（Bhagwati and Ramaswami［1963］[1]；Johnson［1965］[2]）。在以完全竞争为假设前提的传统经济分析中得出的结论是，基于经济理性的最优选择是一国不应采取出口补贴措施。而 Brander 和 Spencer（1985）[3] 则基于不完全竞争的假设提出了 Brander-Spencer 模型，其结论认为：当企业规模较大时，政府有实施出口补贴的战略性动机，补贴促使本国产出增加，本国企业利润增加，国内国民福利水平的增加是以牺牲国外福利为代价的。这一结论为战略性贸易政策提供了理论依据。随后的研究者认为，Brander-Spencer 模型揭示的最优出口补贴依赖于市场中的竞争者数量以及彼此之间的竞争策略。Dixit（1984）[4] 认为只要本国竞争厂商的数量不要过多即可，而 Eaton 和 Grossman（1986）[5] 认为如果 Brander-Spencer 模型中的厂商竞争策略不是古诺竞争策略而是伯川德竞争策略，那么最优的贸易政策并非"出口补贴"了。

在开放经济环境中，关于"补贴"政策的一般性规律难以证实，其背后的一个重要原因在于，在国际竞争中的政策制定更需要获知足够多的"信息"。这种对"信息"的需求使得政策制定者往往对"补贴"持谨慎的态度。在寡头竞争市场中，以企业竞争模式的信息为例，Maggi（1996）[6] 研究了政府在不确定寡头竞争模式的情形下的补贴政策，其结论表明，政

---

① Bhagwati, Jagdish, and Vangal K. Ramaswami. "Domestic distortions, tariffs and the theory of optimum subsidy." *Journal of Political economy* 71.1 (1963): 44-50.

② Johnson, H. G. "Optimal Intervention in the Presence of Domestic Distortions." in R. E. Caves, P. B. Kenen, and H.G. Johnson, eds., *Trade, Growth and the Balance of Payments: Essays in Honor of Gottfried Haberler*, eds., Amsterdam: North-Holland (1965): 3-34.

③ Brander, James A., and Barbara J. Spencer. "Export subsidies and international market share rivalry." *Journal of international Economics* 18.1-2 (1985): 83-100.

④ Dixit, Avinash. "International trade policy for oligopolistic industries." *The Economic Journal* 94 (1984): 1-16.

⑤ Eaton, Jonathan, and Gene M. Grossman. "Optimal trade and industrial policy under oligopoly." *The Quarterly Journal of Economics* 101.2 (1986): 383-406.

⑥ Maggi, Giovanni. "Strategic trade policies with endogenous mode of competition." *The American Economic Review* (1996): 237-258.

策制定者如果较少实施补贴计划，那么本国国民的福利是增加的。再以市场中商品质量的信息为例，Mayer（1984）[1]考虑到"声誉"问题，其认为促进高质量部门出口的补贴对其他部门具有正向作用。但是，如果考虑到厂商维持发送质量信号的成本问题，那么促进出口的补贴则并非有效，原因在于这些补贴会导致"逆向选择"的问题，由于补贴的激励导致大量低质量的厂商进入（Grossman and Horn，1988）[2]。进一步地，倘若出口补贴可依据不同产品的质量水平而有的放矢地实施，那么这些补贴将是有效率的（Bagwell and Staiger，1989）[3]。"补贴"在开放经济中是否是最优的政策选择，主要取决于市场竞争程度以及信号传递的扭曲程度，一旦信号传递失效，此时的"补贴"将是最佳的选择（Raff and Kim，1999）[4]。

开放经济中，除了影响一国国际经济竞争力的"出口补贴"，还有政府对本国企业的"研发补贴"，这些研发补贴会影响国内生产者的技术选择，进而使得本国厂商在国际市场上形成较强的竞争力。相较于纠正国内市场扭曲的"生产补贴"，研发补贴对其他部门存在正外部性，可以补偿某些市场扭曲。Spencer 和 Brander（1983）[5]指出，在竞争厂商所在国政府尚未进行研发补贴的前提下，本国政府的研发补贴会导致国内厂商改善技术、降低成本，从而提升其在国际市场上的竞争优势，获得更多市场份额与利润，但这些是以牺牲国外厂商的利益为代价的。一旦本国政府与外国政府进行了研发补贴的"拉锯战"，则会导致过量投资问题的出现，此时，

---

[1] Mayer, Wolfgang. "Endogenous tariff formation." *The American Economic Review* 74.5 (1984): 970-985.

[2] Grossman, Gene M., and Henrik Horn. "Infant-industry protection reconsidered: the case of informational barriers to entry." *The Quarterly Journal of Economics* 103.4 (1988): 767-787.

[3] Bagwell, Kyle, and Robert W. Staiger. "The role of export subsidies when product quality is unknown." *Journal of International Economics* 27.1-2 (1989): 69-89.

[4] Raff, Horst, and Young-Han Kim. "Optimal export policy in the presence of informational barriers to entry and imperfect competition." *Journal of International Economics* 49.1 (1999): 99-123.

[5] Spencer, Barbara J., and James A. Brander. "International R&D rivalry and industrial strategy." *The Review of Economic Studies* 50.4 (1983):707-722.

如果有对"补贴"的纪律规范，则会促使福利水平提升。Bagwell 和 Staiger（1994）[1]考虑到 Spencer-Brander 模型中的"不确定性"问题，鉴于研发活动结果的不确定性，厂商的创新投入激励会降低，而此时对厂商的补贴是有利的。相比于出口补贴与产量补贴，不论是在古诺竞争的模式下，还是在伯川德竞争的模式下，研发补贴可能是更为稳健的政策，也是最优的选择。尽管在寡头垄断情境下，厂商的产量并非处于最优水平，但研发补贴依然可以实现较高的福利水平。因此，研发补贴应是具有战略性的。Leahy 和 Neary（1999）[2]考虑到 Spencer-Brander 模型中的研发"外部性"问题，鉴于研发溢出效应的方式不同以及该溢出效应与战略性贸易政策之间的交互程度不同，研发补贴的影响不易确定。

2.7 开放经济环境中关于补贴规则的经济学分析

Spencer-Brander（Spencer and Brander，1983）[3]模型中设定了本国厂商与外国厂商两个企业，两个寡头厂商出口到第三国市场竞争，商品可完全替代。在考虑两国研发补贴的竞争性策略后，模型的结论表明只有形成一个关于"补贴"的共同规范，才可以促使福利水平得以提升。Leahy 和 Neary（2009）[4]在寡头竞争的模型中指出，在没有补贴规范的前提下，单边的研发补贴政策对贸易伙伴既有以邻为壑的消极影响又有促进的积极影响，如果考虑到禁止性补贴的规范，那么相比各国政府间不合作的补贴计划，这些补贴规范是能够促进全球经济效率与福利水平的，并且关

---

① Bagwell，Kyle，and Robert W. Staiger. "The sensitivity of strategic and corrective R&D policy in oligopolistic industries." *Journal of International Economics* 36.1-2 (1994): 133-150.

② Leahy，Dermot，and J. Peter Neary. "R&D spillovers and the case for industrial policy in an open economy." *Oxford Economic Papers* 51.1 (1999): 40-59.

③ Spencer，Barbara J.，and James A. Brander. "International R&D rivalry and industrial strategy." *The Review of Economic Studies* 50.4 (1983):707-722.

④ Leahy，Dermot，and J. Peter Neary. "Multilateral subsidy games." *Economic Theory* 41.1 (2009): 41-66.

于补贴规范的有效性取决于跨境研发的外部性程度以及市场竞争的程度。Bagwell–Staiger（Bagwell and Staiger，2002）[1]模型中设定了两个国家的竞争性厂商将同质商品出口到第三国市场。考虑到出口补贴导致世界价格降低对出口国与进口国的影响，模型结论认为，限制或制止出口补贴的规范有利于出口商，减少的补贴降低了世界贸易量，维持较高的价格增加了出口部门的利润。这一结论支持了《补贴与反补贴措施协定》对出口补贴禁止的规范以及《农业协定》对出口补贴的限制使用。

开放经济中，若一国国内出现市场扭曲，政府干预经济的最优政策选择是生产补贴（Bhagwati and Ramaswami［1963］[2]；Johnson［1965］[3]）。这一结论表明，在纠正国内市场扭曲的过程中，国际贸易协定应该考虑各国实施生产补贴的政策空间。Bagwell 和 Staiger（1999）[4]在标准模型中指出国际贸易协定可以内部化一国贸易条件的外部性。一旦关税被国际贸易协定约束并承诺减让，那么各国政府就会利用贸易条件的外部性，采用生产补贴的方式来放松这些关税承诺。鉴于此，限制一国实施补贴计划的自由裁量空间成为必然。Horn 等（2010）[5]认为国际贸易协定是一个内生的不完全合约，各国是否愿意接受，以及愿意接受哪些政策受到该国际贸易协定的约束，取决于该国对接受贸易协定所带来的收益与成本的大小比较。Horn 等（2010）[6]的模型结论表明，对补贴的规范实质是在限制"关税"与"补贴"

---

① Bagwell，Kyle，and Robert W. Staiger. "Economic Theory and the Interpretation of GATT/WTO." *The American Economist* 46.2 (2002): 3-19.

② Bhagwati，Jagdish，and Vangal K. Ramaswami. "Domestic distortions，tariffs and the theory of optimum subsidy." *Journal of Political economy* 71.1 (1963): 44-50.

③ Johnson，H. G. "Optimal Intervention in the Presence of Domestic Distortions." in R. E. Caves，P. B. Kenen，and H.G. Johnson，eds.，*Trade，Growth and the Balance of Payments: Essays in Honor of Gottfried Haberler*，eds.，Amsterdam: North-Holland (1965): 3-34.

④ Bagwell，Kyle，and Robert W. Staiger. "An economic theory of GATT." *American Economic Review* 89.1 (1999): 215-248.

⑤ Horn，Henrik，Giovanni Maggi，et al. "Trade agreements as endogenously incomplete contracts." *American Economic Review* 100.1 (2010): 394-419.

⑥ *Ibid.*

二者之间的政策替代。当关税被承诺减让后，允许补贴的灵活性将给贸易条件的操控开了一个口子，一国越有能力去利用贸易条件的外部性，越可能利用"关税"与"补贴"这两种工具之间的替换去操控，因此，对于补贴的规范应是更加苛刻地限制对国内补贴的使用。但是 Bagwell 和 Staiger（2006）①指出，对于补贴的规范需要维持一种平衡，一方面要保证一国通过补贴纠正国内市场扭曲的自由裁量权，另一方面也要考虑到各国政府间不合作的补贴计划所带来的成本。现实中，WTO 对补贴的规范已经形成了多边纪律，在一定程度上限制了各成员实施补贴计划的自由裁量权。

2.8 本章小结

对于"补贴"的定义，学术界至今尚未给出一致的定义，不同的学者基于研究不同问题的视角，给出了各自不同的定义。本书则借鉴了大部分学者的各种定义，提炼出已经形成共识的部分，并结合 WTO 框架下 SCM 对"补贴"的定义，尝试给出了一般性的定义：补贴是一种由政府到私人部门的转移支持。通常情况下，私人部门涉及"生产者"与"消费者"，政府对私人部门的支持形式较为多样（一般多以货币或类似的方式，如直接给予生产者或消费者现金补贴、税收减免、低息贷款等），在转移支持的过程中，政府并没有要求有相应等值的补偿回报。正是因为"补贴"的这一特性，政府在进行转移支持时，往往会附加一些限制条件，从而使得符合这些限制条件的生产者或消费者获得政府的补贴。

结合现有大部分文献，本章较为集中地归纳出财政补贴的经济属性，如"补贴的动机""补贴的对象""补贴的收益""补贴的成本""补贴的方式"。更进一步地，对在开放经济环境中的财政补贴以及多边补贴纪律进行经济学分析。综上，本书发现：（1）政府实施"补贴"的主要动机有三：

---

① Bagwell, Kyle, and Robert W. Staiger. "Will international rules on subsidies disrupt the world trading system?." *American Economic Review* 96.3 (2006): 877-895.

即解决市场失灵、释放规模经济、平衡效率与公平。（2）财政补贴的对象一般分为消费者补贴与生产者补贴。（3）补贴政策可以以较为温和的方式减缓经济波动，调整经济结构，促进经济发展，同时也有利于优化财政支出结构与效率。（4）财政补贴导致财政资金存在大量的机会成本与寻租成本。（5）补贴基本可以概括为"现金拨款""信贷补贴""税收补贴""股权补贴""实物补贴""政府购买补贴""管制补贴"等形式，有直接与间接之分、预算内外之分、显性与隐性之分。（6）战略性贸易政策与财政补贴政策密切相关。在开放经济环境中，除了影响一国国际经济竞争力的"出口补贴"，还有政府对本国企业的"研发补贴"。此外，有关国际竞争中的"信息"需求使得政策制定者往往对"补贴"持谨慎的态度。（7）在纠正国内市场扭曲的过程中，国际贸易协定应该考虑各国实施生产补贴的政策空间，形成一个关于"补贴"的共同规范，可以促使福利水平得以提升。

第 3 章

财政补贴政策选择的理论分析

补贴的出发点是基于一国国内的经济发展或其他政策目标的需要，受益的目标群体是本国的生产者与消费者，补贴可以影响资源与收入的分配。补贴实质是政府的一种再分配政策，这涉及税收、转移以及政府对某一特定地区或群体的援助以及拨款的政策（Golden and Min，2013）[1]。与此同时，作为政府财政支出的政策工具，补贴还影响到政府的支出效率，进而影响到部门与产业间的调整乃至国内经济的结构性调整。补贴可以促进经济发展，增进社会福利（Frye and Shleifer，1997）[2]。作为财政政策工具箱中的一个重要工具，补贴的使用都是具有目的性的，正如Schwartz 和Clements（1999）[3]所言，政府实施补贴政策的主要动机在于解决市场失灵问题，提升资源配置效率；利用规模经济效应，释放生产能力；平衡效率与公平的关系，实现收入再分配，增进社会福利目标。

补贴政策该如何选择？补贴政策的目标该如何实现？为回答这些问题，本书尝试提出一个分析补贴政策选择的理论框架，旨在从理论层面理解并分析补贴政策选择的要素特征与政策动机。"补贴政策"涉及补贴的主体、客体、方式、影响4个主要的基本要素。因此，从公共财政的视角去分析财政补贴政策选择的框架，就需要讨论上述4个要素在财政补贴中的各个角色，也即以"怎样的原则与标准"来"确定财政补贴的客体"，又以

① Golden，Miriam，and Brian Min. "Distributive politics around the world." *Annual Review of Political Science* 16 (2013): 73-99.

② Frye，Timothy，and Andrei. Shleifer. "The Invisible Hand and the Grabbing Hand." *American Economic Review* 87.2 (1997): 354-358.

③ Schwartz，Gerd，and Benedict Clements. "Government subsidies." *Journal of Economic Surveys* 13.2 (1999): 119-148.

"怎样的补贴方式"来"实现具体的政策目标"。

3.1 处理好"政府与市场""政策成本与政策收益"两对关系

经济学理论认为，市场力量是配置资源的最有效方式。一般情况下，补贴作为政府干预市场的一种方式，被认为是扭曲了资源的有效配置，而针对补贴所产生的扭曲效应的判断，是基于政府对资源的再分配并没有利用市场的规则，从而会产生经济效率的损失。但对于政府而言，当出现资源的市场化配置结果与社会福利目标不一致时，就需要考虑政府政策与市场规则这两种力量的平衡与组合。补贴作为政府政策工具箱中的常用工具，是否是政府干预市场方式的最佳方案，则需要正确处理好政府与市场的关系。除了从宏观层面考虑到政府与市场的关系外，还需要进一步从微观层面就财政补贴这一项政策工具本身进行分析，因为政府财政支持的补贴是有成本的。因此，在协调资源市场化配置与社会福利目标实现的过程中，既要分析政策所带来的效益，又要权衡政策背后的成本。鉴于此，政府实施财政补贴政策的基本原则就是要处理好"政府与市场""政策成本与政策收益"这两对关系了。

从政府与市场的维度看，在一些特殊的情况下，尤其是在市场失灵的条件下，财政补贴不仅不会扭曲市场的资源配置，造成经济效率的损失，反而增进了经济效率，实现了帕累托改进，体现出"有为政府"的积极干预作用。比如，在实体经济中对幼稚产业的扶持，财政补贴帮助生产者降低了生产过程中的交易费用与不确定性，利于其实现规模经济；又比如，在不发达的资本市场中，信贷补贴缓解了资本市场中的信息不对称问题；补贴还可以增加基础设施建设等公共产品的供给规模；可以增强诸如技术、知识、信息等要素的正外部性；再比如，补贴可以实现收入的重新分配，帮助贫困人口，防止收入两极分化，促进社会公平，等等。

从财政补贴的政策成本与收益的维度看，补贴必须是有效的，即以最小的财政负担与效率损失实现财政补贴的政策目标。补贴政策的收益因政策目标不同而不尽相同，但在大多数情况下，鉴于补贴产生的扭曲作用，补贴政策实施的成本普遍存在，较为集中地表现为"机会成本"与"寻租成本"。其中，机会成本来自两方面。一方面是经济效率的损失。补贴要么降低了生产者成本，要么降低了消费者成本，不论是哪一种情况，最终结果就是受补贴产品的更多产出是以牺牲经济效率为代价的。具体而言，补贴政策产生了一种激励，使得本应有效率的生产者的资源转移到受补贴的生产者那里，而这部分被补贴扭曲的资源在原有生产者那里本应产出更多的经济效益。另一方面，补贴的财政资金来源于政府的税收或债务，在既定财政资金规模下，政府以财政补贴的形式去支持某些受益群体或项目则意味着其他社会政策目标可能无法完全实现，比如政府给予生产者的补贴规模越大，则会导致政府在教育与医疗等领域的投资就越少。因此，在财政预算的约束下，政府需要在不同的补贴计划之间进行利益权衡与比较分析。再一个例子，在对不同的研发项目拟实施补贴计划时，政府需要比较不同的研发项目在未来一段时间内的回报率的差异，更进一步地，政府对于补贴项目的长期成本与收益的预期判断也显得尤为重要，这就要求政府对不同的行业以及潜在的受益群体有深入的了解并掌握充分的信息，但是在实际的操作过程中，市场中的潜在受益群体可能比政府更具有信息优势，这也就导致了政府在制订补贴计划时所产生的实际的机会成本可能要比预期大得多。

寻租成本也是来自两方面。持续性的补贴会减弱对受益群体的经济激励，补贴的政策收益会出现边际效应递减的结果，更为不利的局面是，持续性的补贴会增加已有受益者以及潜在受益者的政策依赖。一方面，已有受益者更加关注政府补贴政策所带来的竞争优势，而不会在市场竞争中培育自己的竞争优势，甚至会利用产业组织、行业协会等力量反过来对政府施压主动寻求补贴政策，从而产生寻租行为；另一方面，潜在受益者会跟随已有受益者，效仿并学习这种寻租行为，由此使得补贴政策背后的寻租成本扩大化。

3.2 补贴的受益对象与时效选择影响补贴政策目标的实现效果

补贴是政府对受益者的财政支持与援助，是一种近乎无偿的利益输送。在面临不同类型的潜在受益群体时，给予某一群体的补贴越多，则意味着其他群体的受益可能性越小，因此，这就要求政府在实施补贴政策时，需要权衡受益群体的选择问题，即补贴的标准。补贴的受益者不同主要源于补贴政策适用对象的选择标准不同：若适用对象的标准宽松，则补贴政策的受益者覆盖面广泛，几乎适用于所有的市场主体，这样的财政补贴是普惠性的；若适用对象的标准严格，则政府只对符合条件的市场主体给予补贴，补贴政策的受益者覆盖面是有范围限定的，这样的财政补贴是有选择性的。在对补贴适用对象进行标准筛查的过程中，可能存在信息不对称的问题，从而导致并非所有符合标准的适用对象成为最终的补贴受益者。通常情况下，政府补贴的规模较大，涉的范围较广，因此，受益对象选择的合适与否将直接影响补贴政策目标实现的效果。

除了适用对象的标准外，补贴的标准还涉及时间维度，即补贴的持续性问题，对于补贴的受益者而言，补贴是短期一次性的还是长期多次的？是间断性的还是连续性的？补贴时间的标准不同所产生的政策效果是不同的。比如，政府长期持续性地对人力资本、物质资本等资本性资源进行投资补贴，可以培育出产业发展的比较优势。再一个例子，在持续性消费补贴的激励下，消费者的需求倾向可能会逐渐改变。因此，考虑到补贴受益群体的多样性，补贴标准（补贴对象标准与补贴时间标准）的选择设定直接反映了政府的政策意图。

3.3 补贴的方式具有多样性

财政补贴的政策目标实现有不同的方式与路径。补贴的直接受益群体可以是消费者，也可以是生产者。对于直接受益者是消费者的补贴政策而言，从消费补贴的路径看，以刺激消费的消费券为例进行分析，消费者可以用其来支付购买某些产品，而该产品的生产者会持有消费券向政府结算，政府与生产者之间的结算量几乎与该产品的市场价值等值，因为这是保证生产者继续使用消费券提供该产品的前提。从生产补贴的路径看，以最高限价为例，政府可以对某些产品进行最高限价。为了缓解可能产生的扭曲效应（比如，供应紧缺或是该产品出现黑市交易），政府可以给予生产者现金补贴，以弥补价格限制给生产者带来的利益损失。

对于直接受益者是生产者的补贴政策而言，这其中包括直接给予生产者的生产投入补贴与产出补贴，也包括一般意义上直接支持生产者经营活动的一系列财政补助措施。具体地，政府为生产者提供生产投入补贴，比如对劳动力、土地、技术等生产要素的补贴，受益的生产者因此可以降低成本，提升竞争力。补贴作为"负向税收"，政府还可通过"延、抵、减、免"等方式的税收支出，给予生产者收入或利润的税收优惠。此外，政府还可以向生产者提供其他的财政补助，比如无息或低成本的贷款或者融资担保等。由于政府对银行、股票市场和债券发行有着很强的控制力，因此政府可以通过金融系统为生产者发放大额的低成本贷款，融资成本降低使得生产者的经营能力增强。又如政府购买，政府可以通过大量购买的形式给予生产者支持。再如，政府会对某些特殊产品（如农产品）采取价格支持或收入支持的方式以保证农民收入与农业生产的稳定。当然，消费者与生产者因补贴而获得收益的程度与规模则取决于供给与需求两侧的约束条件、市场结构、竞争环境等因素。

补贴方式存在直接与间接、透明与隐蔽之分。诸如现金补贴之类的直接且透明的补贴，通常情况下是列入国家财政预算且有着明确的预算约束，而较为隐蔽的补贴（政府通过国有企业以低于成本的定价供应生产要素或者国有企业以低于成本的价格直接购买零部件或原材料等投入要素），很有可能游离在财政预算之外，导致政府准财政赤字的增加，影响收支平衡。此外，还有一类制度性补贴，政府赋予一些生产者特殊的优势（比如知识产权保护或者特许经营权授予等），使得受益生产者在一定时期内获得垄断利润。

3.4 补贴主体之间的合作与监督

财政补贴政策的实施主体通常涉及中央政府及地方政府等多层级政府，在某些特殊情况下，还包括一些公共机构（SCM 对补贴的定义）。中央政府与地方政府在财政补贴政策的实施过程中存在着合作与监督的关系。一方面，各级政府均有各自层级的公共预算，不同层级政府的事权与职责并不完全相同，因此各级政府的财政支出结构不同，具体到财政补贴这一部分，不同层级的政府给予的补贴标准与规模也不尽相同。通常情况下，中央政府主导财政支持的方向与框架（比如制定促进产业发展的扶持政策等），地方政府则根据各地区的实际情况确定具体的补贴标准与规模。尽管地方政府的财政预算规模不大，财力不及中央政府，但在具体的补贴政策实施过程中，中央政府并不会投入过多的财政资金，更多的是由地方政府来配合。另一方面，鉴于国际上多边义务的约束，中央政府会逐渐减少，甚至是取消部分财政补贴，而地方政府基于发展区域经济的动机，可能会尝试去填补这些空白，以地方层级的补贴政策去实现类似的政策目标，从而形成隐蔽性补贴。虽然中央层级的财政补贴减少了，但是对地方政府的补贴政策的监管义务却增加了。

3.5 财政补贴政策选择关注于区域经济、产业发展与企业竞争

从宏观层面看，一国经济发展与区域的经济发展密切相关；从中观层面看，区域经济的发展又需要产业发展的支撑，产业的发展又离不开完整的产业链与供应链的培育；从微观层面看，企业作为生产经营活动中的

最小单位，是经济发展的最终完成者，也是最基本的实体元素。财政政策与货币政策是政府实现一国经济发展的基本政策工具，而财政补贴作为财政政策工具箱中的一个重要工具，其目的就是要完成财政政策促进一国经济发展的具体目标。因此，财政补贴的客体就是涉及经济活动中的各个层面。在处理国内资源配置与收入分配时，补贴政策选择应考虑到经济活动中的各个层面，寻找实现调整经济结构、促进经济发展等政策目标的最有效方式。

3.5.1 财政补贴有助于平衡区域经济发展

区域经济发展理论中的经典梯度理论（Myrdal，1957）[①]认为，当区域间的经济发展水平出现差异后，自然形成经济梯度，即经济发达地区（高梯度地区）和落后地区（低梯度地区）。在经济梯度发展的过程中，各区域生产分布的情况主要取决于三股力量，即"极化效应""扩展效应"和"回程效应"。这三股力量的大小以及彼此之间的交互影响程度将决定着不同区域生产分布的集中与分散状态。

在市场机制的自发作用下，当某一地区的经济发展突破一定水平时，该地区的发展将具有一种自我发展的能力，该能力会促使其不断吸收有利的发展因素，诸如劳动力、资本、技术、信息等生产要素聚集于该地区，从而产生规模效应，形成较快的经济增长，进一步地，该地区逐渐成为发展条件好、发展速度快的地区，进而形成高梯度的发达地区。随着高梯度地区生产的进一步集中，落后地区的经济与社会的发展受到遏制，从而形成低梯度的落后地区，进一步地，不利于低梯度地区的发展因素逐步累积，处境逐渐恶化，进而导致两极分化的情况出现。在上述过程中，就产生了"极化效应"，先是经济活动与生产要素的极化，之后形成地理空间上的极化，随之而来的规模经济效应得以释放，"极化效应"进一步实现了自

---

① Myrdal，Gunnar，and Paul Sitohang. "Economic theory and under-developed regions." (1957). Doi: 10.2307/2601684.

我强化。与"极化效应"形成对偶关系的是"扩展效应",即高梯度地区的经济发展具有正向的外部性,高梯度地区的优质生产要素、创新活动以及高效产出具有外溢性,会向其周围的低梯度地区溢出并扩散,从而促进周边地区的经济增长。随着高梯度地区内经济发展的过度集聚与激烈竞争,生产成本逐步提高,生产要素与生产活动将逐步向周边地区转移,在这一过程中"扩展效应"在不断增强。"回程效应"是"扩散效应"的对立面,与"扩散效应"的作用相反,为负向的"扩散效应",即随着高梯度地区的进一步发展,低梯度地区的发展空间被压缩而受制,这主要表现在低梯度地区的资本积累因高梯度地区的大量吸引资本而受阻、高素质的劳动力也被高梯度地区大量吸收,等等。"回程效应"制约了低梯度地区的发展潜力,如果"回程效应"大于"扩散效应",那么高梯度地区与低梯度地区的经济发展水平的差距将进一步拉大,反之,只有当"扩散效应"大于"回程效应"时,低梯度地区的发展空间才被释放出来。

在区域经济发展过程中,对于区域经济发展不平衡的现象,梯度理论给出了很好的解释:经济欠发达地区进一步发展的机会取决于区域经济发展中的"极化效应""扩展效应""回程效应"这三股力量的大小与彼此之间的交互影响程度。一般地,在经济发展初期,"极化效应"与"回程效应"大于"扩展效应",这类似于一种发达地区对欠发达地区的"虹吸效应",即不断地实现生产要素的聚集与生产规模经济效应的释放。随着市场机制的自发作用,"极化效应"与"回程效应"将逐步被"扩展效应"所赶超,欠发达地区的发展空间被逐步释放出来。区域经济发展中的梯度理论,一方面揭示了市场自发作用机制的现象,另一方面也给政府参与调节区域经济发展的模式提供了思路,比如在处理缩小地区间的经济发展差距(如边疆地区、贫困地区)的问题上。

在实现调整经济结构、促进经济发展等政策目标的过程中,政府购买、转移支付等传统财政政策更多地体现出政府干预经济的力量,这些政策对于经济发展的刺激作用直接且明显,政策效应所辐射的范围也较大。

为实现一定的经济发展目标，通常还需要货币政策、贸易政策等其他经济政策的配合与协调。这些传统财政政策的副作用则是带来经济短期波动的风险增大和对资源配置扭曲的程度增大。相比而言，财政补贴的政策目标与补贴对象明确且单一，故而补贴政策的影响效应是局部的、有针对性的，而非"大水漫灌"式的。补贴政策的实施方式多样且灵活，多以市场激励的方式间接影响市场微观主体的经济决策，而非以政府直接干预的方式影响市场主体的经济行为。因此，补贴政策可以以较为温和的方式减缓经济波动，这一点尤其是在处理国内资源配置与收入分配时表现得更为突出。

具体到处理缩小地区间的经济发展差距（如边疆地区、贫困地区）的问题上，政府应该采取补贴的方式（对欠发达地区的生产要素进行补贴，通过政府干预市场的方式缓解"极化效应"与"回程效应"过程中的"虹吸效应"，并加快"扩展效应"的释放），扩大"扩展效应"的作用规模，丰富"扩展效应"的实现方式，加快"扩展效应"赶超"极化效应"与"回程效应"的速度。具体而言：加大对欠发达地区基础设施建设的投入，从硬环境（如公路、铁路、电力、网络、通信等设施建设）与软环境（如设立科研院所与国家实验室、完善资本市场投融资机制、配套创新创业政策）等方面培育欠发达地区的资源优势，这些领域都需要财政资金的大力支持。在此基础上，结合欠发达地区当地的资源优势与区域特色，通过产业政策引导，基于项目投入、资本融资、人才引进、土地使用、设施建设等环节予以财政资金支持（如税收的减、免、抵、延、缓，又如财政补助、奖励，再如财政贴息、融资担保等），由此可以吸引与欠发达地区固有优势与特色相融合的大量企业实体入驻，形成产业集聚，随之进一步带动上、中、下游的企业实体跟进聚集，进而形成完整的产业链条，最终形成对欠发达地区经济发展的稳定的且可持续性的产业支撑。在这个过程中，政府对欠发达地区实施的财政支持，培育欠发达地区的资源优势，缓解了区域发展不平衡中的"极化效应"与"回程效应"以及由此产生的"虹吸效应"，在一定程度上还可以加快"扩展效应"的释放。

3.5.2 财政补贴有助于产业促进、优化与升级

区域经济的发展离不开产业发展的支撑。根据产业发展的经济特征与规律可以将区域内的产业分为："基础产业""支柱产业""主导产业""新兴产业"。具体而言：基础产业主要体现在这类产业在国民经济发展过程中发挥基础性的支撑作用，多为其他产业提供基本的保障与服务性产出，是其他产业稳健发展的基础与前提条件，在国民经济的产业结构体系中处于"基座"的地位。基础产业一般涉及农业、能源、原材料、交通运输等生产部门，基础产业发展的经济特征是投资规模较大、建设周期较长、经济效益较低等，基础产业的固定成本投入大，可变成本较小，因此，基础产业的边际成本一般情况下是低于平均成本的，鉴于这样的成本结构特征，规模经济效应得以充分释放则是基础产业发展的必要条件，在这一过程中，自然就形成垄断。基础产业部门的产出多为初级产品或是其他产业的中间投入品，鉴于基础产业在产业结构体系中的"基座"地位，保证基础产业的产业链完整有韧性则成为必然。支柱产业的产业规模在国民经济中占据较大份额，不同于基础产业的基础性支撑作用，支柱产业对经济发展的推动作用体现在其发展速度快、发展规模大、产业联动效应明显，往往会影响某一区域内的产业结构空间布局与产业结构升级的路径。支柱产业一般涉及石油化工、机械电子、装备制造、建筑业等生产部门，支柱产业发展的经济特征是市场需求较大、市场扩张能力较强、经济辐射范围广、产业联系较强、产出规模较大、生产率增长较显著。因此，支柱产业一般是经济增长的重要"抓手"。Rostow（1990）[1]认为主导产业具备三个基本特征，即"依托科技进步或创新，引入新的生产函数""形成持续高速的增长率""具有较强的扩散效应，带动其他产业发展"。主导产业对经济发展具有引导带动作用，而这种引导与带动作用主要通过产业关联效应得以

---

① Rostow, Walt Whitman. *The stage of economic growth: A non-communist manifestto*. Cambridge University Press，1990.

实现。Hirschman（1958）[1]以及 Rostow（1990）[2]对产业关联效应进行了阐述，即"前向关联（处于主导产业需求端位置的产业，比如支撑主导产业发展所需要的技术、设备、原材料等）""后向关联（处于主导产业供应端位置的产业，比如以主导产业发展为基础而衍生出的新技术、新产品等）""旁侧关联（与主导产业发展相配套的产业，不同于前向关联与后向关联这种纵向的关联效应，更多地表现为与主导产业发展的横向关联）"。新兴产业多表现为对已有产业进行重塑的业态或是新生发展出来的产业业态。从供给端看，科技水平的提升、新技术的出现或是成本结构的改变、组织形式的突变等，均导致了新兴产业的出现；从需求端看，经济社会的发展刺激了新的市场需求产生，进而催生了新兴产业的发展。一般地，新兴产业代表了前沿技术的发展方向，市场潜力巨大，前景广阔，比如电子信息、生物医药、生命科学、新能源、新材料等。鉴于新兴产业具有高技术含量、高附加值、要素资源集约等特征，新兴产业对于国民经济的发展一般都具有战略意义。

基于产业发展特征标准区分出来的四类产业，在国民经济发展中的作用与角色并非稳定不变的，而是一个动态演进的变化过程。从产业动态演进的变化过程看，战略性新兴产业往往引领着未来产业发展的新方向，在发展到一定规模后，战略性新兴产业可能会演变为新的主导产业，并带动相关产业的联动发展，成为经济发展的新的增长点，随之进一步发展，由新兴产业发展而来的主导产业演变成为支柱产业，成为国民经济发展的重要支撑力量。从四类产业自身的发展过程看，基于产业发展在不同周期的"成本"与"收益"的变动规律，可以将每一产业自身的发展过程划分为"萌芽期""成长期""成熟期"与"衰退期"。在"萌芽期"阶段，未来的

---

① Hirschman, Albert O. *The strategy of economic development.* No. 04; HD82, H5. Yale University Press, 1958.

② Rostow, Walt Whitman. *The stage of economic growth: A non-communist manifestto.* Cambridge University Press, 1990.

社会效益大于现在的社会投入成本；在"成长期"阶段，现在的社会收益
小于现在的社会投入成本，但是现在社会效益增加的速度大于现在社会投
入成本上升的速度；在"成熟期"阶段，现在的社会效益大于现在的社会
投入成本，但现在社会效益增加的速度趋缓，而现在的社会成本上升的速
度在增加；在"衰退期"阶段，现在的社会效益大于现在的社会投入成本，
但是现在社会效益增加的速度小于现在社会成本投入成本上升的速度。

综上分析，可以发现：在经济发展过程中，正常的产业结构体系从空
间分布看，由基础产业、支柱产业、主导产业与战略性新兴产业构成，从
产业发展的阶段看，基础产业多处于成熟期或是衰退期，支柱产业与主导
产业多处于成长期与成熟期，战略性新兴产业多处于萌芽期与成长期，见
表3.1。

表3.1　产业发展的一般性规律

发展周期 / 产业类别	产业萌芽期	产业成长期	产业成熟期	产业衰退期
基础产业			√√	√
支柱产业		√	√√	
主导产业		√√	√	
新兴产业	√√	√		

注：1. "√"与"√√"表示一般情况下不同产业发展所处阶段；

　　2. 其中，"√√"相比于"√"表示某一产业的发展更常见处于此阶段。

财政补贴作为财政政策的常用工具，在完善并促进产业结构优化升
级过程中，要处理好政府与市场之间的关系，以市场力量为主，政府干预
为辅，让市场在产业发展过程中实现资源优化配置，并起决定性作用。具
体而言，对于战略性新兴产业，技术虽然具有前瞻性，但随之而来的不确
定性也较为突出，与此同时新兴产业的出现，由于是新的业态形式，其稳
健成长所需要的外部环境尚不成熟，市场潜力大但也需要进一步开发与培
育，这一过程也存在诸多的不确定性，多数战略性新兴产业多处于萌芽期

阶段，只有少数处于成长期阶段。因此，对处于萌芽期的新兴产业，在市场进行资源配置的环境中，进一步发现那些具有发展潜力的新兴产业并发挥政府的引导作用，明确其战略性产业的定位，加大对其财政补贴的力度与规模，缓解不成熟的外部环境所带来的各种不确定性，促进其较快进入产业成熟期，进一步发展为主导产业或是支柱产业。对于主导产业或是支柱产业，应充分发挥市场的主导作用，先行经历市场化的竞争选择，在通过市场竞争自发优化资源配置后，会形成一批具有主导产业特征的产业，此时大部分产业的发展进入了产业的成长期，少数进入了成熟期。在这种背景下，政府的引导作用可以发挥出来，通过财政补贴加速主导产业进入成熟期，并进一步促进其发展成为支柱产业。在这一过程中，某一产业的发展会通过前向关联和后向关联对其他产业产生直接和间接的影响，并带动相关产业的协同发展，因此，财政补贴的引导作用，在培育主导产业发展的过程中，可以充分释放主导产业的产业关联效应。对于基础产业而言，基础产业的投入成本大，需要实现规模经济才可以保证产业链的完整与韧性，因此需要更多的政府力量介入进来，通过财政补贴帮助其提供基本产出，增大供应量，保护产业安全。当基础产业的发展进入到衰退期阶段，则应通过财政补贴促进产业内的生产要素优化重组，平稳实现转型升级。与此同时，在主导产业、支柱产业以及新兴产业发展的过程中，由于产业关联效应的不断释放，不同产业之间的发展有着协同作用，这些产业的发展对基础产业的转型升级也起到了正向的促进作用。

理解补贴政策对于产业发展的影响尤为必要（Maloney and Nayyar，2018）[1]。补贴是政府干预产业发展的常用政策工具（Verdier，1995）[2]。针对不同的产业特征与发展周期，补贴在促进产业结构优化升级过程中应具有

---

[1] Maloney, William F., and Gaurav Nayyar. "Industrial policy, information, and government capacity." *The World Bank Research Observer* 33.2 (2018): 189-217.

[2] Verdier, Daniel. "The politics of public aid to private industry: The role of policy networks." *Comparative Political Studies* 28.1 (1995): 3-42.

不同的政策目标。具体而言：

　　首先，加大对基础产业和战略性新兴产业的财政扶持力度。原因在于：基础产业与战略性新兴产业的共同特点是投资规模较大（基础产业固定成本大，新兴产业具有技术、资本密集特征），且二者在国民经济中的重要地位不言而喻（基础产业是产业结构体系中的"基座"，新兴产业对于国民经济发展具有战略意义），因此需要大量财政资金的支持。财政支持的着力点应聚焦于基础研发补贴以及以研发为导向的投资补贴。但是两类产业又有所不同，基础产业多处于产业成熟期与衰退期，基础产业发展需要优化结构、提质增效，因此需要以研发为导向的投资补贴，加快基础产业的转型升级；而新兴产业多处于萌芽期与成长期，新兴产业发展需要对冲投资风险、加快技术进步与技术成熟度，因此需要以基础研发补贴为主，持续支撑技术进步，加快技术成熟度，同时需要以研发为导向的投资补贴为辅，对冲前期发展所面临的较大投资风险。此外，研发类的投资补贴专向性特征并不明显（尤其是基础研发类的补贴），因此这类补贴不易被潜在受益群体所左右，其背后的寻租空间相对有限。

　　进一步地，从补贴方式角度看，对于战略性新兴产业与基础产业的补贴应以财政拨付方式为主，以税收优惠方式为辅。具体而言，对于基础研发投入，因其前期资金需求较大、投资风险较高、正外部性明显，所以通常会产生研发投入不足的问题。而财政拨付通常具有资金规模较大、使用范围集中等特点。因此，针对基础研发投入的补贴应以财政拨付方式为主，且需要长期持续性的补贴投入（持续性补贴可以促使企业形成政策预期，从而稳定企业进行长期研发投资的决策），以此对冲基础研发过程中的投资风险。政府承担基础研发的社会成本有利于缓解研发投入不足的外部性问题。相比于财政拨付这种政府直接干预的方式，税收优惠更具有灵活性，并且与企业的竞争策略、经营发展密切相关，税收优惠以更接近于市场的间接方式去影响企业对研发投入的经营决策，其优点是在一定程度上避免了财政资金使用过程中出现的信息不对称问题。企业对自身风险偏好、研发投入成本约束等信息具有完备性，企业通常会基于政府给予研发投入的税收优惠水平来决定研发活动的投资方向与规模。因此，以税收优惠的方式给予研发补贴可以避免直接拨付财政资金的无效投资以及投资效率低下等问题。进一步地，税收优惠可以以阶段性补贴的方式去实施，这样可以灵活地调节不同企业在其不同发展阶段对研发投资的激励水平。如在研发初期，实施阶段性大幅度的税收优惠，当技术成熟度较高且投资风险较低时，则取消税收优惠。此时，取而代之的可以是制度性补贴（如实施严格的知识产权保护），让这些对研发进行投资的企业在一定时期内可以获得垄断利润。

其次，充分利用市场力量发展支柱产业与主导产业，减少对支柱产业的补贴，适度增加对主导产业的补贴。其背后的原因在于：在支柱产业中，如果财政补贴大量存在，那么可能会产生产能过剩的问题，此时的市场竞争应是实现资源优化配置的决定性力量。而对于主导产业，应该结合其产业关联性较强的特征（前向关联、后向关联、旁侧关联），有针对性地、适度地通过财政支持的多种方式将主导产业的关联效应充分释放出来，带动其他相关产业的协同发展。见表3.2。

表 3.2 产业特征与补贴

产业	产业特征	补　贴
基础产业	·多为初级产品或是其他产业的中间投入品 ·多为其他产业提供基本的保障与服务性产出 ·一般涉及农业、能源、原材料、交通运输等部门 ·一般多处于产业成熟期或衰退期	·补贴动机 维持基本产出，保护产业安全；促进产业内的生产要素优化重组，平稳实现转型升级 ·补贴对象 以研发为导向的投资补贴 ·补贴方式 财政拨付 税收优惠 ……

续　表

产业	产业特征	补　贴
战略性 新兴产业	·多表现为对已有产业的重塑或新生发展出来的业态 ·多代表前沿技术的发展方向，战略意义大、市场潜力大 ·一般涉及电子信息、生物医药、生命科学、新能源、新材料等领域 ·一般多处于产业萌芽期与成长期	·补贴动机 缓解产业发展不成熟的外部环境所带来的各种不确定性，促进其较快进入成熟期 ·补贴对象 基础研发补贴 以研发为导向的投资补贴 ·补贴方式 财政拨付 税收优惠 制度性补贴 ……
主导产业	·多通过产业关联效应引导带动经济发展 ·前向关联带动处于主导产业需求端位置的产业 ·后向关联带动处于主导产业供应端位置的产业 ·旁侧关联带动与主导产业发展相配套的产业 ·一般多处于产业成长期与成熟期	有针对性地、适度地以更接近于市场的间接方式（如税收优惠）将主导产业的关联效应充分释放出来，带动其他相关产业的协同发展
支柱产业	·多表现为市场需求较大、产出规模较大、市场扩张能力较强、经济辐射范围较广的业态 ·一般涉及石油化工、机械电子、装备制造、建筑业等部门 ·一般多处于产业成熟期与成长期	充分利用市场力量发展支柱产业，减少对支柱产业的补贴，避免产能过剩

3.5.3 财政补贴会影响企业竞争策略选择

在微观层面，财政补贴作用的客体是企业。企业对于财政补贴的需求与企业的竞争策略息息相关。与此同时，企业的竞争策略也会基于政府所给予的生产补贴或消费补贴而发生改变。企业所处的竞争环境影响着企业所采取的竞争策略，而企业的竞争环境取决于企业之间的市场关系。市场中不同企业间的关系主要体现在两个维度上：横向水平维度上，在同一行业内的同类企业群；纵向水平维度上，分处于供应链上、中、下游不同位置上的不同类企业群。

若以一个静态的视角从企业竞争环境的微观层面看，企业所在供应链中的位置决定了其竞争策略。具体而言，供应链上游的进入壁垒较高，主要表现为生产投入成本较大、投资风险较高，因此处于上游位置的企业，通常数量不多，多以知识、技术密集型企业为主，并且在行业内具有明显的垄断优势，行业中的竞争模式表现为少数寡头的垄断。这些企业的竞争策略多以维持垄断优势、加大研发投入、占有知识产权、提高产品质量、扩大市场规模、实现规模经济为主。与供应链上游的企业相比，企业进入供应链中游的门槛较低，投入成本较少，因此位于供应链中游位置的企业数量明显增多，竞争环境也变得更为激烈。中游企业的发展一般依赖于上游，为了维持自身的比较优势，通常会采取差异化的竞争策略，比如技术创新、拥有知识产权、经营提效、提升产量与质量、优化定价策略、扩大市场规模、实现规模经济。处在供应链下游的企业，由于进入门槛低，投资风险小，因此企业数量多且经营分散，处于高度竞争的市场环境中。下游企业的竞争策略多表现为成本竞争、价格竞争、销售渠道竞争、融资渠道竞争等。

企业的竞争环境与竞争策略是基于市场经济的自发机制而形成的。财政补贴作为政府干预市场的方式，一方面会给企业带来新的政策激励，从而影响企业的竞争策略，另一方面，企业也会基于既有的竞争策略寻求政府的力量介入市场，从而支撑自己在市场竞争环境的有利地位。从企业需求的维度看，基于不同企业的竞争策略，企业对财政补贴的需求方式与规模也不尽相同。具体而言，具有垄断优势的上游企业更倾向于政府对研发投入的补贴以覆盖大量的投入成本，也倾向于政府提供的投资补贴以对冲技术投资的风险，此外，作为对上游企业成本控制的激励，融资补贴（如

贷款贴息补贴等）与要素补贴（如土地租金补贴等）的需求也是上游企业
更倾向于获得的，这有利于降低较高的进入壁垒。具有比较优势的中游企
业更倾向于融资补贴与要素补贴，在差异化竞争的过程中，基于技术创新
的动机，对于研发补贴的需求也较为积极。下游企业的竞争优势更多依赖
于市场规模的大小，因此对于刺激消费市场的消费补贴更为敏感，与此同
时，在激烈的竞争环境中，涉及融资、成本、价格、销售各个方面的补贴
（如融资补贴、税收抵减等），则更有利于企业的竞争优势得以维持。

表 3.3　企业竞争策略与补贴方式

供应链位置	市场特征与竞争策略	补贴方式
上游企业	· 多为寡头垄断的竞争模式，具有垄断优势 · 有较高的进入壁垒，多为知识、技术密集型 · 大量的成本投入，如研发投入 · 提升产量与质量，实现规模经济	生产补贴 · 研发补贴 · 投资补贴 · 融资补贴 · 要素补贴 ……
中游企业	· 多为垄断竞争，竞争程度高于上游，具有比较优势 · 进入门槛较低于上游，投入成本低于上游 · 差异化发展，如技术创新、运营提效、资源整合 · 提升产量与质量，实现规模经济	生产补贴 · 研发补贴 · 融资补贴 · 要素补贴 ……
下游企业	· 高度竞争，分散化经营 · 进入门槛低 · 成本竞争、价格竞争、融资渠道竞争、销售渠道竞争	生产补贴 · 融资补贴 · 税收抵减 …… 消费补贴 · 现金直补 · 消费专补 ……

从政府实施补贴的供给维度看，有针对消费者的消费补贴（比如现金
直补，或消费某商品的专项补贴），也有直接给予企业的生产补贴，既可

以单方面提供其中一种补贴，也可以同时提供多种补贴。政府实施补贴的不同策略对于企业竞争策略的影响是不同的。倘若政府只提供消费补贴，那么消费者的购买成本降低，潜在消费市场被激活，通常情况下，下游企业的受益程度要大于上游与中游企业。这是因为，下游企业与消费者的市场距离更近，下游企业的竞争优势高度依赖于消费补贴来扩大其市场规模，虽然中游与上游企业的竞争优势也是通过规模经济来实现的，但中、上游企业的市场规模的扩大是需要通过下游企业的市场规模扩大而传递的，因此，下游企业对消费补贴的敏感度要高于上游与中游企业。相对地，倘若政府只提供生产补贴，比如研发直接补贴、要素租金补贴、税收减免、税收抵免、低成本融资等，那么对于下游企业而言，它们的利益获取较为间接，且受益程度较小，而对于上游、中游企业，它们的经营成本降低，抗风险能力增强，因此可以进一步扩大生产，加速实现规模经济，从而扩大既有的垄断优势与比较优势。当政府同时实施消费补贴与生产补贴时，上游企业将立足于实现规模经济，并加大研发投入，提质增效，扩大垄断优势，对整个供应链的控制力开始向中下游延申。中游企业会丰富差异化的竞争策略，扩大比较优势，占据更多市场，同时通过加大技术创新，寻求新的竞争优势，并向上游延伸。下游企业则在补贴带来的既有利益的前提下，寻求更多的政府支持，以维持其竞争优势。

在产业竞争层面上的补贴政策选择应考虑到企业所面临的竞争环境与其所选择的竞争策略。企业所在供应链中的位置决定其竞争策略，而企业所处竞争环境与其所在供应链中的位置又密切相关。位于供应链上、中游位置的企业一般都具有一定的垄断势力，对技术创新的需求较大。对于这些企业，应以提供非专向性的研发补贴以及核心要素（如技术设备、人才引进等）补贴为主，同时考虑到上、中游企业的投资门槛较高、投资规模较大，因此还可适度辅以投、融资补贴。这种补贴方式可以促使供应链自上而下的联动，实现供应链系统的整合、优化与协同。考虑到对消费者的补贴不易引起多边补贴规则的约束，作为一种补充策略，对消费者的补贴可以直接激发下游企业的市场活力，从而带动中、上游企业的市场竞争力，由此产生自下而上的供应链联动，有助于实现供应链的规模效应。

鉴于两种不同补贴方式与路径可能产生的政策效果，若对上、中游企业提供持续性的研发补贴，那么将有可能促进供应链实现自上而下的联动，有助于整个供应链系统提质增效，提升上、中、下游企业群的整体运营效率与竞争地位，培育更大的竞争优势，降低整个供应链系统的运行成本，增强供应链内生的韧性与抗风险能力。自下而上的供应链联动是以刺激需求端为切入点的，相比于自上而下的联动，自下而上的联动可以在短期内较为直接地提高整个供应链系统对市场需求的反应速度，增强供应链系统的市场活力。因此，对消费者的补贴应以阶段性补贴为宜。

3.6 基于理论分析框架衍生的财政补贴政策选择维度

本书尝试搭建了一个分析框架，从财政补贴的属性特征（补贴原则、补贴主体、补贴客体、补贴方式、补贴标准等）出发，基于多层次结构（区域经济→产业发展→企业竞争）去分析财政补贴政策对经济发展与经济主体的激励作用机制，这对于理解中国财政补贴政策选择是一种理论上的探讨。

从产业层面看，鉴于产业间的不同特征与产业发展的不同周期，补贴在促进产业发展、结构优化升级过程中应具有不同的政策目标，具体可分解为两个维度，即"产业发展促进"与"产业调整升级"。基于前文的理论分析，在"产业发展促进"维度上，补贴政策选择应加大对基础产业和战略性新兴产业的关注。在"产业调整升级"维度上，基础产业多处于产业成熟期与衰退期，发展需要优化结构、提质增效，新兴产业多处于萌芽期与成长期，发展需要加快技术进步与技术成熟度，财政补贴的着力点应聚焦于基础研发补贴以及以研发为导向的投资补贴。与此同时，在实现"产业发展促进"与"产业调整升级"维度上的政策目标过程中，影响补贴政策选择的另两个维度[1]"科技创新研发"与"节能减排环保"亦随之出现。

从供应链视角看企业层面的竞争。基于前文的理论分析，位于供应链上、中游位置的企业一般都具有一定的垄断势力，对技术创新的需求较大，对"科技创新研发"维度的补贴政策更为敏感。与此同时，考虑到上、中游企业的投资门槛较高、投资规模较大，对投、融资补贴的需求也催生对"资本市场发展"维度的关注，具体而言，这些企业需要扩展融资渠道，需要利用资本市场促进企业发展。而依附于供应链上的中小微企业则更需要有针对"中小微企业发展"维度的补贴政策，在实现企业转型升级、高质量发展过程中获得融资补贴、税收优惠等多种形式的政策福利。作为影响资源与收入再分配的重要政策工具，补贴除了促进经济发展的政策目标外，还需要平衡效率与公平的关系，实现其他的社会政策目标，以增进社会福利（Schwartz and Clements，1999）[2]。由此又产生一个补贴政策选择的目标维度，即"社会福利政策"，主要关注于区域经济平衡发展、缩小贫富差距、增加就业水平、关注特殊群体、丰富公共产品供给等。

在开放经济环境中，补贴政策选择分析需要考虑"经济对外开放"这一维度在区域、产业、企业等层面的作用与影响。补贴政策会侧重于改善国际经贸关系、优化贸易结构、促进内外资合作、实现区域产业结构调整与产业升级。处于供应链上中下游的企业则考虑其参与全球经济的程度以及其在全球市场中的位置，进而调整其竞争策略，相应地，不同企业对于补贴政策的需求也随之改变。

基于上述理论分析框架，我们可以衍生出具体分析补贴政策选择的八个维度，即"产业发展促进""产业调整升级""科技创新研发""节能减排环保""资本市场发展""中小微企业发展""社会福利政策""经济对外开放"。

---

①财政补贴在"科技创新研发"与"节能减排环保"这两个维度上的主要政策动机在于解决市场失灵的问题（Schwartz and Clements，1999），如创新研发的成果存在正外部性、环保外部性及环保技术的推广等。

②Spencer，Barbara J. "Countervailing duty laws and subsidies to imperfectly competitive industries." *Issues in US-EC trade relations*. University of Chicago Press，1988. 315-348.

3.7本章小结

基于第2章对财政补贴属性的经济分析,本章尝试提出了分析财政补贴政策选择的思路与框架:(1)政府实行财政补贴政策的基本原则就是要处理好"政府与市场""政策成本与政策收益"这两对关系。(2)考虑到补贴受益群体的多样性,补贴标准(补贴对象标准与补贴时间标准)的设定选择直接反映了政府的政策意图。(3)财政补贴政策实现有不同的方式与路径,有消费者补贴、生产者补贴,有直接与间接、显性与隐性之分。(4)财政补贴政策的实施主体通常涉及中央政府及地方政府等多层级政府,中央政府与地方政府在财政补贴政策的实施过程中存在着合作与监督的关系。(5)财政补贴涉及经济活动中的各个层面。

财政补贴与区域经济发展。在区域经济发展过程中,对于区域经济发展不平衡的现象,梯度理论给出了很好的解释:经济欠发达地区进一步发展的机会取决于区域经济发展中的"极化效应""扩展效应""回程效应"这三股力量的大小与彼此之间的交互影响程度。梯度理论一方面揭示了市场自发作用机制情况下区域经济发展不平衡的现象,另一方面也给政府以财政补贴的形式参与调节区域经济发展的模式提供了思路,即在处理缩小地区间经济发展差距(如边疆地区、贫困地区)的问题上,政府可以采取补贴(对欠发达地区的生产要素进行补贴,通过政府干预市场的方式缓解"极化效应"与"回程效应"过程中的"虹吸效应",并加快"扩展效应"的释放)的方式,扩大"扩展效应"的作用规模,丰富"扩展效应"的实现方式,加快"扩展效应"赶超"极化效应"与"回程效应"的速度。

财政补贴与产业发展。在完善并促进产业结构优化升级过程中,需要处理好政府与市场之间的关系,以市场力量为主,政府干预为辅,让市场在产业发展过程中实现资源优化配置,并起决定性作用。对处于萌芽期的新兴产业,在市场进行资源配置的环境中,进一步发现那些具有发展潜力的新兴产业,并发挥政府的引导作用,明确其战略性产业的定位,加大对其财政补贴的力度与规模，缓解不成熟的外部环境所带来的各种不确定性，促进其较快进入产业成熟期，进一步发展为主导产业或是支柱产业。对于主导产业或是支柱产业，应充分发挥市场的主导作用，先行经历市场化的竞争选择，在通过市场竞争自发优化资源配置后，会形成一批具有主导产业特征的产业，此时大部分产业的发展进入了产业的成长期，少数进入了成熟期。在这种背景下，政府的引导作用可以发挥出来，通过财政补贴加速主导产业进入成熟期，并进一步促进其发展为支柱产业。在培育主导产业产业的过程中，财政补贴的引导作用可以充分释放主导产业的产业关联效应。对于基础产业而言，基础产业的投入成本大，需要实现规模经济才可以保证产业链的完整与韧性，因而需要更多的政府力量介入进来，通过财政补贴帮助其提供基本产出，增大供应量，保护产业安全。当基础产业的发展进入衰退期阶段，则应通过财政补贴促进产业内的生产要素优化重组，平稳实现转型升级。与此同时，在主导产业、支柱产业以及新兴产业发展的过程中，由于产业关联效应的不断释放，不同产业之间的发展有着协同作用，这些产业的发展对基础产业的转型升级也起到了正向的促进作用。

财政补贴与企业竞争。一方面，财政补贴会给企业带来新的政策激励从而影响到企业的竞争策略；另一方面，企业也会基于既有的竞争策略寻求政府的力量支撑自己在市场竞争环境中的有利地位。基于供应链的视角，从企业需求的维度看，基于不同企业的竞争策略，企业对财政补贴的需求方式与规模也不尽相同。上游企业更倾向于政府对研发投入的补贴、融资补贴与要素补贴，中游企业更倾向于融资补贴、要素补贴与研发补贴，下游企业更倾向于消费补贴、融资补贴以及税收抵减等。从政府实施补贴的供给维度看，消费补贴使得下游企业的受益程度要大于上游与中游企业，而生产补贴使得上、中游企业受益要比下游企业更直接，当同时实施消费补贴与生产补贴时，上游企业与中游企业会增加对供应链的控制力，下游企业则会需求更多的政府支持。

第 4 章　开放经济环境中补贴政策空间的理论分析

近年来逆全球化浪潮此起彼伏，但全球化的历史潮流并不会因此而发生逆转，根本原因在于当今之全球化已不同于往日之全球化。过去的全球化是以产品分工为特征，而当今的全球化已进入以"价值链竞争"为特征的新阶段。各经济体已经在国际贸易与投资领域内以多边、区域、双边等国际合作形式实现了深度融合，在以"价值链竞争"为特征的全球化中，各经济体之间的政策会以"环环传递"的形式影响彼此，全球化促使各经济体采取相似的经济政策。虽然近年来民粹主义兴起、贸易保护主义抬头，全球化遭受巨大挑战，但全球化的发展趋势并不会改变。某些经济体若想以单边主义、贸易保护主义为政策导向，从而实现本国利益最大化的意图也已变得不现实。

开放经济环境中，关税作为传统的贸易保护政策已被诸多双边、区域、多边经贸协定限制至较低水平，各国可实施的政策空间已不大。在低关税水平下，各国倾向于采取各种非关税政策作为对传统关税政策的替代。在非关税政策中，补贴政策因其自身具有较强的隐蔽性（补贴对象较多且形式繁杂，补贴政策、文件、数据获取难度大，补贴规模难以评估等）而被各国作为非关税壁垒保护的一个重要且常用的政策工具。尤其是在全球经济下行的背景下，各国政府更容易受到保护主义思潮影响，给予国内市场主体大量补贴以刺激经济，并以反补贴为由设置新的贸易障碍以保护本国经济利益。随着全球化的不断深入与分化，各国政府又趋于采取相近的经济政策，这使得本国政府对国内的补贴水平、类型与程度将不得不考虑国外补贴政策所产生的影响。考虑到本国参与全球经济的程度以及本国市场在全球市场中的位置，政府在支持经济部门、产业与企业发展时会面临更大的压力，并且这种压力在全球化的过程中将是竞争性的。

　　开放经济环境中，补贴政策的效果与影响往往是国际社会最为关注的重要问题。鉴于此，多边补贴规则对不同经济体间的补贴政策进行监督、约束与协调显得尤为必要。虽然国际上一些双边或多边协定对补贴政策进行了规范，但某些补贴规则还需要进一步完善（如服务贸易领域内的补贴规则）。现行 WTO 框架下有关补贴的多边纪律规范依然是维护与保障各成员间公平贸易的有效规则，这种规则设计使得各成员的国内经济政策对其他成员的影响得以有效协调，既尊重了各成员补贴政策的自主权，又规范了各成员的补贴政策实践。自 2017 年以来，美、欧、日等主要成员陆续发布了七次联合声明，对当前 WTO 框架下的多边规则提出具有针对性的改革诉求。从历次联合声明中的主要内容看，这些成员试图重塑 WTO 补贴规则的意图明显。

　　综上，在当前形势下分析一国补贴政策的选择空间需要考虑到三个约束条件：其一，全球化已进入以"价值链竞争"为特征的新阶段，补贴政策这种类型的非关税壁垒工具将出现新的特点；其二，世界经济持续低迷，贸易保护主义明显抬头，各国倾向于对国内经济的刺激，保护本国经济利益而对外部竞争环境设置更多障碍，由此产生补贴政策的争端风险正在增加；其三，WTO 改革的必要性已成共识，现有多边框架下有关补贴纪律规范的多边规则或将发生变化。鉴于此，分析开放经济环境中的补贴政策，自然需要围绕上述三个约束条件对补贴政策的多边纪律规范、可能产生的政策争端风险进行讨论，在此基础上，可以进一步勾勒出开放经济中一国补贴政策的选择空间。按照这一思路，本书余下内容安排如下：首先讨论开放经济环境中补贴政策的外溢性与多边纪律规范问题，随后进行补贴政策争端风险的因素分析，并在此基础上尝试提出开放经济环境中补贴政策空间选择的分析框架。

4.1 开放经济环境中的补贴政策外溢性与多边纪律规范

4.1.1 开放经济环境中的补贴政策或具有外溢性

在开放经济环境中，一国国内的补贴政策将对其外部环境产生溢出效应，从而使得补贴有了财政政策与贸易政策的混合效果。一国的补贴政策通常会表现出贸易政策特征，在全球范围内间接影响并分配了不同群体之间的利益，改变了社会福利水平。经典的战略性贸易政策模型（Brander-Spencer 模型）表明，政府可以通过扶持具有规模经济特征的优势产业发展，从而实现产业利润在国际间的转移（Brander and Spencer，1985）[1]。Dixit（1984）[2]与 Eaton 和 Grossman（1986）[3]从不同角度（如竞争者数量、竞争者策略等）完善了 Brander-Spencer 模型的结论。尽管在开放经济环境中，关于补贴政策的一般性规律难以证实，但这些经典文献已经证实了一国补贴政策的外溢性特征。

4.1.2 开放经济环境中的多边补贴纪律规范

理论层面上，开放经济中形成的补贴纪律规范可以促使全球福利水平提升，这一结论在 Bagwell 和 Staiger（2002）[4]与 Leahy 和 Neary（2009）[5]的模型中已得到证明。需要注意的是，补贴纪律规范需要维持一种平衡，一方面要保证一国通过补贴纠正国内市场扭曲的自由裁量权，另一方面也

---

① Brander，James A，and Barbara J. Spencer. "Export subsidies and international market share rivalry." *Journal of international Economics* 18.1-2 (1985): 83-100.

② Dixit，Avinash. "International trade policy for oligopolistic industries." *The Economic Journal* 94 (1984): 1-16.

③ Eaton，Jonathan，and Gene M. Grossman. "Optimal trade and industrial policy under oligopoly." *The Quarterly Journal of Economics* 101.2 (1986): 383-406.

④ Bagwell，Kyle，and Robert W. Staiger. "Economic Theory and the Interpretation of GATT/WTO." *The American Economist* 46.2 (2002): 3-19.

⑤ Leahy，Dermot，and J. Peter Neary. "Multilateral subsidy games." *Economic Theory* 41.1 (2009): 41-66.

要考虑到各国政府间不合作的补贴政策所带来的成本（Bagwell and Staiger，2006）[①]。

实践层面上，现行WTO框架下的《补贴与反补贴措施协定》《农业协定》以及《服务贸易总协定》分别对货物贸易、农业贸易与服务贸易领域内的政府补贴进行了规范，尤其是对可能扭曲国际贸易的政府补贴予以明确约束。其中，《补贴与反补贴措施协定》是一项系统且全面的多边补贴纪律协定，而《农业协定》则是在协定内的部分条款中有对补贴纪律的详细说明，《服务贸易总协定》在协定中只是给出了关于补贴纪律的一般性原则。

对于某一补贴政策是否受到《补贴与反补贴措施协定》《农业协定》以及《服务贸易总协定》等多边规则所约束，需要具体考察这一补贴政策是否对贸易产生了扭曲作用。《补贴与反补贴措施协定》《农业协定》以及《服务贸易总协定》均区分了不同情境下的补贴措施对贸易的扭曲程度。与此同时，WTO框架下的多边补贴规则尊重各成员方实施补贴政策的自主权，并给予各成员方合法的政策选择空间，如支持各成员方政府对能够产生正外部性的经济活动予以补贴；允许成员方政府实施不产生贸易扭曲或产生微小扭曲影响的补贴政策。对这些补贴政策，《补贴与反补贴措施协定》《农业协定》以及《服务贸易总协定》均给出了较为宽松的纪律要求，或者因适用补贴纪律的例外条款而予以豁免。

4.2 开放经济环境中的补贴政策或有争端风险

在开放经济环境中，对于政策制定者而言，补贴政策的实施需要兼顾两方面的平衡：一方面，补贴是实现国内资源与收入再分配的重要工具，政府有权通过补贴政策实现本国的经济目标；另一方面，补贴的外溢性特征使得补贴兼有了财政政策与贸易政策的混合效果，需要避免补贴政策可

[①] Bagwell, Kyle, and Robert W. Staiger. "Will international rules on subsidies disrupt the world trading system.". *American Economic Review* 96.3 (2006): 877-895.

能产生的争端风险。前者的出发点是基于一国国内的经济发展或其他政策目标的需要，补贴是一国财政政策工具箱中的常规工具，是一国政府实施经济治理的常用政策，更是其经济主权的一般表现，因此补贴具有天然的合理性。后者则考虑到开放经济环境中他国对一国实施补贴政策后的政策反应。从多边补贴规则看，如果出口方的补贴政策产生了贸易扭曲，使得补贴受益者获得全球市场中的竞争优势，对进口方造成了利益损害，那么进口方可启动反补贴调查，以至可以采取征收反补贴税等反制措施来抵消出口方在商品生产、出口等环节中因直接或间接形式的补贴所产生的扭曲影响，WTO 虽许可进口方的这些反补贴措施，但仍然有明确的纪律约束。

理论层面上，补贴政策的外溢性传导到他国的过程伴随着跨国福利转移的过程。开放经济中一国国内补贴政策是否会引起补贴争端风险主要在于他国是否有采取反补贴措施的动机与倾向。基于进口国视角，出口国的补贴政策是否有利于进口国的福利水平提升取决于进口国消费者与生产者两方的净福利水平。于是，进口国是否采取反补贴措施通常需要权衡三个方面的因素：其一，进口国消费者与生产者福利水平孰大孰小；其二，生产者中因出口国补贴政策而受损的群体比重大小；其三，受损群体影响进口国实施贸易救济政策（如征收反补贴税等）的程度大小。因素一是基于进口国总福利水平看进口国是否采取反补贴措施，这反映出政策制定者背后的政策动机，如果补贴导致了生产者剩余的减少程度并不能被消费者剩余的增加程度所补偿，那么进口国采取反补贴的措施可能是一个福利增进的方案。因素二与因素三则反映出利益受损群体可能会向政府"寻租"并向政府施压，要求政府采取反补贴措施，从而达到贸易救济与保护的政策目的与效果。

实践层面上，一国补贴政策是否存在争端风险还取决于制度性差异、竞争模式、多边规则等因素，具体而言：

4.2.1 影响补贴争端风险水平的制度性差异

开放经济环境中不同经济体在经济发展模式、司法传统等制度层面存在差异，这些差异是产生补贴争端的内在因素。从经济发展模式维度看，市场经济程度较高的国家更加重视市场力量在资源配置中的作用。市场经济活跃的发达经济体对于政府补贴这种干预市场的行为较为敏感。对于发展中经济体制定一些有利于自身经济发展的产业政策，这些发达经济体通常会指出发展中经济体的产业政策扭曲了市场竞争，并通过反倾销、反补贴等反制措施给发展中经济体施加压力。例如，与市场经济密切相关的国有企业问题，国际上对此争议不断。除了传统的非歧视和商业考虑外，还包括禁止或限制政府或国有企业对关联企业的非商业支持、透明度、竞争中性、所有制中性等要求，这些争议对于国有经济成分较大的经济体而言，可能会面临更大的争端风险。

从多边补贴规则的形成历程看，有关补贴的纪律规范最初源自部分发达经济体（美国、加拿大等）的国内法，在补贴规则由国内法层面上升到国际法层面的过程中，主导缔约方是美国、加拿大等普通法国家，参与缔约方国家多是基于WTO义务，以《补贴与反补贴措施协定》为参照，构建本国的补贴与反补贴国内法制度，这些国家以大陆法国家居多。从各国的法律制度与司法习惯看，相比于普通法国家，在理解与适用多边补贴规则时，大陆法国家可能并不占据主动，实践中大部分情境下普通法国家往往是发起补贴争端的"主动方"，而大陆法国家多处于"防守方"。此外，不同经济体的WTO成员身份也会影响其对于补贴与反补贴规则的相关议题的谈判态度以及对有关具体条款形成背景与内涵的理解程度。例如，多边补贴规则是对WTO的所有成员方适用的，但对于尚不是WTO成员的经济体，则不需要承担《WTO协定》的相关义务。进一步地，在WTO成员方内部，又存在WTO加入缔约方与WTO创始缔约方之分。其中，在创始缔约方中又有23个国家或经济体是GATT（《关税及贸易总协定》）时期的主导缔约方

（黄东黎、何力，2013）。鉴于这些经济体在 WTO 的成立与发展过程中的地位不同，不同身份的 WTO 成员对于多边补贴与反补贴规则注定有其不同的理解，进而导致其对补贴规则的适用倾向与实践动机也不尽相同。

4.2.2 影响补贴争端风险水平的竞争模式

在开放经济环境中，社会分工突破了国（境）内范围进而延伸到全球范围内，生产要素（技术、劳动、资本、信息等）实现了全球范围内的流动，并在全球竞争中实现资源的优化配置，全球化进程使得国与国之间的竞争不再局限于产业、厂商、商品层面，而进一步深入生产的范畴。随着跨境分工的网络化生产快速蔓延，全球产业链与供应链基本形成并不断深化，在全球范围内，基于全球产业链与供应链的生产网络也进一步加快了产品内的国际分工，原本一国（境）内的生产过程现在已经被全球多个经济体切割成若干个产品增值的环节，随着越来越多的国家或地区被纳入同一生产价值链条中，全球价值链得以形成并不断延伸，全球价值链已成为经济全球化的主要特征。当前，全球价值链已经成为全球化的重要推动力量，全球化的竞争已经表现为全球价值链的竞争。

随着全球生产从最终产品分工转向以产业链为基础的生产要素分工，从资源获取转向要素整合，嵌入在全球产业链上的各经济体基于自身比较优势选择其参与全球价值链的方式，各经济体间的政策切入点也随之由最终产品竞争转向价值链竞争。在此背景下，各经济体更关注于削减全球价值链中影响其实现价值增值的各种壁垒与障碍，进而维护其在全球竞争中的优势与利得。各经济体基于其参与全球价值链的位置、程度及方式的不同，自有其不同的竞争策略。全球价值链的竞争模式主要表现为三种，即横向竞争、纵向竞争、全价值链竞争，不同的竞争模式导致各个经济体的竞争策略不同。在不同的竞争模式下，各经济体对处于竞争关系中的另一部分经济体的国内补贴政策的敏感度不同，各经济体对某一方实施的补贴政策所产生的外溢性影响会做出不同的政策反应，这将影响到各经济体国内的补贴政策在开放经济环境中产生争端风险的水平。

横向竞争是指处于全球价值链的相似位置，并且产业结构与经济发展模式相近的不同经济体之间的竞争。从各经济体嵌入全球价值链的位置与相互之间的联系看，前、后向嵌入的深与浅，对于补贴政策外溢效应的传导作用是不一样的。一般地，前向联系可能比后向联系更容易产生补贴争端风险，从而招致竞争对手的反补贴调查，甚至征收反补贴税。

在前向联系中，如果多个经济体嵌入全球价值链的位置相似且产业结构相似，那么这些经济体的比较优势较接近，彼此之间的竞争程度较为激烈，尤其是在这些经济体的经济发展模式是以出口导向型为主的情形下（如东南亚地区的多数经济体主要是以劳动力密集型为特征的效率型竞争模式，处于全球价值链的中低端，属于横向竞争）。竞争主要来自两个方面：一方面，这些比较优势相近的经济体作为相同贸易增加值环节的出口方，将中间贸易品或最终消费品出口到进口方经济体。这一过程中，在这些出口方经济体中，一旦有一方实施了有利于提升出口竞争力的补贴政策或是其他财政扶持政策，那么将会改变其他竞争对手的竞争策略，其他竞争对手甚至会采取非市场竞争策略，转而寻求本国政府的政策支持，或是对本国政府施压并要求政府启动反补贴调查。另一方面，如果全球价值链中的进口方与出口方之间的合作属于深层次的合作，如进口方将出口方的增加值贸易作为中间品进行加工再次实现价值增值，而不是经过少量的末端工序处理后直接将其转化为最终消费品，那么来自进口方本国的进行相同或类似中间品生产的厂商对于出口方的补贴政策将非常敏感，这些进口方本国的厂商也会寻求非市场竞争策略，对进口方政府施压寻求保护，甚至要求对出口方征收反补贴税。如果进口方与出口方在全球价值链中的合作属于浅层次的合作，即来自出口方的增加值贸易直接转化为消费品，那么出口方的补贴政策可能会让进口方受益。

相比于前向联系，在后向联系的合作过程中，全球价值链中的各个经济体对补贴政策的反应会有所不同。当存在多个经济体，且嵌入全球价值链的位置相似，产业结构与经济发展模式也较为相似时，如果这些经济体（设定为 Country A）与其他经济体（设定为 Country B）的增加值贸易属于深层次合作，那么 Country A 从 Country B 进口的中间品中所包含的增加值大部分来自第三方经济体（设定为 Country C），并非直接来源于 Country B；倘若 Country A 与 Country B 之间属于浅层次的合作，那么 Country A 进口的增加值大部分直接来自 Country B，而 Country C 参与的增加值部分较少。在上述两种不同情境下，不论是 Country C 还是 Country B 实施补贴政策，可能都会使得作为进口方的 Country A 受益。当然，部分 Country A 国内也存在同行业类似厂商对于 Country B 或 Country C 的补贴政策的抵触。

纵向竞争是指处于全球价值链不同位阶的经济体之间的竞争，位于价值链较低位阶的经济体处于产业结构调整与经济发展模式转型阶段，通过培育新的比较优势与竞争优势，向价值链较高位阶的方向迈进，并追赶全球价值链链头。纵向竞争是一种动态的竞争模式，对于大多数处于价值链中低端的经济体，为了避免全球化导致生产分工的进一步细化与固化，使得既有的比较优势与竞争优势被弱化，从而导致出现价值链的"低端锁定"，这些经济体会在全球化的大背景下，进行产业结构升级与经济发展模式转型，进而培育新的比较优势与竞争优势，并向价值链中高端的位阶迈进，从而确保自身在全球价值链中的优势地位。在上述动态过程中，存在两方面的竞争压力，一方面是来自价值链链头的压力，另一方面是来自一些经济体在价值链攀升过程中，处于高位阶以及同位阶的竞争对手对处于价值链攀升过程中的经济体的压力。在纵向竞争的动态过程中，这些竞争对手对处于价值链攀升过程中的经济体的发展速度、规模与质量相当敏感，对于这些经济体政府所实施的一系列非市场方式的补贴政策也会表现出抵触的态度。

全价值链竞争涉及两个维度，一个是横向竞争与纵向竞争的复合，是一种动态的网络状竞争模式；另一个是跨越价值链的竞争，即主导新建产业链，在新建产业链的基础上，直接跨越至全球价值链的高位阶，实现"弯道超车"。全价值链竞争打破了既有价值链中各经济体的竞争优势地位，会有来自既有价值链中高位阶经济体的压力，而低位阶经济体或采取跟随策略加入新建产业链中，培育新的比较优势与竞争优势。在上述两个维度的竞争模式中，任一方经济体的补贴政策所产生的外溢效应将会表现得更为复杂，随之而产生的争端风险水平或有增加。

5G 与中国华为就是现实中的一个典型例证。第五代移动通信技术（5G）不同于前四代通信技术［移动通信技术的发展规律基本以 10 年为一个发展周期，从第一代（1G）发展到现在的第五代（5G），每一代的出现都伴随着新技术的革新：第一代实现了模拟技术，第二代实现了数字化语音通信，第三代实现了多媒体通信，第四代实现了无线宽带］，5G 不仅仅如前四代那样面向消费者，更重要的是，5G 面向更广阔的产业应用，这得益于 5G 自身的网络特殊性，即实现了增强移动宽带、海量机器类通信以及高可靠低时延通信技术。5G 与人工智能、大数据、云计算、区块链等新技术实现深度融合，促进各行各业数字化、信息化、智能化转型，突破各行业业务发展模式，颠覆传统产业，孵化新业态，培育新兴产业，并在这个过程中不断创造出新的价值与无限可能。"5G+ 行业应用"的模式将渗透到工业、医疗、交通、教育、娱乐等各个领域，将成为社会转型和行业升级的基础支撑。[①]某些行业通过 5G 的产业协同合作，可以实现"弯道超车"与"跨越式发展"，从而构建新的高端产业链与产业生态。在全球竞争中，占据 5G 发展的高地即意味着拥有了新兴产业标准与引领新兴产业发展的主动权。从国外的经验看，4G 时代，韩国与日本的发展并驾齐驱，但是在 5G 发展时期，日本已经被韩国甩开了。4G 时代的德国发展慢了一步，现在的德国已经加快了进入 5G 时代的步伐。对中国而言，经过 3G 时代的追赶与 4G 时代的并跑，中国在移动通信产业链上已经处在 5G 的引领位置上。从 1G 到 4G 的发展周期中，美、日、欧等一直处于领先地位，而现在 5G 时

----

① 陈山枝. 全球 5G 技术、标准与产业进展及发展态势[C]. 北京：社会科学文献出版社，2018: 77-96.

代，中国已经实现了"弯道超车"并"后来者居上"。中国华为是当前5G领域内技术实力雄厚的领头羊，但近年来，在国际市场竞争中却一直遭受美国等部分发达国家的打压，这些事实已经充分反映出"竞争模式"的现实特征了。

4.2.3 影响补贴争端风险水平的多边规则缺陷

多边补贴规则在协调开放经济环境中各经济体的国内补贴政策方面起到了重要的规范与监督作用，这使得各经济体的国内经济政策对其他成员的影响得以有效协调。多边规则在一定程度上可视为协调补贴政策规范的一把"尺子"。但如果这把"尺子"自身存在缺陷，那么势必导致各经济体在遵守与利用补贴与反补贴规则的过程中出现争议，补贴争端风险难以避免。

在已有多边补贴规则中，尽管《补贴与反补贴措施协定》明确且较完善地对补贴进行规范，但依然存在诸多缺陷与潜在问题，如《补贴与反补贴措施协定》并没有对公共机构进行明确界定，这导致部分WTO成员对某些补贴的认定存有争议①。如《补贴与反补贴措施协定》将补贴幅度的计算方法交由各成员方的国内法确定，这增加了各成员方在实施反补贴措施时的自由裁量权。进一步地，有关计算方法的准则说明也存在较多模糊性标准的阐述，这些存有争议的问题导致了补贴认定以及补贴利益确定存在较

---

① 在WTO争端解决实践中出现了两种不同的认定方法，即"政府控制说"与"政府权力说"。对"公共机构"认定方法上的差异是由不同成员的国情与经济结构特征的差异性所决定的，各成员方均在本国国内立法中形成了自己的标准与规定。"政府控制说"认为"公共机构"是那些政府控股的经济主体，持这一认定方法的成员多是市场经济活跃、政府参与经济活动程度较少的国家；而"政府权力说"以"某一经济主体是否拥有或行使被政府赋予的权力"为标准来认定该经济主体是否是"公共机构"，持这一认定方法的成员多是政府参与经济活动程度较高，国有经济在国民经济中的比重较大的国家。

大幅度的伸缩性的必然性①。再如，可诉补贴认定中关于补贴措施与补贴损害二者因果关系的确定②，《补贴与反补贴措施协定》并没有明确说明，这将导致对可诉补贴的认定被扩大以及补贴损害被夸大的风险增加，等等。

　　《补贴与反补贴措施协定》规范的只是影响货物贸易的补贴。现有WTO框架下服务贸易与农业贸易等领域内的补贴规则没有如同货物贸易领域里的补贴规则那么完善。《服务贸易总协定》中的补贴规则只是一般性的原则，尚不具体。一方面，《服务贸易总协定》对补贴的态度较为温和，《服务贸易总协定》指明只对那些产生贸易扭曲效果的补贴进行多边纪律约束，并且《服务贸易总协定》对于补贴的纪律规范以各成员方的具体减让表为准，《服务贸易总协定》对各成员方的国内补贴政策给予了较大的自由裁量权。另一方面，鉴于服务贸易的特殊性（服务贸易领域内涉及的服务部门众多，各具体部门之间差异性明显，每一具体部门下又存在跨境提供、跨境消费、商业存在、自然人流动等四种不同的服务提供方式），《服务贸易

---

　　① 对于"补贴"定义中"授予一项利益"的计算方法，SCM 已经在第十四条中给出了原则性的说明，"……调查当局在计算第一条第 1 款所述及受补贴者的收益时，其所用的任何方法均应在成员方的全国性立法或实施细则中加以确定……"，很明确的一点是，SCM 将补贴幅度的计算方法权限交由各个成员方的国内法确定，这增加了各成员方在实施反补贴措施时的自由裁量权。此外，在 SCM 第十四条所提及的四种情况下（政府提供产权资本，政府提供贷款，政府提供贷款担保，政府提供商品、服务或采购商品）的原则性说明中，存在较多模糊性标准的阐述，比如"通常投资做法"（何为通常？）、"从市场上获得"（是从国内市场还是国际市场获得？）等。这些存有争议的问题导致了补贴认定以及补贴利益计算过程中存在较大幅度伸缩性的必然性。

　　② 实践中，可诉补贴成立的前提是依据 GATT 以及 SCM 规定完成对"补贴行为"的确定、"补贴损害"的确定以及"二者因果关系"的确定。其中，关于"二者因果关系"的确定，SCM 只是在第十五条第 5 款中规定，"对受补贴的进口产品及其对国内产业受损害之间的因果关系，必须……还应调查在补贴产品以外的、同时期也损害国内产业的因素，由这些因素所造成的后果不应归咎于受补贴的进口产品……"。但是具体如何确定这些因素与二者因果关系之间的关系，SCM 并没有明确说明，这将导致对可诉补贴的认定被扩大以及补贴损害被夸大的风险增加。以美国的实践为例，美国国际贸易委员会对因果关系认定的标准比较宽松。美国在反补贴调查中，对受调查的补贴产品是不是造成美国国内相关产业实质性损害或威胁或实质性阻碍的原因判断时，不考虑此原因是直接原因还是主要原因，而只要确定为导致补贴损害的原因之一即可。与美国类似，欧盟在实践中确定上述二者因果关系时也采取类似的做法。

总协定》对于补贴的规范也只是方向性的。

《农业协定》虽然推动了各成员的农业政策改革，但《农业协定》仍有完善的空间。《农业协定》长期目标是在协定期限内，持续对农业支持和保护逐步进行实质性的削减，从而防止和纠正世界农产品贸易的限制和扭曲。鉴于各WTO成员间通过谈判而形成的承诺属于《农业协定》的重要组成部分，因此《农业协定》是渐进式的框架协定，这也注定农业领域内多边纪律规范的形成将是一个不断完善的渐进式的过程。鉴于上述存在的诸多缺陷与潜在问题以及需要进一步完善的多边纪律规范，实践中各成员方或基于本国的政治、经济利益而有选择地利用这些争议空间，由此而产生的补贴争端风险难以化解。

WTO亟须改革已基本形成共识。近年来，美、欧、日等主要成员对于WTO补贴规则的改革诉求也反馈出WTO框架下多边补贴规则需要进一步完善优化的迫切性。自2017年以来，美、欧、日等主要成员先后发布了七份联合声明。从这七份联合声明的内容看，这些成员试图改革多边补贴规则的意图明显，其主要表现在：明确非市场导向的政策和做法以及市场导向条件的标准，解决与产能过剩有关的产业补贴问题；建立WTO成员通知义务的激励机制，提升透明度，增强获得补贴相关信息的能力；确定公共机构标准，解决国有企业扭曲市场的行为；等等（刘明，2019）[1]。在WTO改革的背景下，进一步澄清多边补贴纪律中的模糊空间、解决潜在问题，实则是在明确多边规则这把"尺子"的规范性，降低了因"尺子"自身问题而产生的补贴争端风险。针对已有多边补贴规则中的诸多缺陷，中国在《中国关于世贸组织改革的建议文件》中给出了更为具体的建议，如：恢复不可诉补贴并扩大范围；澄清并改进反倾销价格比较相关规则，改进日落复审规则；澄清和改进补贴认定、补贴利益确定、可获得事实等补贴和反补贴相关规则，防止反补贴措施滥用；改进反倾销反补贴调查透明度和正

---

① 刘明. 对2017年以来美欧日三方贸易部长联合声明的分析[J]. 国家治理，2019.

当程序，加强效果和合规性评估；给予发展中成员、中小企业和公共利益更多考虑；等等。

4.3 开放经济环境中的补贴政策空间选择

鉴于开放经济环境中补贴政策的外溢性特征，多边补贴规则在监督、约束与协调不同经济体间的补贴政策方面发挥着重要作用，但各经济体的补贴政策空间也随之受限。除此之外，一国补贴政策是否有足够的政策空间还与其所面临的补贴争端风险水平相关。

基于集合的视角分析开放经济环境中的补贴政策空间选择。如图4.1所示：A区域表示封闭经济视角下一国国内补贴政策集合，B区域表示开放经济环境中影响到国外的国内补贴政策集合，C区域表示多边补贴规则约束下有争端风险的国内补贴政策集合。其中，A、B、C集合之间的静态关系表现为：A包含B，且B包含C。A、B、C之间的动态关系表现为：（1）A→B表示由于开放经济环境中一国补贴政策具有外溢性，A中所示的某些国内补贴政策兼有财政政策与贸易政策的双重属性（Brander and Spencer，1985[1]；Dixit，1984[2]；Eaton and Grossman，1986[3]）。在多边补贴规则规范与协调下（Bagwell and Staiger，2002[4]；Leahy and Neary，2009[5]），这些产生外溢性影响的补贴政策成为影响到国外的国内补贴政策集合B。（2）B→C表

① Brander，James A.，and Barbara J. Spencer. "Export subsidies and international market share rivalry." *Journal of international Economics* 18.1-2 (1985): 83-100.

② Dixit，Avinash. "International trade policy for oligopolistic industries." *The Economic Journal* 94 (1984): 1-16.

③ Eaton，Jonathan，and Gene M. Grossman. "Optimal trade and industrial policy under oligopoly." *The Quarterly Journal of Economics* 101.2 (1986): 383-406.

④ Bagwell，Kyle，and Robert W. Staiger. "Economic Theory and the Interpretation of GATT/WTO." *The American Economist* 46.2 (2002): 3-19.

⑤ Leahy，Dermot，and J. Peter Neary. "Multilateral subsidy games." *Economic Theory* 41.1 (2009): 41-66.

示开放经济环境中在多边补贴规则约束下，B中所示的影响到国外的国内补贴政策中那些可能产生补贴争端的国内补贴政策成为多边补贴规则约束下有争端风险的国内补贴政策集合C。补贴争端风险水平取决于各经济体之间制度层面的差异性（市场经济体制、国有经济成分、法律制度等）、经济层面的不同竞争模式（横向竞争、纵向竞争、全价值链竞争）以及多边规则层面的自身缺陷。

　　基于A的视角，一国补贴政策的出发点是基于一国国内的经济发展或其他政策目标的需要，主要动机在于解决市场失灵问题、利用规模经济效应、增进社会福利目标（Schwartz and Clements，1999）[①]。基于B的视角，开放经济环境中，涉及补贴纪律规范的多边规则在维护与保障各经济体之间的公平贸易方面起到了重要的规范与监督作用，这种规则设计使得各成员的国内经济政策对其他成员的影响得以有效协调，既尊重了各成员方实施补贴政策的自主权，又规范了各成员采取补贴措施的政策实践。但各经济体之间经济发展的制度与模式存有差异，且多边补贴规则自身也在不断完善之中，这些因素导致了即便有多边规则的规范与协调，也难以避免补贴争端风险的存在。因此，开放经济中，一国补贴政策空间的大小在图4.1中应表示为在B的区域中除去C的区域。此空间的大小取决于C区域的空间大小，而C区域的空间则取决于影响补贴争端风险水平的因素与程度。C区域的空间越小，则该国的补贴政策空间越大。其具体的表现为：主动利用多边补贴规则，并在此基础上识别影响补贴争端风险水平的主要因素，规避或化解争端风险以争取更大的政策空间，从而有更多的政策选择。

---

　　① Schwartz，Gerd，and Benedict Clements. "Government subsidies." *Journal of Economic Surveys* 13.2 (1999): 119-148.

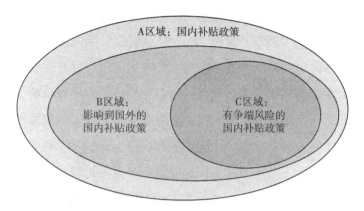

图 4.1　开放经济环境中的补贴政策空间选择

4.4 开放经济环境中的现实选择

金融危机后全球经济持续低迷。尤其是 2016 年以后，逆全球化浪潮此起彼伏，贸易保护主义与单边主义明显抬头，部分国家会更加注重保护本国国内的就业水平与产业安全，通常会采取大规模的经济刺激计划。在经济刺激计划中，政府会增加财政支出，刺激消费与投资，促进出口。这里就存在国家之间政策博弈的情况：一方面，补贴作为常用的财政政策工具，部分国家会积极利用这一工具刺激国内经济实体，如补贴消费者、补贴生产者；另一方面，鉴于开放经济环境中补贴政策具有外溢性，实施补贴的国家并不希望他国的类似措施对本国造成不利影响，故而倾向于采取有针对性的反制措施制造补贴争端，利用多边补贴规则甚至是试图改变相关规则来限制并约束他国的经济刺激计划。鉴于此背景，一国的补贴政策选择，除了需要分析当前多边补贴规则的可利用空间外，长远地看，更应该分析并引导未来规则的变化趋势，主动争取更大的有利空间。

结合当前形势看，美、欧、日等成员方试图推进 WTO 的补贴规则改革。美、欧、日等多次发表声明讨论大规模补贴造成的市场扭曲以及国有企业造成不公平竞争等议题，其背后意图可能是为日后制定更多的产业补贴规则做前期铺垫。虽然美、欧、日等发达经济体并未直接明确针对中国，但近年来与补贴政策空间相关联的一些议题（如国有企业补贴、市场经济标准、发展中国家身份等）持续升温引起广泛关注，这些迹象已经表明发达经济体正在利用多边补贴规则向中国施压。面对这些压力，一方面中国应着眼于利用现有多边规则，确保充分可用的既有政策空间不被挤压，与此同时，在现有规则下通过不断地改革与完善国内政策环境来进一步释放政策空间；另一方面，中国更应重视在国际经贸规则的制定与谈判过程中的主导权，不断削减在实现价值链向中高端迈进过程中的规则约束与壁垒障碍。在这个过程中，中国要主动争取未来规则变化中的可利用的政策空间。

4.5 本章小结

在开放经济环境中，一国财政补贴政策具有"外溢性"，一国的补贴政策会传导到他国并产生间接影响，与此同时，其他国家的补贴政策也会对本国的经济产生影响。鉴于此，多边规则下有关财政补贴纪律的核心就聚焦于补贴在国际市场资源分配中通过影响竞争进而引起资源配置扭曲的程度。因此，补贴政策"外溢性"导致了一国国内政策在多边规则下随时面临着被诉的风险。而对于影响这些风险大小的因素，基于多边规则的立场与视角，本书认为：

"竞争模式""市场经济体制""国有经济成分""WTO 身份与规则"等方面是主要因素。具体而言：（1）竞争模式。在"全价值链竞争""横向竞争""纵向竞争"等不同的竞争模式下，各经济体对处于竞争关系中的另一部分经济体的国内补贴政策的敏感度不同，这将影响到各经济体国内的补贴政策在多边补贴纪律下的被诉风险水平。（2）市场经济体制。市场经济程度比较高的国家对于政府补贴较为敏感，通常情况下比较抵制政府补贴。（3）国有经济成分。一直以来国际上对国有企业享受补贴并处于垄断地位的争议不断，国有经济成分比重较大的经济体面临着不小压力。（4）WTO 身份与规则利用。各经济体在 WTO 的成立与发展过程中的地位不同、参与程度不同，这导致其对补贴纪律的适用倾向与实践动机也不尽相同。

　　"已有纪律规范与潜在问题""尚有纪律规范的完善"等因素也值得关注。具体而言，（1）已有纪律规范与潜在问题。如"公共机构的界定""补贴的认定和补贴幅度计算""可诉补贴中关于因果关系的确定"等因素都存在一定程度的模糊空间，这直接导致一国补贴政策的被诉风险增加。（2）尚有纪律规范的完善。比如 GATS 中的补贴纪律只是一般性的原则，并不具体，AoA 中仍有进一步规范的空间，等等。这些问题给各国补贴政策留出相对自由的空间，同时也缺失了相应的纪律规范，导致补贴争端风险增加且不易化解。

第 5 章 WTO 补贴规则
——现有多边规则的一般性分析

5.1 国际法层面的补贴纪律与规范从何而来

当前，国际法层面的补贴纪律与规范一般分为双边、区域与多边几个层次，其中双边与区域层次的补贴纪律多存在于某些双边贸易协定与区域贸易协定之中，多边层次的补贴纪律则是以世界贸易组织（World Trade Organization，WTO）框架下的《补贴与反补贴措施协定》（Agreement on Subsidies and Countervailing Measures，SCM）为核心。SCM 由 1979 年东京回合后形成的《补贴与反补贴守则》演变而来，而在《补贴与反补贴守则》出台之前，关税及贸易总协定（General Agreement on Tariffs and Trade，GATT）框架下的补贴与反补贴规则是国际法层面的补贴纪律与规范。GATT 下的补贴与反补贴规则则是在 1947 年国际贸易组织（International Trade Organization，ITO）成立的谈判中经由美国的强力推动而被引入的。追溯国际法层面的补贴纪律与规范可见，国际法层面的补贴纪律与规范的源头是诸如美国、加拿大等国家的国内法制度，而并非源自不同国家间国内法律传统的协调和中和。自 GATT 引入补贴与反补贴规则以来，补贴与反补贴纪律与规范就在国际法与国内法的不断磨合中推进，直到 1995 年 WTO 成立后，随着 WTO 框架下 SCM 的最终确定，国际法层面的多边补贴纪律与规范最终成型（黄东黎、何力，2013）[1]。

在 1947 年 GATT 之前，美国、加拿大等国内法是后来多边补贴纪律的最早法源，最早出现在美国 1890 年的《关税法》中（黄东黎、何力，2013）[2]。

---

① 黄东黎，何力. 反补贴法与国际贸易 [M]. 北京：社会科学文献出版社，2013.
② 同上.

在 GATT 东京回合之前的阶段，美国主导推动国内的补贴纪律开始嵌入到国际法层面，GATT 框架下的补贴纪律与美国国内法相统一并无矛盾，但是其他国家并没有对此形成较深刻的认知（黄东黎、何力，2013）[1]。随后，鉴于 GATT 框架下关税被限制并逐步降至较低水平，作为各国贸易政策的替代，非关税壁垒成为更为常见的贸易保护工具，由于初期的 GATT 补贴规则较为简单，存在漏洞，且缺乏强制力，导致补贴成为非关税壁垒的重要工具之一，各国对补贴规则的违反并没有受到强制约束，补贴开始被大量滥用。

GATT 东京回合中，补贴与反补贴被作为独立的议题进行谈判，最终形成的《补贴与反补贴守则》是对 1947 年初始阶段补贴规则的补充与完善，至此，东京回合的《补贴与反补贴守则》使得补贴规则正式从国内法层面上升至国际法层面，并为最终的多边补贴纪律形成打下了基础。

1995 年 WTO 成立后，《补贴与反补贴措施协定》作为乌拉圭回合谈判中的"一揽子计划"之一，成为 WTO 框架下的一个重要的多边协定，至此，国际法层面的多边补贴纪律在《补贴与反补贴守则》的基础上进一步完善，并最终形成。由此同时，在 WTO 框架下确立了这一多边规则的国际法优位地位（黄东黎、何力，2013）[2]。

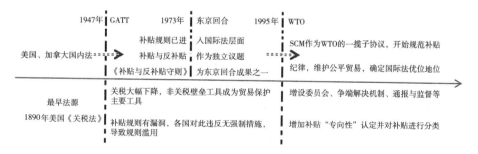

图 5.1　WTO 补贴规则的演进

---

①黄东黎，何力.反补贴法与国际贸易[M].北京：社会科学文献出版社，2013.
②同上.

5.2 WTO 补贴规则的演进

GATT/WTO 并不否认补贴在一国经济调控中的重要作用，但在开放经济环境中，一国的补贴政策如果实施不当，会在某些情形下对他国造成不利影响，扭曲了资源配置，恶化了贸易条件，进而使得相关方的合法利益受损。考虑到某些条件下补贴的外部性会引起国际市场中的不公平竞争问题，GATT/WTO 对规范补贴的多边纪律进行了漫长的探索。

在国际法层面，GATT 1947 开始引入补贴与反补贴规则。GATT 1947 中涉及多边补贴纪律的规则只有两条，分别为该协定的第六条与第十六条，其中，第六条是关于反倾销与反补贴税的最初规则，第十六条是专门的补贴规则。《1947 年关税与贸易总协定》中关于补贴纪律的这两个条款表述较为模糊，具体的处理措施不明确也缺乏力度。之所以表现出这样的特征，主要是因为 GATT 框架下的补贴与反补贴规则是在美国的推动引导下进入国际法层面，这一规则的形成并不是基于各国国内法长期磨合、不断协调而折中形成的结果，这样以来，在补贴与反补贴规则成为 GATT 的条款后，在其初始阶段的使用范围很窄，多数国家并不熟悉相关规则，只有少数国家将其引进为国内法。正是因为初期阶段的规则相当简略，表述模糊存有漏洞，处理措施不明确且缺乏强制力，导致了 GATT 下的相关条款对各国的补贴与反补贴措施起不到预期的约束作用。在关税大幅下降的承诺下，关于补贴与反补贴的规则在后来的实践中变成了各国非关税壁垒的贸易保护工具，GATT 下初期补贴与反补贴规则的缺陷导致了 GATT 多边贸易体制下的贸易公平基础受到了侵蚀。

为了进一步加强补贴纪律，规范反补贴制度，在接下来的东京回合中，补贴与反补贴规则被作为一个独立的议题进行谈判，最终，各缔约方达成了《关于解释与适用〈1947 年关税与贸易总协定〉第 6 条、第 16 条和第 23 条的协定》（即《补贴与反补贴守则》）。相比于 GATT 初期的补贴与反补贴规则，《补贴与反补贴守则》对其进行了补充完善，并增加了补贴争端解决的相关规则，以增强补贴纪律的强制执行力。至此，补贴与反补贴的一般性纪律以国际法的形式得以确立，但鉴于《补贴与反补贴守则》是诸边协定，缔约方并不多，因此该守则的约束范围依然有限。

《补贴与反补贴守则》既是对 GATT 1947 补贴与反补贴规则的实质性推进，更是对乌拉圭回合谈判顺利达成《补贴与反补贴措施协定》的积极引导。可以说，《补贴与反补贴守则》承上启下，后来的《补贴与反补贴措施协定》中关于禁止性补贴的列举、争端解决机制等均是对《补贴与反补贴守则》的继承。历时 8 年的乌拉圭回合谈判中，在美国与欧盟等多方的推动下，补贴与反补贴规则成为 WTO "一揽子计划" 中的重要组成部分，最终达成的《补贴与反补贴措施协定》确立了补贴与反补贴规则的国际法优先于国内法的地位，并适用于 WTO 的所有成员。

与 GATT 东京回合之后的《补贴与反补贴守则》相比，《补贴与反补贴协定》增加了 WTO 补贴与反补贴委员会，以及补贴纪律的通报与监督，一个更为明显的变化是增加了对补贴 "专向性" 的识别，即 "法律上" "地理上" "拟制上" "事实上"；并在此之上，进一步依据补贴的客观效果，对补贴进行了分类，即 "禁止类" "可诉类" "不可诉类"。

5.3 WTO 框架下补贴规则的制度设计

在开放经济环境中，一国国内的补贴政策会传导到他国并产生间接影响，与此同时，其他国家的补贴政策也会对本国的经济产生影响。补贴因其自身具有较强的隐蔽性（补贴对象较多且形式繁杂；补贴政策、文件与数据的获取难度大；补贴的规模难以评估）而被各国作为非关税壁垒保护的一个重要政策工具，随着全球化的不断深入与分化，各国政府又趋于采取相近的经济政策，这使得多边补贴纪律规范对不同经济体间的补贴政策进行监督、约束与协调显得尤为必要。

WTO 框架下的《补贴与反补贴措施协定》作为国际法层面上的多边补

贴纪律，在维护与保障各成员国之间的公平贸易方面，起到了重要的监督与规范作用，这种制度设计使得各成员的国内经济政策对其他成员的影响得以有效协调。《补贴与反补贴措施协定》要求，任一 WTO 成员方的补贴政策实施情况要依据 WTO《补贴与反补贴措施协定》的相关规定，定期向各 WTO 成员进行通知，通知内容涉及补贴的目的与动机、补贴的规模与时间，补贴可能产生的影响等，并且任何 WTO 成员均有权利质疑其他 WTO 成员的通知情况，受到质疑询问的 WTO 成员有义务对相关质疑予以解释说明。

WTO 框架下的《补贴与反补贴措施协定》有效协调了不同成员在国际市场竞争中的经济政策对他国的影响，既尊重了各成员方补贴政策的自主权，又监督了各成员实施补贴政策的纪律规范。WTO 设立了补贴与反补贴措施委员会专门负责与补贴纪律相关的工作，增设通报机制以增加各成员补贴政策的透明度，增设争端解决机制以增加多边补贴纪律的强制力。《补贴与反补贴措施协定》有效规范了补贴与反补贴措施，既防止补贴对国际市场中竞争的扭曲，又防止反补贴的滥用对公平贸易的阻碍。

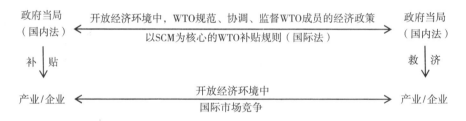

图 5.2　WTO 补贴规则的制度设计

在 WTO 框架下，明确且较完善地对补贴进行规范与约束的规则是《补贴与反补贴措施协定》，但《补贴与反补贴措施协定》约束和规范的只是影响货物贸易的补贴。在国际市场竞争中，服务贸易与农业贸易等领域的补贴纪律则没有如同货物贸易领域里的补贴纪律那么完善，并且鉴于服务贸易与农业贸易的不同特殊性，在这两个领域内，关于补贴的纪律自然而然也具有自身的特殊性，相对应的有关补贴的规则则体现在 WTO 框架下的

《服务贸易总协定》与《农业协定》之中。

正因如此，本章的余下部分对于 WTO 框架下补贴规则的分析，将按照"货物贸易领域的补贴规则""服务贸易领域的补贴规则""农业贸易领域的补贴规则"的模块进行讨论。

5.4 货物贸易领域的补贴规则

《补贴与反补贴措施协定》（Agreement on Subsidies and Countervailing Measures，SCM）由 11 部分 32 个条款和 7 个附件组成，其主要内容涉及"补贴定义及特征""补贴的分类"以及"反补贴的救济措施"。《补贴与反补贴措施协定》的主要条款内容与结构见附录的附 1。

5.4.1 补贴的定义要素

SCM 在第一部分"总则"里，基于"补贴主体""补贴形式""补贴效果"三个要素对补贴进行了定义，当三个要素明确且同时满足时，就构成了"补贴"。如 SCM 第一条所描述，若"政府或公共机构提供了财政资助或任何形式的收入与价格支持，从而使得产业或企业得到利益"，则构成"补贴"，见表 5.1。

表 5.1　补贴的三要素

补贴要素	特征描述
主体	·政府或公共机构
形式	·财政资助： 政府直接提供资金（赠款、贷款和资本注入）、潜在资金或债务的直接转移（如政府为企业提供贷款担保）； 政府应征税收的减免； 政府提供除一般基础设施之外的货物或服务，或者购买货物； ·收入或价格支持： 由法律限定某一种产品的最低价格，也可能表现为一种维持物价的物资储备制度
效果	·政府的资助、收入或价格支持使有关产业或企业获得的利益为该产业或企业在正常商业条件下不能获得的条件、条款和优惠

5.4.2 补贴的专向性判定

SCM 给予了各成员正当使用补贴政策的自由空间，SCM 对各成员的约束也仅局限在具有专向性的补贴之中。SCM 在"总则"部分的第二条中，对补贴"专向性"的判定进行了说明。SCM 认为，政府对部分特定企业、产业以及其领土内的特定地区的补贴，还有与出口实绩或使用进口替代相联系的补贴均属于专向性补贴。

尽管 SCM 并不约束非专向性的补贴，但其对非专向性补贴的判定标准比较严格。具体而言，非专向性补贴需要同时满足以下三个条件：首先，有关补贴的确定以及补贴金额的确定的标准或条件必须是经济属性的、中性的、客观的；其次，必须在法律、法规或其他官方文件中找到上述标准或条件的明确依据；最后，上述标准或条件必须是以补贴受益客体自动符合为前提，补贴实施机构不得有自由裁量的政策空间。

对于专向性补贴而言，SCM 判定补贴"专向性"的标准与条件主要表现在"法律上的专向性"与"事实上的专向性"方面。当"非专向性"的三个条件不能同时满足时，则可能被 SCM 认为具有"法律上的专向性"；即便"非专向性"的三个条件在形式上同时满足了，但倘若在执行过程中并不严格，那么也会被 SCM 认定为具有"事实上的专向性"；除此之外，还有一种直接具有"法律上专向性"的补贴，即凡是在有关法律、法规中明确规定，或是在执行此项法律、法规过程中的主管机构明确表示，补贴只给予特定的企业或产业时，该项补贴就被认定为专向性补贴。见表5.2。

表 5.2　补贴的专向性

标准 / 条件	特征描述
非专向性补贴的标准 / 条件（1、2、3 点同时满足）	1. 有关补贴的确定以及补贴金额的确定的标准或条件必须是经济属性的、中性的、客观的； 2. 必须在法律、法规或其他官方文件中找到上述标准或条件的明确依据； 3. 上述标准或条件必须是以补贴受益客体自动符合为前提，补贴实施机构不得有自由裁量的政策空间

标准 / 条件	特征描述
事实上专向性补贴标准 / 条件	·形式上虽满足"非专向性补贴标准 / 条件的 1、2、3 点",但是事实上并未严格执行
法律上专向性补贴标准 / 条件	·不能同时满足"非专向性补贴标准 / 条件的 1、2、3 点" ·凡是在有关法律、法规中明确规定,或是在执行此项法律、法规过程中的主管机构明确表示,补贴只给予特定的企业或产业

5.4.3 不同类补贴的纪律规范差异分析

在对补贴的专向性判定后,SCM 依据补贴的客观效果将补贴分为了"禁止性补贴""可诉补贴"与"不可诉补贴"三类,依次列入 SCM 的第二、第三、第四部分。

1. 禁止性补贴

鉴于出口补贴与进口替代补贴对进出口贸易的扭曲作用与利益损害,SCM 对此两类补贴的纪律是明确且严格的。SCM 在第二部分将出口补贴和进口替代补贴列为禁止性补贴,并明确指出任何成员不得实施或维持此类补贴。考虑到补贴的专向性特征,以及 SCM 约束专向性补贴的范围,对于出口补贴中的专向性补贴 SCM 是严格禁止的,但是对于出口补贴中的非专向性补贴,SCM 并没有明确禁止。见表 5.3。

表 5.3　有关禁止性补贴的分类

	禁止性补贴		非专向性补贴
	法律上专向性补贴	事实上专向性补贴	
出口补贴	法律明确规定,补贴的条件与出口实绩相关	事实上,补贴与实际出口、预期出口、出口收入相联系	出口企业允许获得非专向性补贴
进口替代补贴	补贴以使用国产货物为条件		—

针对出口补贴的一些典型情况,SCM 在附件一中专门列出了一个出口补贴例示清单,可以看出 SCM 所禁止的出口补贴几乎覆盖了出口贸易过程中的各个环节。除了进口替代补贴涉及的对象不同于出口补贴之外,SCM

对进口替代补贴的禁止也基本覆盖了进口贸易的各个环节。见表5.4。

表 5.4 禁止性补贴

环节	补贴方式
出口补贴	
出口实绩	· 基于出口额或出口创汇额等情况给予相关产业或企业相应奖励 · 基于出口额或出口创汇额等情况设置外汇留存比例等类似方案
生产服务	· 用于出口装运优惠的补贴 · 对出口生产提供优于内销生产的条件，也优于通过商业途径从世界市场获得货物或服务的条件
税	直接税： · 全部或部分减免与出口有关的直接税 · 缩小与出口或出口实绩相关的直接税税基 间接税： · 超额减免与出口生产和分销相关的间接税 · 超额减免用于出口产品生产的货物或服务的前阶段累积间接税
费	· 超额减免出口产品生产中的进口费用 · 政府为企业或其他金融机构支付其为取得贷款而发生的全部或部分费用
信贷保险	· 政府或政府控制的特殊机构提供的与出口相关的信贷担保或保险计划的利率或保险费率不足以弥补担保或保险计划的长期营业成本和亏损 · 政府提供的出口信贷利率低于使用资金实际支付利率 · 政府提供的出口信贷利率低于国际资本市场上获得同样信贷所应支付的利率 · 例外：如符合 OECD《关于官方支持的出口信贷规则的协定》的出口信贷不应视为出口补贴
GATT 1994	· 若一成员公共账户构成 GATT 1994 第 16 条所明确的出口补贴，则从该公共账户中支取的任何费用 · GATT 1994 第 16 条的例外：出口退税不超过实际征收税额，不构成出口补贴
……	……
进口替代补贴	
直接补贴	· 物质奖励进口替代产品使用者
生产服务	· 为进口替代企业提供比其他企业更优惠的货物或服务 · 为进口替代企业提供更多的外汇使用便利条件

续　表

环节	补贴方式
税	·减免进口替代企业所得税等直接税 ·允许加速折旧进口替代设备，减小所得税税基 ·全额抵扣进口替代产品设备的增值税
信贷	·给予进口替代产业优惠贷款 ·提供优惠贷款购买进口替代设备
……	……

通过上表分析，可以发现：（1）几乎贯彻于整个出口或进口替代的所有环节，比如生产服务、税、费、信贷等，只要涉及政府的补贴行为均被禁止；（2）在上述各个环节的判断中，所采用的标准是以市场（国内市场环境或是国外市场环境）公平竞争为依据的，比如，在出口补贴的生产服务环节中，政府对装运出口货物的国内费用条件是与装运内销货物相比的，一旦装运出口货物的费用条件优于内销货物则被视为出口装运补贴；又如，在出口补贴的税收环节中，计算直接税税基时，与出口或出口实绩直接相关的特殊扣除是与供国内消费的生产的特殊扣除相比较，类似地，在计算出口生产和分销的间接税以及用于出口产品生产的货物和服务的前阶段累积间接税时，判定是否存在出口补贴的标准就以其是否超过国内消费的同类产品的生产和分销的被征间接税以及前阶段累积间接税为依据的；再如，在出口补贴的信贷环节中，政府提供的出口信贷利率低于国际资本市场上获得同样信贷所应支付的利率，则被认定为出口补贴；等等。进口替代补贴的各个环节中的情况与出口补贴的情形类似。

2. 可诉补贴

根据补贴的客观影响效果，SCM 在第三部分第五条与第六条中对"可诉补贴"分别进行了描述。在第五条中，SCM 依据其第一条第 2 款将"可诉补贴"限定在"专向性补贴"的范围之内，并指出可诉补贴"对其他成员的利益造成不利影响"的三种表现形式（见表 5.5）。进一步地，在第六条中，

SCM对第五条第c款中提及的"严重损害"进行了说明。

表 5.5　可诉补贴对其他成员的利益造成的不利影响

不利影响	具体描述
国内产业造成损害	·实质损害（数量、价格、市场份额等方面） ·实质损害威胁（未构成实质损害，但事实上导致了实质损害的发生） ·实质阻碍国内相关产业的建立
丧失或减损依据 GATT 1994 所获得利益	·补贴措施的影响超出了一成员基于 GATT 1994 所获得直接或间接利益的预期，比较典型的情况是补贴导致市场准入机会被削弱
严重侵害利益（SCM 第三十一条规定：第六条临时适用 5 年，1995—1999）	一成员补贴措施对另一成员产生的影响有以下情形之一 [①]： ·受补贴影响的成员方的同类产品进入实施补贴成员方市场被取代或受到阻碍 ·受补贴影响的成员方的同类产品出口至第三国市场被取代或受到阻碍 ·受补贴产品造成受补贴影响的成员方的同类产品大幅降价、压价、价格抑制，或造成该成员方的同类产品销售大量损失 ·实施补贴成员方在世界市场中的份额增加

与禁止性补贴相比，可以发现：可诉补贴的判断标准是以补贴对其他成员的利益造成不利影响为依据，以补贴的结果为导向，针对补贴损害的不同情况进行确定。而禁止性补贴的判断标准则是以过程为导向，一切与出口或进口替代有关的任何环节（比如生产服务、税、费、信贷等），只要涉及非市场因素的政府干预行为（导致竞争不公平的结果）均被禁止，在各个环节的判断中，所采用的标准是以市场公平竞争为依据的。相对而言，禁止性补贴更强调事前的标准，而可诉补贴强调的是事后标准。鉴于此，对任何WTO成员而言，在SCM的纪律约束下，可诉补贴的补贴政策适用空间要比禁止性补贴大一些。究其原因，关键就在于可诉补贴的事后标准意味着要考虑到补贴政策的时滞效应。一项补贴政策从一开始实施到最终产生影响效果通常是需要一个过程的（政策时滞）。在这个过程中，根据事后标准，几乎是不可能出现反补贴申诉方启动反补贴调查，甚至是采取反补贴措施的情况，基于反补贴调查的程序以及相关的条约义务，SCM

---

① 许晓曦. 外向经济发展中的中国财政补贴 [D]. 厦门：厦门大学，2003.

也不允许，毕竟反补贴申诉方或是利益相关的当事方必须要阐明"补贴行为存在""补贴损害确定"以及二者之间的因果关系等问题。

3. 不可诉补贴

不可诉补贴主要包括两大类（见表5.6），其一为"非专向性"补贴，即不针对特定企业、产业或地区，且普遍可获得的补贴；其二为满足某些特定标准或条件的"专向性"补贴，主要是研究和开发补贴、贫困地区补贴、环保补贴，在SCM第八条中，对此类补贴的规范给出了详细的限制条件。"不可诉补贴"更多地反映出SCM对补贴政策在解决市场失灵问题时所产生的正外部性影响的肯定（SCM规定："不可诉补贴"除非造成严重侵害，否则不得对其采取反补贴措施），企业研发补贴、贫困地区补贴以及环保补贴等补贴政策均能发挥提升资源配置效率的作用。

表 5.6　不可诉补贴

专向性	具体描述	
不具有专向性的补贴	不针对特定企业、产业或地区，且普遍可获得	
符合特定标准或条件的专向性补贴（SCM第三十一条规定：临时适用 5 年 1995—1999）	企业研发补贴	·给予企业研发活动的援助；给予高等教育机构或研究机构与企业签约合作的研发活动的援助 ·不适用于高等教育机构或研究机构独立进行的基础研究活动
	贫困地区补贴	·按照地区发展总体框架给予落后地区符合非专向性条件的援助
	环保补贴	·基于现有设施符合新的环保要求，对面临更多约束和财政负担的企业提供援助

值得注意的是，SCM在第三十一条中还给出了不可诉补贴的临时适用时间。鉴于SCM对于"不可诉补贴"的争端豁免适用已于1999年底失效，这意味着原属于"不可诉补贴"范畴的补贴只要符合SCM所规定的专向性就自动落入"可诉补贴"的范畴。"可诉补贴"范畴增大，对于各WTO成员而言，其财政补贴政策的空间受到SCM的多边约束也会有所增加。其实，"不可诉补贴"的存在意味着一成员的财政补贴政策空间有更多的可能性

与操作性，当前SCM下"不可诉补贴"适用已经失效，有关"可诉补贴"与"不可诉补贴"的争论一直存在，在未来一段时期，考虑是否可以再次释放出"不可诉补贴"（或是类似不可诉补贴性质的其他补贴纪律）的政策空间将值得关注。

4.补贴的争端解决

补贴的争端解决主要涉及对专向性补贴中有关"禁止性补贴"与"可诉补贴"争议的磋商、争端解决以及救济措施的一些程序性规范。虽然SCM在处理这两类补贴争端时，程序上的流程基本相似，但从纪律规范的严格程度上看，在争端解决流程中的各个环节中，SCM对于禁止性补贴的约束程度则表现得更为严格，具体反映在以下5个方面（见表5.7）：（1）利益相关的WTO成员方在提出对另一利益相关成员方的补贴措施进行磋商请求时，"禁止性补贴"的磋商请求解决时效为30天，而"可诉补贴"的时效为60天。一旦超出磋商解决的有效时效，则争端解决可以提交至争端解决机构，相比而言，SCM对"禁止性补贴"争端的处理是更为明确且迅速的。（2）在争端解决机构成立专家组的程序中，针对"禁止性补贴"，是立即成立专家组且在成立90天内向争端当事方成员提交最终报告并发送给WTO其他成员，而对于"可诉补贴"，争端解决机构可能不会设立专家组（在争端解决机构全体一致不同意设立的情况下），倘若设立专家组，则在其设立过程中，会有15天的成员组成与职权范围的确定时限，成立后的专家组将在120天内向争端当事方成员提交最终报告并发送给WTO其他成员。相比而言，SCM对"禁止性补贴"争端的处理是更为明确且高效的。（3）在争端解决机构受理争端阶段，专家组在处理"禁止性补贴"的争端时，若认定相关补贴为禁止性补贴，则会建议当事方成员立即撤销该项补贴，并明确限定撤销补贴的时限。（4）在上诉阶段，如果专家组报告被上诉，上诉机构在处理"禁止性补贴"时，给出的裁决报告时效为30天（例外情况下不超过60天），而"可诉补贴"的时效为60天（例外情况下不超过90天）。

（5）在救济措施方面，SCM 对"禁止性补贴"的处理是明确且严厉的，如果被诉方没有在专家组报告指定的时限内执行争端解决机构的建议，则争端解决机构可授权申诉方采取适当的报复措施（无争端解决机构经协商一致拒绝申诉方采取该项权利）。进一步地，如果相关利益当事方成员并未达成补偿协议，且实施补贴的成员方也未在规定时限内采取适当措施，在无争端解决机构经协商一致拒绝申诉方的报复权利的情况下，争端解决机构可授权申诉方采取同涉诉补贴措施在性质和程度上相当的报复措施。

　　综上比较分析可见，从程序时效角度看，SCM 对"禁止性补贴"在磋商、专家组报告、上诉机构裁决等方面的处理时限短且效率高；从纪律约束角度看，SCM 在处理"禁止性补贴"争端时的严格程度与强制力度要比"可诉补贴"高，这主要体现在争端解决专家组的设立、申诉方报复措施的实施等方面。相比而言，"可诉补贴"在补贴争端解决过程中有更多的谈判回旋空间。

表 5.7　补贴的争端解决

环　节	禁止性补贴	可诉补贴
磋商阶段：争端当事方成员发起磋商请求		
利益相关方发起磋商请求	一 WTO 成员方有理由认为另一 WTO 成员方实施了禁止性补贴	一 WTO 成员方有理由认为另一 WTO 成员方实施了可诉补贴，并产生利益损害
利益相关方斡旋、调解与协商	磋商请求 30 天内	磋商请求 60 天内
争端解决阶段：超过磋商请求时限，争端当事方未能达成协议，争端提交争端解决机构		
成立专家组	专家组立即成立（除非争端解决机构经协商一致决定不设立），90 天内向争端当事方成员提交最终报告，并发送给 WTO 其他成员	在 15 天内成立专家组（除非争端解决机构经协商一致决定不设立），确定成员组成及职权范围，120 天内向争端当事方成员提交最终报告，并发送给 WTO 其他成员
专家组报告	争端当事方均无上诉；无争端解决机构经协商一致不通过专家组报告；争端解决机构在专家组报告发送至所有 WTO 成员之日起 30 天内，通过专家组报告	

续　表

环　节	禁止性补贴	可诉补贴
上诉阶段：专家组报告被上诉		
上诉机构裁决	30 天内（例外情况不超过 60 天）出裁决报告	60 天内（例外情况不超过 90 天）出裁决报告
上诉机构报告	20 天内无争端解决机构经协商一致决定不予通过，争端当事方须无条件接受上诉机构报告	
救济措施：争端解决机构通过专家组报告或上诉机构报告		
适当措施	被诉方没有在专家组报告指定的时限内执行争端解决机构的建议，申诉方在争端解决机构的授权下采取适当报复措施，被诉方可就报复措施的适当性提请仲裁	专家组报告或上诉机构报告认定可诉补贴应予以撤销，实施补贴的成员方自报告通知之日起 6 个月内采取适当措施
补偿谈判	相关利益当事成员并未达成补偿协议，且实施补贴的成员方也未在规定时限内采取适当措施，申诉方在争端解决机构授权下采取在性质和程度上与涉诉补贴措施相当的报复措施，被诉方可就报复措施的适当性提请仲裁	争端当事方成员进行补偿谈判

5. 反补贴措施

反补贴措施是进口方成员为抵消进口产品在制造、生产或出售等过程中被授予的直接或间接的补贴而采取的征收反补贴税或价格承诺等方式的反制措施，这其中涉及多个环节，主要包括进口方国内相关产业发起申请、进口方政府进行反补贴调查、采取征收反补贴税或价格承诺等措施，等等。SCM 的第五部分内容为反补贴措施，包含第十条至第二十三条，共计 14 个条款，涉及反补贴措施中的"发起调查、磋商、承诺与反补贴征收"等各个环节，SCM 第十条对反补贴措施的规则进行了总体性的规范，明确 GATT 1994 第 6 条规定以及 SCM 对反补贴措施的纪律要求。

根据 SCM 第五部分的规定，实施反补贴措施的前提条件需要同时确定三个要素：即"对补贴行为的确定""对补贴损害的确定""对因果关系的确定"。具体而言：（1）对补贴行为的确定。依据 SCM 第一条对"补贴"的定义以及第二条对补贴"专向性"的界定确定补贴的产生。（2）对补贴损害的确定。根据补贴进口产品的数量、补贴进口产品对进口国市场同类产品价格的影响以及对进口国同类产品产业的影响等因素评估补贴对国内产业的损害；依据 GATT 1994 应享有的直接或间接利益的丧失或减损情况评估补贴带来的损害；根据某些数量或性质条件（产品从价补贴总额超过 5%；补贴用于弥补企业或产业的经营亏损；直接债务免除及偿债赠款）或补贴造成的后果（取代或阻碍其他成员同类产品进口；取代或阻碍其他成员同类产品在第三国的出口；同一市场的其他成员同类产品大幅削价或价格抑制或销售损失；特定补贴商品的国际市场份额有一贯增加的趋势）等因素评估补贴对其他成员利益产生的严重侵害。（3）对因果关系的确定。在同一时间内补贴产品的数量增长、价格下跌，同时国内产业正在遭受损害，证明存在一般因果关系。

　　当同时确定了"补贴行为""补贴损害"以及"因果关系证明"三个要素后，国内相关产业方可提出反补贴申请，提交包含有关补贴行为、损害确定、因果关系等内容的申请书，进口方政府对该反补贴申请审查认定后，则进行立案决定并通告相关利益的出口方成员，发起反补贴调查。在调查前，SCM 要求进口方成员有义务邀请可能被调查的出口方成员进行磋商，澄清有关指证的事项，并寻求达成双方满意的解决办法，在进口方决定调查前以及在整个调查期间，给予出口方成员进行磋商的机会。

　　反补贴调查主要围绕"补贴"和"损害"的确定而展开，并对"补贴""损害"以及"因果关系"做出初步裁定。初步裁定的结果直接影响反补贴措施的最后实施情况。如果初步裁定的结果为否定性的，那么调查终止；如果初步裁定的结果为肯定性的，则此时可以采取临时措施（征收临时反补贴税）或价格承诺（出口方成员愿意取消或限制补贴及类似措施；或出口商修改价格消除补贴的损害性影响）。反补贴措施（反补贴税的征收）是否最后实施依赖于在肯定性初步裁定的基础上进行进一步调查后的最终裁定。

在处理"反补贴措施"与"补贴争端解决"二者关系时，SCM规定，争端解决程序与反补贴措施可以平行引用。换言之，当一成员有理由认为另一成员实施了补贴时，该成员在向争端解决机构提出申诉的同时，依然可以同步进行对相关利益成员方的反补贴调查。但对于特定补贴的救济措施而言，SCM则要求只能采取一种形式，即征收反补贴税，或是根据SCM在"禁止性补贴"与"可诉补贴"中的要求采取报复措施。

6. 发展中成员的优惠待遇

WTO所有成员均承认，补贴可在发展中成员的经济发展计划中发挥重要作用。因此，SCM在第八部分（发展中国家成员）第二十七条（发展中国家成员的特殊与差别待遇）对发展中成员的特殊与差别待遇进行了详细说明。与WTO其他协定相比，SCM的优惠待遇涉及范围更广，对发展中成员和最不发达成员具有重要的实质意义。在SCM的第八部分，SCM首先对发展中国家进行了分类，其分类的依据为"联合国认定最不发达国家的标准"及"世界银行人均年国民生产总值的最新数据，低于1000美元的标准"。据此，将WTO成员中的发展中成员分为了三类，即"最不发达成员"（共计47个）[1]、"SCM附件七中发展中成员"（共

---

① 最不发达国家（联合国分类）：不丹、东帝汶、中非共和国、乌干达、乍得、也门共和国、冈比亚、几内亚、几内亚比绍共和国、刚果（金）、利比里亚、南苏丹、卢旺达、厄立特里亚、吉布提、图瓦卢、圣多美和普林西比、坦桑尼亚、埃塞俄比亚、基里巴斯、塞内加尔、塞拉利昂、多哥、孟加拉国、安哥拉、尼日尔、尼泊尔、布基纳法索、布隆迪、所罗门群岛、柬埔寨、毛里塔尼亚、海地、瓦努阿图、科摩罗、索马里、缅甸、老挝、苏丹、莫桑比克、莱索托、贝宁、赞比亚、阿富汗、马拉维、马达加斯加、马里。

计 20 个)[1]以及 "其他发展中成员"。其次，在上述分类的基础上，SCM 从 "禁止性补贴" "可诉补贴" "反补贴调查" 等方面，分别给予这三类发展中成员不同的特殊与差别待遇。

禁止性补贴方面。SCM 对进口替代补贴的纪律规范要比出口补贴严格一些，这可以通过 SCM 对不同类发展中成员的不同优惠待遇适用期限分析出来：SCM 规定，对于进口替代补贴，在《WTO 协定》生效的 8 年内最不发达国家不禁止使用，生效 5 年内不禁止发展中国家使用；而对于出口补贴，除其他发展中成员在《WTO 协定》生效 8 年内不禁止使用外，最不发达国家以及附件七中的发展中国家 (在其年人均国民生产总值达到 1000 美元之前) 可以无限制使用。具体到出口补贴方面：尤其是对于其他发展中国家成员，SCM 要求在《WTO 协定》生效 8 年内，最好应采取渐进的方式，逐步取消出口补贴，并且不应提高出口补贴水平。在这一过程中，若出口补贴使用与该成员发展需要不一致时，须提前调整，应与 WTO 补贴与反补贴委员会磋商；对于所有发展中成员而言，若其某一产品已经具有出口竞争力 (连续 2 个日历年该产品的出口占该产品世界贸易的份额不少于 3.25%)，则该成员应在 2 年内取消对该项或该类产品的出口补贴。而对于 SCM 附件七中的发展中成员，则可在 8 年内逐步取消对该类产品的出口补贴。

可诉补贴与反补贴调查方面。其一，对于发展中成员维持禁止性补贴的做法，SCM 第二十七条第 7 款规定，只要这些做法符合第二十七条第 2 款至第 5 款的要求，有关此类做法的救济措施将援引 "可诉补贴" 的争端解决程序而非 "禁止性补贴" 项下的争端解决程序；其二，对于发展中成员在 "可诉补贴" 项下的纪律规范，SCM 放宽了部分要求，比如，对补贴 "严重侵害" 的确定、反补贴调查中的微量补贴水平设置等。具体到反补贴调

---

[1] SCM 附件七 涉及第二十七条第 2 款 (a) 的发展中国家成员方……(b) 按照第二十七条第 2 款 (b)，下列各发展中国家在人均年国民生产总值达到 1000 美元时，应遵守其他发展中国家成员方的规则：玻利维亚、喀麦隆、刚果、科特迪瓦、多米尼加共和国、埃及、加纳、危地马拉、圭亚那、印度、印度尼西亚、肯尼亚、摩洛哥、尼加拉瓜、尼日利亚、巴基斯坦、菲律宾、塞内加尔、斯里兰卡、津巴布韦。

查中"微量水平"设置方面，不同类型的发展中成员在不同情况下所享有的微量补贴水平，均体现出 SCM 对发展中成员的特殊与差别待遇，在这一方面，SCM 给予发达国家成员的微量水平仅为 1%。

SCM 给予发展中成员的待遇，见表 5.8。

表 5.8　发展中成员待遇

成员分类　　具体待遇水平	最不发达成员	SCM 附件七中发展中成员	其他发展中成员
	被联合国指定为最不发达国家的 WTO 成员	依据世界银行人均年国民生产总值不足 1000 美元的发展中成员	
禁止性补贴			
进口替代补贴	WTO 生效之日起至 2002 年底前可使用	WTO 生效之日起至 1999 年底前可使用	WTO 生效之日起至 1999 年底前可使用
出口补贴	无限期使用	年人均国民生产总值达到 1000 美元之前可使用	WTO 生效之日起至 2002 年底前，逐步取消，且不得提高其出口补贴的水平；出口补贴使用与该成员发展需要不一致时，须提前调整，应与 WTO 补贴与反补贴委员会磋商
	若某一产品已经具有出口竞争力，则该成员应在 2 年内取消对该项或该类产品的出口补贴	若某一产品已经具有出口竞争力，则该成员可在 2002 年底前，逐步取消对该类产品的出口补贴	若某一产品已经具有出口竞争力，则该成员应在 2 年内取消对该项或该类产品的出口补贴
可诉补贴			
·若发展中国家维持出口补贴的做法符合 SCM 第二十七条第 2~5 款的规定，则其他成员不得援引有关禁止性补贴的争端解决程序，只能援引可诉补贴的程序			
·SCM 第二十七条针对发展中成员放宽了该协定第三部分规定的、适用于可诉补贴的多边规则，且这些更加优惠的待遇没有时间限制			

成员分类\具体待遇水平	最不发达成员	SCM 附件七中发展中成员	其他发展中成员
	被联合国指定为最不发达国家的WTO 成员	依据世界银行人均年国民生产总值不足 1000 美元的发展中成员	
反补贴调查			
微量补贴水平	3%	3%	WTO 生效之日起至 2002 年底前，提前取消出口补贴，则微量水平为 3%，否则为 2%；2003 年以后失效
· 从价补贴：若所涉产品的补贴总体水平不足按单位计算价值的 2%，则针对其采取的反补贴调查应立即终止			
· 从量补贴：若受补贴进口产品数量不足进口方成员同类产品总进口量的 4%，则反补贴调查也应该立即终止。例外：若来自单个发展中成员的份额低于 4%，而发展中成员总进口量累积份额超过 9%，则反补贴调查仍可继续进行			

5.5 服务贸易领域的补贴规则

《服务贸易总协定》(General Agreement on Trade in Services，GATS) 是 WTO 框架下多边协议的重要组成部分。作为乌拉圭回合谈判的主要成果之一，GATS 为 WTO 成员提供了一个实现服务贸易自由化的框架平台，GATS 把 GATT 框架下适用于货物贸易领域的规则（诸如 "国民待遇" "最惠国待遇" 等）扩大到服务贸易领域。GATS 与 GATT 有许多相似的地方，但也有诸多的不同，这是由服务贸易自身的特殊性所决定的。以 "国民待遇" 为例，在货物贸易领域，国民待遇是在出口方的货物进入到进口方市场后才适用，可以将其理解为 "准入后的国民待遇"，因为在出口方货物进入进口方关境时，进口方保留有采用相关边境管制措施的权利。但是在服务贸易领域，进口方给予出口方的国民待遇，就存在 "准入前国民待遇" 的可能，尤其是当服务贸易是以 "进口方市场的商业存在" 或者是以 "自然人流动" 的方式发生的时候。

GATS 为 WTO 成员实现服务贸易自由化而给予了较大的自由裁量空间。GATS 采用了最惠国待遇的一般义务与服务减让义务的框架对服务贸易领域进行规范，这里涉及服务贸易的减让表规则，该规则仅适用于成员在减让表中作出的具体承诺，如关于"市场准入""国民待遇"等。WTO 成员基于自身贸易自由化的程度，可自主选择在减让表中某种服务部门类别下某种服务提供模式的承诺以及豁免条件，GATS 并没有强制 WTO 成员作出减让承诺的底线。此外，GATS 还规定 WTO 成员可就影响服务贸易的其他措施进行谈判，并将谈判结果形成附件承诺。

GATS 对补贴的态度较为温和。GATS 承认补贴在服务贸易中的两面性，既承认补贴可能造成的贸易扭曲，也承认补贴对于发展中成员经济发展的积极作用。GATS 指明只对那些产生贸易扭曲效果的补贴进行多边纪律约束，并且 GATS 对于补贴的纪律规范以各成员方的具体承诺减让表为准。可见，GATS 对各成员方的国内补贴政策给予了较大的自由裁量权，在 GATS 的谈判中也流露出对服务补贴的纪律约束不能以牺牲各成员方公共政策的提供动力为代价的信息。

GATS 对于补贴的规范是方向性的。服务贸易补贴的多边纪律形成需要处理好"服务补贴的定义""服务补贴的分类""成员方之间服务补贴信息的交换"以及"服务补贴效果的评估"等问题。但服务贸易领域内涉及的服务部门众多，各具体部门之间差异性明显，每一具体部门下又存在四种不同的服务提供方式，鉴于服务贸易的这些特殊性，GATS 至今尚未给予补贴一个准确的概念界定，WTO 各成员之间也无法进行补贴信息交换，进而导致对于服务贸易补贴的多边纪律谈判至今仍未取得实质性进展。正因如此，在服务贸易领域内的补贴问题，缺失如 SCM 那样具有针对性的多边纪律规范。

与其他 WTO 的多边协定不同，GATS 中的所有条款并没有将"补贴"排除在外，不予适用。一个例证，在 GATT 中部分条款就明确地将"补贴"排除在外，如 GATT 中的国民待遇条款就不适用于"补贴"。进一步地，从 GATS 中的内部条款适用规律看，"补贴"也应适用于 GATS 的所有条款。一个例证，GATS 中的"政府采购"条款中则明确指出不适用"最惠国待遇""市场准入"以及"国民待遇"。综合 GATS 内外的条款设置规律看，GATS 的所有条款应适用于服务贸易领域内的"补贴"，这类似于"补贴"的"负面清单"标准一样，没有明确排除适用"补贴"的条款，即可全部适用。正如 GATS 第一条所述，GATS 适用于各成员影响服务贸易的措施，而补贴则是影响服务贸易的措施之一。

鉴于 GATS 规则的这种特殊性，服务贸易领域的补贴问题就集中在与补贴相关的所有条款分析上。GATS 中的第十五条对服务贸易补贴进行了专门的规定，在其他条款中也涉及对服务贸易补贴的规范。如，第二条最惠国待遇、第十六条市场准入条款、第十七条国民待遇、第二十条额外承诺、第二十三条非违约之诉等[①]《服务贸易总协定》的主要条款内容与结构见附录的附2。

5.5.1 GATS 下的补贴条款有待进一步明确

GATS 在第二部分（一般义务与纪律）的第十五条（补贴）[②]中专门给出了关于补贴的规范，GATS 第十五条明确了四个问题：（1）认为补贴会对服务贸易产生扭曲影响，需要各成员方谈判制定纪律规范；（2）认识到补贴对发展中成员经济发展的重要性，注重发展中成员对补贴的弹性需求；（3）成员方之间关于补贴信息的交换；（4）认可某些补贴存在，给予各成员

---

① 顾宾. WTO 服务贸易补贴法研究 [D]. 北京：对外经济贸易大学，2012.

②《服务贸易协定》（GATS）第十五条（补贴）内容如下：

1. 各成员认识到，在某些情况下，补贴可对服务贸易产生扭曲作用。各成员应进行谈判，以期制定必要的多边纪律，以避免此类贸易扭曲作用。谈判还应处理反补贴程序适当性的问题。此类谈判应认识到补贴在发展中国家发展计划中的作用，并考虑到各成员、特别是发展中国家成员在该领域需要灵活性。就此类谈判而言，各成员应就其向国内服务提供者提供的所有与服务贸易有关的补贴交换信息。

2. 任何成员如认为受到另一成员补贴的不利影响，则可请求与该成员就此事项进行磋商。对此类请求，应给予积极考虑。

对补贴措施与反补贴措施谈判的自主权，当一成员补贴对另一成员产生不利影响时，需要积极磋商，有关成员需要正面考虑。

进一步分析会发现：（1）对于服务补贴的界定。在GATS第一条的定义下服务模式共有四种，鉴于不同服务部门下的各种服务模式，服务补贴的情况就更为繁杂，对此，GATS并没有对服务贸易下的补贴进行明确的界定，补贴的概念不明确进而也就无法完成各成员之间与补贴相关的信息交换工作。（2）对于服务补贴效果的界定。GATS第十五条并没有像SCM那样正面肯定补贴的外部性，只是强调对贸易扭曲补贴的纪律约束，但是如何确定扭曲效果、如何区分造成贸易扭曲的政府补贴形式与确保无关贸易扭曲的政府支持政策，GATS并没有明确的说明。（3）对于反补贴措施的规范。SCM中给出了"反补贴措施"与"争端解决机制"两种平行的程序性反补贴机制，而GATS只是给出了简单的磋商机制，至于是否存在其他方式以及如何利用其他方式对反补贴措施进行规范，GATS尚未予以明确，只是在GATS第二十二条的"磋商"条款中再一次进行了补充。

5.5.2 非歧视待遇对服务补贴的规范各有不同

GATS非歧视待遇是指第二条的最惠国待遇条款与第十七条的国民待遇条款。其中，最惠国待遇是GATS下各成员的无条件的一般义务，也只有在满足某些豁免条件时，才存在豁免的情况；而国民待遇则是GATS下有具体承诺范围的减让义务，国民待遇的适用附带有限制条件。

1.最惠国待遇与服务补贴

GATS在第二部分（一般义务与纪律）的第二条（最惠国待遇）的第1款中明确指出，"关于本协议所涵盖之措施，各成员应立即且无条件地对来自其他成员之服务或服务提供者，给予不低于该成员给予其他成员同类服务或服务提供者之待遇"，该最惠国待遇条款中的"关于本协议所涵盖之措施"可依据GATS第一条（范围和定义）的第1款所述"GATS适用于各成员影响服务贸易的措施"找到其所对应的指代。由于WTO成员的服务补贴是会影响服务贸易的措施，因此，GATS下最惠国待遇条款自然适用于补贴。GATS下的最惠国待遇是适用于任何成员所有服务部门的一般义务，这表明，只要存在某一WTO成员给予某一特定成员方的补贴，则该WTO成员应该将此补贴覆盖至其他成员方，否则就会构成对最惠国待遇义务的违反。当给予特定成员方的补贴满足一般义务下豁免附件中的条件时，则该补贴措施不构成对最惠国待遇义务的违反，但这一豁免的持续时间不超过10年。需要注意的是，最惠国待遇条款对于补贴措施的约束是有限的。其原因在于，补贴措施多是基于保护一成员境内的产业发展，给予境内服务提供而非境外服务提供以补贴支持，实践中基于国别的歧视性补贴措施较为少见，因此，补贴在境内与境外之间的差别待遇才是补贴纪律进行规范的关键，这一特征自然也就排除了最惠国待遇的实际适用条件。

2. 国民待遇与服务补贴

不同于最惠国待遇的一般义务要求，GATS下的国民待遇是各成员根据自身的贸易自由化程度所作出的具体承诺，并且对于国民待遇的适用，各成员方附带有不同的限制条件。GATS在第三部分（具体承诺）第十七条（国民待遇）第1款中规定，"承诺表中所列之部门及依照表中所列出之条件及资格，就有关影响服务供给之所有措施，各成员给予其他成员之服务或服务提供者之待遇，不得低于其给予本国同类服务或服务提供者之待遇"，这要求WTO成员在具体承诺范围内的补贴不应造成国内与国外同类服务或服务提供者之间的歧视性待遇。为避免各成员在补贴措施上的承诺义务违反，各成员有减少补贴适用范围的动机，一个极端情况下的情形就是，WTO成员可以不对某一类服务部门作出国民待遇的承诺，那么补贴措施就不会受到限制。一般地，各成员方在国民待遇下的具体承诺中，会限制对境外服务接受补贴的水平，甚至将歧视性补贴包括在内，这样一来，在作出承诺的情况下，还需要进一步考察承诺的限制情况。

鉴于GATS下国民待遇条款的特殊性，WTO成员对于国民待遇的具体承诺义务取决于三个方面，即"成员具体承诺减让义务的服务部门""成员承诺减让义务的服务模式""成员服务贸易承诺表中的条件与资格"，三者关系见表5.9。

表 5.9　GATS 下的服务贸易承诺表

模式　部门	服务模式一	服务模式二	服务模式三	服务模式四
服务部门 1	不适用		（不）承诺 + 限制条件	（不）承诺 + 限制条件
服务部门 2			（不）承诺 + 限制条件	（不）承诺 + 限制条件
服务部门 2			（不）承诺 + 限制条件	（不）承诺 + 限制条件
……			（不）承诺 + 限制条件	（不）承诺 + 限制条件
服务部门 160			（不）承诺 + 限制条件	（不）承诺 + 限制条件
……			……	……

GATS第一条第2款将服务的模式定义为四类，即"跨境提供""跨境消费""商业存在""自然人流动"。如表5.9中所示，服务模式一与模式二分别为"跨境提供"与"跨境消费"，由于服务贸易的特殊性，这两类模式下的服务提供者均在作出国民待遇具体承诺的成员境外，GATS下的国民待遇承诺并没有要求WTO成员在其境外实现，因此，模式一与模式二自然就不符合国民待遇的适用条件。在表5.9中模式三（商业存在）与模式四（自然人流动）下，鉴于各成员方在GATS下服务自由化的目标与水平不一，各成员基于国民待遇的具体承诺减让义务是不同的，WTO成员可以对国民

待遇的承诺减让义务有所保留，也可以进行限制，对国民待遇承诺进行限制的表现形式主要是"水平承诺"与"部门承诺"。比如，有些成员提出了适用于所有部门的国民待遇豁免；有些成员提出国民待遇仅适用于已作出具体承诺减让范围部门下的某些服务模式，且需要符合享受国民待遇的资格与条件。

3.补贴措施中国民待遇与最惠国待遇之间的关系

首先，需要关注国民待遇的适用，因为补贴的动机是区分国内外的歧视性待遇的，而GATS下的国民待遇属WTO成员的具体承诺义务，因此各成员有较大的自主权，具有"特殊性"。

其次，需要注意的是，一WTO成员一旦有了国民待遇适用条件下的有关补贴的具体承诺，那么符合条件的承诺义务就会对成员方境外的国民待遇承诺生效，此时有可能会增加违反最惠国待遇承诺的"一般性"风险，这是因为GATS下的最惠国待遇属WTO成员的一般义务，并不考虑该成员是否在某一部门作出的具体承诺，一旦国民待遇下的补贴承诺生效，那么对于该成员方境外的所有成员方，只要符合国民待遇具体承诺条件下的补贴措施，将适用于其他成员方，从而使得具体承诺下的补贴措施变成了一般义务。

5.5.3 市场准入会间接约束服务补贴

GATS在第三部分（具体承诺）第十六条（市场准入）中，对服务贸易的市场准入进行了规范[1]，市场准入条款可间接地影响到服务贸易补贴的纪律规范。同国民待遇一样，GATS下的市场准入也是WTO成员的具体承诺减让义务，GATS在第十六条（市场准入）中的第1款与第2款中均明确提

---

[1]《服务贸易总协定》（GATS）第十六条（市场准入）内容如下：

1. 对于通过第一条确认的服务提供方式实现的市场准入，各成员对其他成员的服务或服务提供者给予的待遇，不得低于其在具体承诺减让表中同意和列明的条款、限制和条件。

2. 在作出市场准入承诺的部门中，除非在其减让表中另有列明，否则一成员不得在其一地区或其全部领土内维持或采取按如下定义的措施：……

出,服务贸易市场准入适用的前提是依据成员具体承诺表中的内容、规定与限制条件。类似于国民待遇的具体承诺形式,市场准入的具体承诺水平也有"水平承诺"与"部门承诺"之分。因此,对于WTO成员在服务贸易领域内的补贴规范,可以通过GATS下的市场准入条款进行限制。若境外成员对其服务及服务提供者实施不利于本方成员利益的补贴,则本方成员可对实施补贴的成员采取市场准入方面的限制(如,限制服务供给者数量、限制服务交易或资产总值、限制服务营运总产量、限制与特定服务行业有关雇用自然人规模、限制服务提供的组织形式、限制外资参与水平等)。WTO成员可以将此类限制放在服务贸易承诺表中,并通过GATS第十六条(市场准入)的第1款与第2款对服务贸易的补贴措施进行规范。

5.5.4 规范服务补贴会成为额外承诺

GATS下的具体承诺减让是在"要价—出价"的谈判模式下不断修正而形成的。一成员首先"要价",请求其他成员在服务部门与服务模式中作出相应的承诺,随后其他成员方根据自身可接受贸易自由化的程度再"出价",经过多轮谈判后,相关请求会成为最终的具体承诺进入减让表。GATS下的"市场准入""国民待遇"均是通过这一谈判模式而形成的具体承诺减让,GATS第三部分(具体承诺)的第十八条(额外承诺)与第四部分(逐步自由化)的第二十条(具体承诺减让表)允许WTO各成员实现市场准入与国民待遇之外的额外承诺,这些规定为各WTO成员就约束影响服务贸易的其他相关措施的"要价"与"出价"留出了相当大的空间。

GATS在第三部分(具体承诺)第十八条(额外承诺)中,对"额外承诺"进行如下说明:成员得就影响服务贸易,但不属第十六条(市场准入)或第十七条(国民待遇)须列入减让表的措施进行承诺谈判,此类承诺应列于成员的减让表中。GATS在第四部分(渐进自由化)第二十条(具体承诺减让表）中，提到了特定承诺中的"额外承诺"问题①。

在"要价—出价"模式中形成的"额外承诺"存在主动与被动之别。作为要价的成员方，会基于自身利益请求其他成员方对某些影响服务贸易措施进行削减，甚至是取消，而作为出价的成员方，会考虑以额外承诺减让换取与之相等量的其他承诺减让，实现利益平衡。对服务补贴的限制作为一种"额外承诺"进而约束相关成员方，这一纪律规范的形式值得关注。

5.5.5 对垄断与专营服务者的补贴有特殊纪律规范

GATS第六部分（最后条款）第二十八条（定义）第h款将"垄断服务提供者"定义为"公或私性质之人，在一成员境内相关市场，由该成员正式或实质性授权或设立，成为该项服务的唯一提供者"。按照此定义，垄断与专营服务者，即为在某一成员境内，有政府背景或有政府支持的公有企业或私有企业成为相关服务市场的唯一提供者，也即在服务市场中有政府支持的垄断或专营企业。GATS在第二部分（一般义务与规定）的第八条（垄断和专营服务提供者）中对"垄断和专营服务提供者"进行了纪律规范②。第八条（垄断和专营服务提供者）前述两款内容首先承认了各成员方在服务

---

①《服务贸易总协定》第二十条（具体承诺减让表）内容如下：

1. 各成员应在减让表中列出其根据本协定第三部分作出的具体承诺。对于作出此类承诺的部门，每一减让表应列明：

（a）市场准入的条款、限制和条件；

（b）国民待遇的条件和资格；

（c）与额外承诺有关的承诺；

（d）在适当时，实施此类承诺的时限；以及

（e）此类承诺生效的日期。

②《服务贸易总协定》第八条（垄断和专营服务提供者）内容如下：

1. 各成员应保证在其领土内的任何垄断服务提供者在有关市场提供垄断服务时，不以与其在第二条和具体承诺下的义务不一致的方式行事。

2. 如一成员的垄断提供者直接或通过子公司参与其垄断权范围之外且受该成员具体承诺约束的服务提供的竞争，则该成员应保证该提供者不滥用其垄断地位在其领土内以与此类承诺不一致的方式行事。

……

领域内授权或支持的垄断专营者的地位，其次对这一类的服务提供者也明确了纪律要求，即不能违反"市场准入""国民待遇"以及"额外承诺"等具体承诺义务，也不能违反"最惠国待遇"的一般义务，尤其是这一类服务提供者利用其垄断和专营服务的地位与权利，在其他竞争市场中提供具有竞争性的服务时，则是构成对该条款纪律的违反。

补贴作为影响服务贸易的措施之一，将与各成员的具体承诺密切相关，倘若成员方对其境内服务市场的垄断竞争者进行补贴，则需谨慎考虑GATS下对这类服务提供者的纪律规范。此外，GATS还规定了成员方对此类服务提供者的信息通报义务，即成员方应将其计划支持的垄断或专营服务提供者在授权前的3个月前通知服务贸易理事会，且应其他成员要求，有关成员应提供相关信息和法律政策。除此之外，GATS还在"商业行为"条款中对限制竞争并阻碍服务贸易的行为进行了规范，并强调了成员信息公开的义务。

5.5.6 有关服务补贴救济措施的纪律规范有待明确

GATS第十五条（补贴）指出，"……谈判考虑平衡程序的适用性……"，其中的"平衡程序"包括了补贴措施以及反补贴措施，"适用性"则涉及补贴与反补贴措施的纪律适用性问题，GATS给予各成员方谈判并制定多边服务贸易补贴纪律的权利。

GATS第十条（紧急保障措施）指出，"在非歧视原则下，应就紧急保障措施问题进行多边谈判……"，同样这里也涉及服务贸易的救济措施问题。但鉴于上述两个条款均是内置议程式的条款，因此，有关服务贸易救济的纪律规范至今尚未明确。

目前，唯一确定的救济措施是GATS在第五部分（机构条款）第二十三

条（争端解决与执行）[①]中关于"争端解决与执行"的规范。该条款下的第1
款及第2款内容，主要针对成员未履行GATS下的义务或具体承诺的情况，
给出了相应的解决方案，而该条款下的第3款则考虑到成员未出现未履行
具体承诺时的服务贸易救济情况（服务补贴救济尚无可适用的反补贴纪律，
有关救济工作可适用此条，即"非违约之诉"[②]）。具体而言，当某一成员方
依据GATS的义务或具体承诺采取了某项措施（以"服务补贴"为例），而其
他成员方依据GATS第三部分（具体承诺）中的具体承诺所获得的合理预期
利益因该成员方的这一措施（服务补贴）而受损时，则在此种情况下，利
益相关成员方可就此磋商进行调整（其中包括对该措施［服务补贴］的修改
或撤销），如相关成员之间不能达成协议，则可援引争端解决机制予以解
决。该条款的设置充分考虑到了GATS下相关成员未履行义务或承诺时的
情况以及非未履行义务或承诺时的情况，这为WTO成员在出现上述两种情
况时所减损的利益提供了补偿性调整的救济机会。

5.6 农业贸易领域的补贴规则

鉴于农业在国民经济中的重要地位，农业保护一直是各国农业政策中
的重点，大量的国内支持、补贴农产品出口、限制农产品进口等措施，长
期以来都是各国农业政策体系中的重要工具。在农业领域内，各国对多

---

①《服务贸易总协定》第二十三条（争端解决与执行）内容如下：

1. 如任何成员认为任何其他成员未能履行本协定项下的义务或具体承诺，则该成员为就该事
项达成双方满意的解决办法可援用DSU (Dispute Settlement Understanding)。

2. 如DSB (Dispute Settlement Body) 认为，情况足够严重有理由采取此类行动，则可授权一
个或多个成员依照DSU第二十二条对任何其他一个或多个成员中止义务和具体承诺的实施。

3. 如任何成员认为其根据另一成员在本协定下某具体承诺可合理预期获得的任何利益，由于
实施与本协定规定并无抵触的任何措施而丧失或减损，则可援用DSU。如DSB确定，该措施使此
种利益丧失或减损，则受影响的成员有权依据第二十一条第2款要求作出双方满意的调整，其中
可包括修改或撤销该措施。如有关成员之间不能达成协议，则应适用DSU第二十二条。

② 顾宾. WTO服务贸易补贴法研究 [D]. 北京，对外经济贸易大学，2012.

边纪律的规范较为敏感，在多边纪律的构建过程中，农业问题一直作为例外游离在 WTO 多边框架的边缘。肯尼迪回合、东京回合等多轮谈判中均涉及农产品的议题，但直到乌拉圭回合谈判才最终形成了《农业协定》（ Agreement on Agriculture，AoA ），作为乌拉圭回合的一个重要成果，AoA 将农产品贸易首次纳入 WTO 多边纪律的约束下。AoA 由序言、正文、13 个部分 21 个条款以及 5 个附件等内容构成，主要内容涉及"市场准入""国内支持""出口补贴"三个方面。AoA 是目前规范 WTO 各成员农业政策及农产品贸易的基本准则，其积极意义在于全面且直接规范了农业领域内 WTO 各成员的出口补贴与国内支持等政策措施，这一多边纪律规范是 WTO 多边贸易体制的重大突破，也推动了各成员的农业政策改革。由于 WTO 各成员间通过谈判而形成的承诺属于 AoA 的重要组成部分，因此，AoA 是渐进式的框架协定，这也注定农业领域内多边纪律规范的形成将是一个不断完善的渐进式的过程，正如 AoA 序言所述，AoA 的长期目标是在协定期限内，持续对农业支持和保护逐步进行实质性的削减，从而防止和纠正世界农产品贸易的限制和扭曲。

与此同时，SCM 作为一般货物贸易领域内的多边补贴纪律规范，是乌拉圭回合谈判的另一个重要成果。作为 WTO 补贴与反补贴规则体系中的两个主要组成部分，SCM 与 AoA 之间的关系，更像是一般与特殊的关系。鉴于农产品贸易自身所具有的特殊性，相比于 SCM，AoA 制定了更具有针对性的约束农业补贴措施的多边规则。例如，两个多边协定均明确对产生贸易扭曲作用的补贴措施进行纪律约束。基于补贴的贸易扭曲程度，SCM 将补贴分为了"禁止性补贴""可诉补贴"和"不可诉补贴"三类，而 AoA 将补贴分为了"国内支持"与"出口补贴"两类，进一步地，AoA 又将国内支持分为三类，即"绿箱补贴""黄箱补贴"与"蓝箱补贴"，其中，没有产生贸易扭曲或者产生微量扭曲的补贴属于绿箱补贴，对贸易产生扭曲作用的补贴属黄箱补贴。AoA 并没有限制绿箱补贴与蓝箱补贴，而黄箱补贴则受 AoA 的纪律约束。在 AoA 内部，与国内支持相比，AoA 对出口补贴的纪律则更为严格，AoA 不完全禁止农业补贴，但要求在 WTO 各成员的承诺减让表中必须将其逐步削减。与 SCM 相比，AoA 对补贴的约束纪律过于温和，约束机制尚不健全，解决补贴争端的效率有待优化。这些特征皆可从 SCM 中的诸多条款中表现出来，如 SCM 第三条第 1 款、第五条、第七条第 1 款、第八条、第十条及注脚、第十五条、第十六条以及第十七条，在这些条款中，农业补贴均被作为条款的例外进行处理。鉴于 AoA 的这种特殊性，当 AoA 与 SCM 在处理同一问题出现分歧时，优先适用 AoA 的条款。

在《WTO 协定》附件 1A（该部分包含了关于货物贸易的诸多多边协定）的总体解释性说明中指出，若 GATT 1994 的某一规定与《WTO 协定》附件 1A 中的某一规定发生冲突时，以附件 1A 中的协定为准。而 AoA 是《WTO 协定》附件 1A 中的主要组成部分之一，因此，当 AoA 中尚未有针对某一问题进行规范的条款时，则不排除对 GATT 1994 规则以及 SCM 的适用。与此同时，AoA 在其第二十一条"最后条款"中也有与之相对应的规定，其指出，"GATT 1994 和《WTO 协定》附件 1A 所列其他多边贸易协定应在遵循本协定的前提下适用"。由此可见，所有与 WTO 货物贸易有关的多边协定与备忘录均适用于农业领域，但当这些规则与 AoA 存在分歧时，则以 AoA 规则为准。

AoA 从"国内支持"与"出口补贴"两个方面对多边补贴纪律进行了规范。各 WTO 成员已承诺全面取消农产品出口补贴。中国在《入世议定书》中承诺取消对农产品的出口补贴，包括价格补贴、实物补贴以及发展中国家成员可以享有的对出口产品加工、仓储和运输的补贴。基于这样的历史背景，在 AoA 中对于农业领域内的补贴纪律就主要体现在"国内支持"这一部分了。在 AoA 的内容结构表中（见附录的附 3），可以看到，AoA 的第一条、第六条、第七条、第十三条及其附件二、附件三和附件四是对"国内支持"进行规范的具体说明。根据各 WTO 成员是否有削减承诺的义务，可将"国内支持"分为"免于削减承诺的国内支持"与"受削减承诺约束的国内支持"，具体而言，免于削减承诺的国内支持主要涉及 AoA 中的绿箱补贴与蓝箱补贴，以及部分黄箱补贴中的发展中成员支持与微量支持，而受 AoA 约束限制的国内支持主要是大部分的黄箱补贴。

5.6.1 受 AoA 约束限制的国内支持

黄箱补贴的大部分措施对农产品贸易产生扭曲作用，成员需要承担约束和削减义务。这些补贴主要是政府对农产品的直接价格干预，包括对种子、肥料、灌溉等农业投入品的补贴，对农产品营销贷款的补贴等。

"综合支持量"用来评估黄箱补贴的程度大小，一般用货币单位表示。综合支持量是指：（1）为支持农产品生产者而提供给特定农产品的年支持水平；（2）为支持广大农业生产者而提供给非特定产品的年支持水平。

AoA 规定：以1986年至1988年为基准期，自1995年开始，发达成员6年内逐步将综合支持量削减20%；发展中成员10年内逐步削减13%；其间，每年的综合支持量不能超过所承诺的约束水平。

5.6.2 免于 AoA 削减承诺的国内支持

AoA 规定，WTO 成员免于履行削减承诺的国内支持主要集中在绿箱补贴与蓝箱补贴中，部分黄箱补贴中的微量补贴也可免于削减。此外，AoA 给予发展中成员的特殊与差别待遇也体现在更多的免于削减承诺的黄箱补贴中。具体情况见表5.10。

表 5.10　免于削减承诺的国内支持

分类 影响	绿箱补贴	蓝箱补贴	部分黄箱补贴
对农产品贸易和农业生产不会产生或仅有微小的扭曲影响，成员无须承担约束和削减义务	政府提供的且对生产不具有价格支持作用的政府服务计划	政府限产计划下给予的不在削减国内支持的承诺内的直接支持政策，使用者主要为发达国家，不需要承担削减义务	发展中成员支持与微量支持

续　表

分类　影响	绿箱补贴	蓝箱补贴	部分黄箱补贴
对农产品贸易和农业生产不会产生或仅有微小的扭曲影响，成员无须承担约束和削减义务	· 一般农业服务支出 · 粮食安全储备补贴 · 粮食援助补贴 · 与生产不挂钩的收入补贴 · 收入保险计划 · 自然灾害救济补贴 · 农业生产者退休或转业补贴 · 农业资源储备补贴 · 农业结构调整投资补贴 · 农业环境保护补贴 · 落后地区援助补贴等	· 按固定面积和产量给予的补贴 · 按基期生产水平的 85% 或 85% 以下给予的补贴 · 按固定牲畜头数给予的补贴	发展中成员支持： · 农业投资补贴 · 对低收入或资源贫乏地区生产者提供的农业投入品补贴 · 为鼓励生产者放弃种植麻醉作物而提供的补贴等 微量支持： · 发达国家的微量允许水平是对某一特定产品的给予支持量不超过该农产品产值的 5%，对于农业生产总体而言，综合支持量不超过产值的 5%； · 发展中国家的微量允许水平为 10%

5.7 本章小结

通过分析国际法层面的补贴纪律与规范的由来以及 WTO 补贴规则的演进，本书发现：补贴与反补贴纪律与规范在国际法与美、加等国内法的不断磨合中推进，随着 WTO 框架下《补贴与反补贴协定》（SCM）的最终确定，国际法层面的多边补贴纪律与规范最终成型。在 WTO 框架下，明确且较完善地对补贴进行规范与约束的规则是《补贴与反补贴措施协定》，鉴于服务贸易与农业贸易的不同特殊性，在这两个领域内，相对应的有关补贴的规则则体现在 WTO 框架下的《服务贸易总协定》（GATS）与《农业协定》（AoA）之中。

根据 SCM 的框架结构，从"补贴定义""补贴专向性""补贴分类""补贴争端解决""反补贴措施""发展中成员的优惠待遇"等方面分析了 SCM

的各项纪律规范，本章发现：（1）"补贴主体""补贴形式""补贴效果"三个要素的叠加是SCM认定"补贴"的标准。（2）SCM给予了各成员国正当使用补贴政策的自由空间，SCM对各成员的约束也仅局限在具有专向性的补贴之中。（3）SCM依据补贴的客观效果将补贴分为了"禁止性补贴""可诉补贴"与"不可诉补贴"三类，并据此分别给出了不同的纪律要求，其中，"可诉补贴"以补贴的结果为导向，"禁止性补贴"的判断标准则是以过程为导向，禁止性补贴更强调事前的标准，而可诉补贴强调的是事后标准。鉴于"不可诉补贴"的争端豁免适用已失效，原属于"不可诉补贴"范畴的补贴只要符合SCM所规定的专向性就自动落入"可诉补贴"的范畴。（4）SCM在处理"禁止补贴"与"可诉补贴"争端时，程序上的流程基本相似，但从纪律规范的严格程度上看，在争端解决流程中的各个环节中，SCM对于"禁止性补贴"的约束程度则表现得更为严格。（5）"对补贴行为的确定""对补贴损害的确定""对因果关系的确定"三要素叠加是实施反补贴措施的前提条件。在处理"反补贴措施"与"争端解决程序"二者的关系时，争端解决程序与反补贴措施可以平行引用。对于特定补贴的救济措施，SCM要求只能采取一种形式。（6）SCM在"禁止性补贴""可诉补贴""反补贴调查"等方面，分别给予三类发展中成员（最不发达成员、SCM附件七中发展中成员以及其他发展中成员）不同的特殊与差别待遇。

鉴于服务贸易自身的特殊性，GATS对补贴的态度较为温和，对补贴的规范是方向性的。基于GATS的框架结构，集中分析服务贸易领域内与补贴相关的所有条款，本章发现：（1）GATS只是强调对贸易扭曲补贴的纪律约束，但并没有相关的明确说明，也没有完善的反补贴措施规范。（2）GATS下的国民待遇是具体承诺义务，GATS下的最惠国待遇是一般义务，只要符合国民待遇具体承诺条件下的补贴措施，会变成最惠国待遇下的一般义务。（3）GATS下的市场准入是WTO成员的具体承诺减让义务，市场准入条款可间接地影响到服务贸易补贴的纪律规范。（4）对服务补贴的限制作为一种"额外承诺"进而约束相关成员方，这一纪律规范形式值得关注。（5）在"垄断及专营服务"条款下，当成员方对其境内服务市场的垄断竞争者进行补贴时，则需谨慎考虑GATS对这类服务提供者的纪律规范。（6）GATS对服务贸易救济措施的规范并不完善。

作为WTO补贴与反补贴体系中的两个主要组成部分，本章发现：SCM与AoA之间的关系更像是一般与特殊的关系。AoA从"国内支持"与"出口补贴"两个方面对农业领域内的多边补贴纪律进行了规范。当前，AoA中对于农业领域内的补贴纪律就主要体现在"国内支持"部分，即："免于削减承诺的国内支持"（绿箱补贴与蓝箱补贴以及部分黄箱补贴中的发展中成员支持与微量支持）与"受削减承诺约束的国内支持"（大部分的黄箱补贴）。

第 6 章 WTO 改革背景下的补贴规则
——变化趋势性分析

6.1 WTO 的前世今生

作为当前世界上最大的国际经济组织，WTO 是全球经济治理体系中的重要支柱，在构建和发展全球多边贸易规则上，WTO 具有举足轻重的作用。作为 WTO 的前身，GATT 将全球各经济体的关税措施纳入多边纪律规范之中，在 GATT 的约束下，全球的关税水平维持在一个较低的水平，国际贸易得以进一步发展。随着 20 世纪 80 年代非关税措施的兴起以及贸易保护主义的抬头，当时世界上的主要经济体美国、欧共体、日本等倡导 GATT 发起新一轮的多边贸易谈判——GATT 第八轮乌拉圭回合。作为乌拉圭回合谈判的重要成果之一，WTO 的成立取代了 GATT 的地位，至此，全球多边贸易规则的构建与发展进入了 WTO 时代。随着 WTO 的成立，全球各成员的货物贸易关税进一步降低，游离在 GATT 之外的农产品与纺织品贸易被纳入 WTO 之下，服务贸易领域以及有关知识产权方面的多边纪律规则也在 WTO 下初步形成，与此同时，有"WTO 皇冠上的明珠"之称的争端解决机制随之诞生，通过采用"反向一致"原则、建立上诉机构等方式，强化了贸易争端解决的机制。

WTO 成立后发起的第一轮多边贸易谈判——多哈回合（又称"多哈发展议程"，原因在于多哈回合的出发点是以发展中国家的需求为核心），自 2001 年 11 月启动以来，多边贸易谈判过程一路坎坷，至今尚未取得实质性进展，未来的发展历程也不明朗。在过去的几年里，2013 年达成的"内罗毕一揽子计划"以及 2013 年《贸易便利化协定》应该算是比较突出的成果。具体而言，根据"内罗毕一揽子计划"，发达成员承诺立即取消农产品的出口补贴，发展中成员在农业出口的营销与运输成本的补贴方面保留一定的灵活调整空间；而《贸易便利化协定》为跨境贸易提供了透明、可预期的营商环境，降低了跨境贸易成本，提升了效率，这是WTO成立以来成员间缔结的第一份多边贸易协定，被纳入《WTO协定》的附件1A之中。2015年第十次部长级会议上，各国均表示多边贸易谈判缺乏共识，无法进一步推动多哈回合，2017年布宜诺斯艾利斯会议实质上也宣布了多边贸易谈判的停滞不前。多哈回合谈判的长期停滞，让越来越多的成员对WTO的现状表示担忧，对WTO的未来正失去信心。

6.2 WTO的三大功能面临考验

WTO一直以来负责贸易规则谈判、贸易政策审查以及贸易争端解决，但从当前的发展趋势看，WTO在这三方面的功能实现均出现了问题。

1. 从贸易规则发展角度看，现有的WTO规则和机制设计已经落后于当前国际经济发展的形势。随着全球生产分工从最终产品转向以产业链为基础的生产要素分工，嵌入在全球产业链上的各个经济体基于自身比较优势而选择其参与全球价值链的方式，各个经济体的经济政策切入点由最终产品竞争转向价值链竞争，从资源获取转向要素整合，在此背景下，WTO各成员的关注点将是削减全球价值链中影响其实现价值增值的各种壁垒与障碍，进而维护其在全球竞争中的优势与利得，维护多边贸易体制的稳定并推进新一代贸易与投资规则的变革成为各成员的必然选择。在多边贸易规则的谈判过程中，"协商一致"与"一揽子承诺计划"是WTO的基本原则。"协商一致"原则保障了WTO成员之间的平等性，实现了不同成员之间的利益平衡，"一揽子承诺计划"避免了条约挑选对多边贸易体制完整性与统一性的侵蚀，有利于WTO多边规则的稳定。然而，随着全球分工的深化，嵌入在全球产业链上的各成员方在参与全球价值链竞争的过程中，不同的参与方式与程度决定了处在产业链与价值链上的各方对利益的诉求不同，

WTO 各成员就"一揽子承诺计划"达成共识已经变得相当困难，协商一致原则又进一步制约了WTO在构建多边规则过程中的效率，WTO推进新的多边贸易规则的功能在不断地萎缩，与此同时，WTO被越来越多的双边和区域贸易协定边缘化了。

2. 从贸易政策审查角度看，为加强多边贸易体制的监督作用，WTO下的贸易政策审查机制定期会对各成员的贸易政策进行审查，WTO各成员方需要及时通报其贸易政策的变化，并接受WTO对相关机构的审查，回应其他成员对相关信息的请求。"提升政策透明度"以及"及时通报告知"是WTO成员需要履行的义务。WTO下涉及通报要求的诸多协定达200余项，涵盖了补贴、农业支持政策、数量限制措施、技术贸易壁垒等各个领域，各成员积极且全面地履行通报义务，提升其贸易政策与体制的透明度，才是提升国际贸易环境可预见性与稳定性的关键。许多成员在出台相关政策措施时并没有履行通报告知义务（以补贴通报为例，当前WTO有半数以上的成员尚未做出任何有关补贴措施的通报，大部分成员对补贴通报义务的履行情况不太乐观），进而阻碍了WTO对其贸易政策的审查，这一问题在各成员间越发严重，WTO对相关成员贸易政策的监督功能在弱化。

3. 从争端解决角度看，WTO基于《关于争端解决规则与程序的谅解》建立了争端解决机制，这为多边贸易体制的稳定与有效运转提供了保障，为各成员方基本利益的协调与保护提供了救济方案。在全球分工不断深化的背景下，各成员之间的国际竞争已由最终产品层面进一步深入全球产业链与价值链层面上来，竞争中出现的经贸争端所带来的影响不仅仅会停留在直接利益相关方上，更会波及整个产业链与价值链上的各个环节，处在链条上的各方因其参与竞争模式与程度的不同，必然会对争端解决的利益诉求不一，这势必对WTO争端解决机制的效率提出挑战。加之，WTO争端解决机制自身也存在一些缺陷，比如争端解决程序（磋商、专家组、上诉机构、执行阶段）有待优化、争端解决效率（专家组与上诉机构处理争端的时间较长）有待提升、争端解决中补偿的"不溯及既往"（争端解决中的受损方利益不能得以及时、充分且有效的补偿)有待改良，等等，诸多因素在侵蚀 WTO 争端解决机制的功能作用。已有成员甚至绕过争端解决机制直接采取单边措施解决争端，而 WTO 争端解决机制尚不能够及时有效制止甚至是惩罚这些单边措施，与此同时，受到单边措施影响的成员得不到充分保护。如果这种单边措施被 WTO 成员大量效仿，那么 WTO 争端解决机制将面临被架空的风险。

6.3 WTO 主要成员方的关注点

近两三年以来，美、加、欧、日等重要成员陆续发声，提出对 WTO 未来发展的改革意见，当前 WTO 改革已经在各成员间基本形成了共识。总结各主要成员方的意见，可以归纳出各方对 WTO 改革方向的关注点，具体而言：

1. 发展中成员认定

WTO 将 160 多个成员分为 "发展中成员" 与 "最不发达成员" 两类。其中，WTO 对于最不发达成员的认定仅仅基于联合国的标准，在联合国认定的 47 个最不发达的国家中有 36 个国家是 WTO 成员；虽然发展中国家占有了 WTO 成员中三分之二的席位，但是 WTO 对于发展中成员的资格认定却没有明确的标准，只是在某些具体的多边协定中有涉及对发展中成员的界定，比如 SCM 中就将 "发展中成员" 依据人均国民生产总值这一标准进行了分类。以美、欧等发达国家为代表的成员认为，WTO 对发展中成员的认定是以自我选择为基础，并不一定自动被所有 WTO 成员所承认，这导致了部分成员通过自我认定为发展中国家身份而享受到更多的待遇例外，进而影响到 WTO 多边纪律规范的适用。与此同时，鉴于 WTO 对发展中国家成员的认定无明确的界定，WTO 给予发展中成员的特殊与差别待遇面临着被滥用的风险，WTO 多边协定的谈判效率因此会受到影响。美、欧等普遍认为，WTO 在规则适用与规则谈判过程中，不同发展水平的国家在承诺实现与义务履行方面的能力不同，应平衡发展中成员待遇的灵活性与对等性。WTO 中的发展中成员应该做出更多承诺，承担更多责任，在多边规则的谈判中不应该适用规则例外，在贸易实践中，给予发展中成员的特殊与差别待遇应逐案分析，不应一概而论。

2. 贸易公平

从 WTO 主要成员方关于 WTO 改革的方案中可以观察到，美、欧、日等成员比较关注贸易公平的问题，对 WTO 政策监督功能的优化比较敏感，这些成员的关注点主要集中在国有企业、产业补贴、信息通报等议题上。他们认为，为了重新平衡 WTO 的多边贸易体制，实现公平竞争，WTO 应该规范国有企业纪律与竞争政策，有效约束产生市场扭曲的产业补贴，完善补贴通报机制，提高产业政策透明度。

3. 争端解决

自特朗普上台以来，以特朗普为首的当局一直奉行"美国优先"的政策主张，他们认为，WTO 规则压缩了美国国内政策空间，WTO 争端解决机制存在诸多不公，有损美国利益，实行双边主义有利于美国利益。自2018 年起，美国多次绕过 WTO 争端解决机制，以国内法为依据，采取单边措施发起一系列对中国、欧盟、日本、加拿大等 WTO 主要成员的贸易制裁，挑起诸多贸易争端，贸易摩擦一度成为常态。美国之所以采取单边措施，除了基于美国利益优先的因素外，WTO 争端解决机制自身规则的缺陷也是一方面原因。正如美国所认为的，WTO 争端解决机制中的上诉机构存在诸多弊端，比如上诉机构存有"越权"嫌疑、争端解决处理效率低下、干涉国内法等问题。

6.4 国有企业与发展中成员待遇与多边补贴规则密切相关

1. 国有企业

尽管国有企业早已活跃在全球市场之中，但截至目前，WTO 多边体系中尚未有明确针对国有企业的纪律规范，与之相关的规范也仅零星出现在若干多边协定的条款之中。其中，与国有企业密切相关的公共机构出现在货物贸易领域的规则中，SCM 并没有对"公共机构"进行明确地定义，有关"国有企业"与"公共机构"的关系尚未明确。SCM 采用补贴的"主体""形式""效果"三要素累加适用的原则对"补贴"进行定义。补贴三要素中，补贴的"主体"包括政府或公共机构，但何为"公共机构"，SCM 并没有作出定义。但在 WTO 争端解决实践中出现了两种不同的认定方法，其一为"政府控制说"，其二为"政府权力说"，对"公共机构"认定方法上的差异是由不同成员的国情与经济结构特征上的差异性所决定的。持"政府控制说"认定方法的成员多是市场经济活跃、政府参与经济活动程度较少的国家，他们通常认为政府控股的经济主体与政府保持着密切联系，因此，对于这类经济主体，他们倾向于将其认定为"公共机构"，这些国家主要以美国、欧盟、加拿大、日本、墨西哥等为代表。相反，持"政府权力说"认定方法的成员多是政府参与经济活动程度较高，国有经济在国民经济中的比重较大的国家，他们认为国有企业虽然身份特殊，但其依然具有商业属性，是市场经济的主体，经营活动与政府的公共政策并无关联，不应将其认定为"公共机构"，通常这些国家以"某一经济主体是否拥有或行使被政府赋予的权力"为标准来认定该经济主体是否是"公共机构"。持这种认定方法的成员主要是中国、印度、巴西、韩国、沙特、挪威等国家（陈卫东，2017）[①]。

一直以来，以美、欧、日等为代表的 WTO 成员普遍认为，国有企业

[①] 陈卫东. 中美围绕国有企业的补贴提供者身份之争：以 WTO 相关案例为重点[J]. 当代法学，2017，31(03):21-30.

在市场上具有优势地位，会造成不公平竞争。近两年来，美、欧、日等多次联合发表声明，讨论了大规模的补贴造成的市场扭曲以及国有企业造成的不公平竞争等情况，并一致同意采取多项初步联合行动为制定更多严格的产业补贴规则打下基础。①美、欧、日等成员明确表示，"来自第三国的产业补贴和发展国有企业的行为扭曲了市场竞争，损害了其农民、工业制造者以及工人的利益"，应制定有效政策来解决以政府担保、政府投资基金为非商业条件提供股权投资、非商业条件的债转股、有利的投入品价格等方式补贴国有企业以及国有企业向其他关联企业提供补贴的问题。美、欧、日等主要成员发布的一系列联合声明已经表明，美、欧、日等成员方试图推进WTO的补贴规则改革，并有意将公共机构的范围扩大化。他们认为，对待国有企业问题，需要明确"公共机构"的含义，澄清公共机构的构成，约束未被定义为公共机构但受国家影响的实体的市场扭曲行为，提升公共机构与国有企业的透明度。

从已有的区域层面实践看，TPP（Trans-Pacific Partnership Agreement，跨太平洋伙伴关系协定）、CPTPP（Comprehensive Progressive Trans-Pacific Partnership，全面与进步跨太平洋伙伴关系协定）以及USMCA（United States-Mexico-Canada Agreement，美国—墨西哥—加拿大协定）中已经单独成章对国有企业进行纪律规范，除了传统的非歧视和商业考虑外，还包括禁止或限制政府或国有企业对关联企业的非商业支持，透明度要求与规范有所提升，竞争中性、所有制中性等规则也有所体现。按此趋势估计，国有企业的多边纪律与规范可能会有新的突破：比如，国有企业的界定可能会泛化，由最初的"国家控股的企业"扩大到"国家可以影响的企业"；对国有企业的信息披露要求更高等。国际社会针对国有企业享受补贴并处于垄断地位的讨论一直存有争议，但从当前有关多边纪律对国有企业规范的发展趋势看，国有企业的经营活动受到约束的范围可能会增大，国有企

①郑伟，管健.WTO改革的形势、焦点与对策[J].武大国际法评论，2019，3(01):75-92.

业被认定受到政府补贴的可能性在增加，遭受利益相关方成员反补贴调查的可能性也在增加。

2. 发展中成员待遇

鉴于发展中成员在参与全球价值链分工、参与全球经济治理等方面所面临的困难，WTO 应维护发展中成员享受特殊与差别待遇的权利，确保发展中成员融入多边贸易体制和全球价值链中来。基于发展中成员的立场看，WTO 下各项协定给予发展中成员特殊与差别待遇主要体现在两个基本方面：其一是"利益获取"，即发达成员有必要给予发展中成员一些普惠制的优惠待遇，比如对发展中成员扩大开放货物和服务市场，对发展中成员提供技术援助与人员培训，对最不发达国家给予更优惠的待遇等；其二是"义务减让"，即允许发展中成员履行较低的承诺义务或是对相关义务的灵活变更，比如较低水平的开放义务，较长的过渡期安排等。据 WTO 秘书处的统计，散布在 WTO 各项协定中的特殊与差别待遇多达上百条，几乎每一个协定都有给予发展中成员特殊与差别待遇的明确规定，其中与多边补贴规则有关的协定主要体现在 SCM 与 AoA 之中。鉴于特殊与差别待遇中的"软法"性质，发达国家并没有受其强制约束，发展中成员的"利益获取"大部分情况受制于发达国家的意愿，因此基于发展中成员自身角度，从"义务减让"方面来分析特殊与差别待遇就显得尤为必要。按照张向晨等（2019）[1] 统计分析的 WTO 中特殊与差别待遇条款分布情况，发展中成员享受的特殊与差别待遇以"增加发展中成员贸易机会的条款""要求成员维护发展中成员利益的条款""承诺、行动及政策工具使用的灵活性条款""过渡期条款""技术援助条款""最不发达国家条款"等形式分布在 WTO 下的16 个协定中，共计达 155 项。按"义务减让"分类（即"承诺、行动及政策工具使用的灵活性条款"与"过渡期条款"两项）发现，SCM 与 AoA 中占所

---

① 张向晨，徐清军，王金永. WTO 改革应关注发展中成员的能力缺失问题 [J]. 国际经济评论，2019，(01):9-33+4.

有协定中的比重高达38%，其中，SCM一项占比达24%；在给予发展中成员以"承诺、行动及政策工具使用的灵活性"待遇条款项下，SCM与AoA中占所有协定中的比重高达43%，而SCM一项就占比23%。这些数据可以表明，发展中成员在多边补贴纪律中拥有更多空间享受到优惠待遇。

近两年来，美、欧等主要成员针对WTO对发展中成员的认定标准以及WTO给予发展中成员的特殊与差别待遇的适用原则提出了诸多改革诉求。他们认为，WTO成员"自我认定"发展中国家身份的标准不宜适用，WTO应明确划分发达成员与发展中成员身份的标准，并对发展中成员进行分类，建立"毕业"机制，对发展中成员适用的特殊与差别待遇应该具体案例具体分析，而不应采用普遍适用的方式。美国试图将WTO成员进行分类，即"已是OECD成员或正在加入OECD的WTO成员""已是G20成员""符合世界银行归类的高收入的成员"以及"占全球商品贸易份额不低于0.5%的成员"，并指出在WTO现在和未来的谈判中"特殊与差别待遇"不应适用于上述四类成员。欧盟指出，应明确特殊与差别待遇的灵活性和豁免的适用范围，鼓励享受特殊与差别待遇的发展中成员"毕业"，并提出能够完全承担WTO义务的详细路线图。

对发展中成员的认定标准直接影响着特殊与差别待遇的适用。短期看，发展中成员与发达成员之间发展水平的差异将持续存在，这也导致发展中成员在多边规则谈判以及承诺减让水平上表现出不同程度的能力缺失，因此，不同发展中成员会依据自身发展的实际情况作出例外的承诺。近两年来，美、欧等主要成员针对该议题而提出WTO改革的相关诉求遭到了大部分发展中成员的反对。长期看，对于发展中成员的"毕业"机制的设计，未来可能是一个趋势，其实早在1979年GATT《对发展中国家差别和更优惠待遇、互惠和更全面参与的协议》中就有所体现，该协议为发达成员给予发展中成员的普惠制优惠待遇提供了法律支持，同时也在其第七条中给出了类似于发展中成员的"毕业条款"，即"随着发展中成员进行谈判减让或采取对谈判双方都有利的行动的能力有所提升，发达成员期望他们更充分地加入总协定的权利和义务体制中"。

6.5 本章小结

当前WTO在贸易规则谈判、贸易政策审查以及贸易争端解决等方面均出现了问题，这导致了WTO已陷入困境。随着美、加、欧、日等重要成员陆续发声，尤其是对"发展中成员的定位""贸易公平"以及"争端解决"等问题的重点关注，本书在总结各主要成员方的意见后认为：WTO框架下多边补贴规则的改革趋势将集中在"国有企业""发展中成员待遇"等问题上面。

第 7 章

中国加入 WTO 的主要承诺

中国加入WTO的法律文件共由三部分组成，分别为《关于中华人民共和国加入的决定书》(简称《决定》)、《中华人民共和国加入议定书》及其附件(简称《议定书》)、《中国加入工作组报告书》(简称《报告书》)。其中，《决定》是一份中国加入WTO的程序性文件，《议定书》主要包括了"序言""总则""减让表""最后条款""附件"等内容，明确了中国加入WTO的权利与义务，《报告书》则详细记录了中国在加入WTO过程中的多边与双边谈判的情况以及在整个谈判过程中作出的部分承诺，主要涉及"经济政策""政策制定和执行的框架""影响货物贸易的政策""与贸易有关的知识产权制度""影响服务贸易的政策"以及其他问题等方面的内容，《报告书》是对《议定书》的补充与说明。《议定书》与《报告书》具有同等的法律效力，二者均是中国加入WTO法律文件的重要组成部分。中国加入WTO后，在多边体系下，《马拉喀什建立世界贸易组织协定》(即《WTO协定》)是中国所享有的权利以及需履行的义务的主体法律文件。

鉴于上述背景，讨论"多边体系下的补贴纪律规范以及中国财政补贴政策的空间选择"，则需要从《WTO协定》《议定书》以及《报告书》中的各个具体条款内容入手，一方面梳理出有关WTO的补贴规则以及中国的部分承诺，另一方面，在WTO框架下勾勒出中国实施财政补贴政策所受多边纪律约束的边界，从而确定WTO补贴规则下的中国财政补贴政策空间。

7.1 中国在WTO中的基本权利与义务

中国在加入WTO法律文件中的基本权利与义务如表7.1所示。中国成为 WTO 成员之后所享有的权利以及需要履行的义务共计 20 项，基本权利与基本义务各占 10 项，其中，多处已经明确规范了有关补贴的多边纪律，如中国有遵守 SCM 规定的义务，取消 SCM 中禁止性出口补贴，但同时也保留了在 WTO 规则允许前提下对国内某些地区和产业给予补贴的权利（详见下文具体分析）。进一步地，深入各项基本权利与义务的内部内容看，有关补贴的多边纪律规范依然处处可见。如："享受非歧视待遇"已经明确，作为 WTO 成员，中国充分享有多边无条件的最惠国待遇与国民待遇，美国、欧盟等成员于 2016 年后在反倾销、反补贴问题上不允许对中国使用"非市场经济国家"的歧视性标准。又如：在"全面参与多边贸易体制"中，中国享有对美、日、欧等重要成员的贸易政策质询与监督的权利；当其他成员对中国采取贸易救济措施（反倾销、反补贴、保障措施）时，在多边体制下增加了双边磋商解决的途径。[1]

表 7.1　中国在加入 WTO 法律文件中的基本权利与义务

基本权利	基本义务
·享受非歧视待遇	·遵守非歧视原则
·全面参与多边贸易体制	·贸易政策统一实施
·享受发展中国家权利	·贸易政策的透明度
·获得市场开放和法规修改的过渡期	·为当事人提供司法审查的机会
·保留国营贸易体制	·逐步放开贸易权
·有条件、有步骤地开放服务贸易领域	·遵守 WTO 关于国营贸易的规定
·对国内产业提供 WTO 规则允许的补贴	·逐步取消非关税措施
·保留国家定价和政府指导价的权利	·不再实行出口补贴
·保留征收出口税的权利	·实施《与贸易有关的投资措施协定》
·保留对进出口商品进行检验的权利	·接受过渡性审议

在 WTO 成员的基本权利中，中国除了享有普适性的权利外，同时也享有"发展中国家"的权利，享受 WTO 各项多边规则给予发展中国家的特殊

和差别待遇，具体见表7.2。

表 7.2　中国作为发展中国家成员享受的特殊与差别待遇

・允许中国进行保护的程度高于发达国家： 如：进口关税的平均税率可以高于发达国家
・允许中国继续享受未加入 WTO 前发达国家给予发展中国家的单方面关税优惠
・允许中国过渡期长于发达国家，发展中国家的过渡期延长时间为 4 年至 8 年
・允许中国享受 WTO 的一些例外规则： 如：在 AoA 下享有对农业提供占农业生产总值 8.5% "黄箱补贴" 的权利； 同时，农业补贴的支持量计算基期采用相关年份，而不是固定年份 如：涉及补贴与反补贴措施、保障措施等问题时， 在保障措施方面，享受 10 年的保障措施使用期； 在补贴方面，享受发展中国家的微量允许标准（即在该标准下其他成员不得采取反补贴措施）
・中国有权要求 WTO 秘书处在争端解决中提供法律援助等。

7.2《中华人民共和国加入议定书》及其附件中的有关补贴纪律

《议定书》第一部分（总则）第10条（补贴）针对SCM的第一条至第三条规定（即"补贴的定义""补贴专向性""禁止性补贴"）进行了补充说明。《议定书》第10条主要涉及三个方面的内容，即补贴政策的通知规范要求、有关国有企业的补贴规范、明确禁止性补贴的要求。具体而言：其一，补贴政策的通知规范要求。中国按照SCM第二十五条的要求进行有关补贴的通知。据SCM第二十五条，该条款首先肯定并重申了GATT 1994第十六条第1款（关于"一般补贴"的多边纪律要求）的地位，并规定了WTO成员通知补贴信息的时间（不迟于每年6月30日提交）、内容（符合SCM第一条第1款且满足第二条补贴专向性的任何补贴）、格式（如补贴的形式、补贴量、补贴政策目标、补贴期限、补贴影响）以及有关补贴信息的补充说明的注意事项，此外，SCM第二十五条还涉及成员之间补贴信息的相互通报、监督与审查的要求以及要求各成员以每半年为周期提交反补贴报告等信息。在中国通知WTO的补贴信息中，补贴的认定标准以SCM第一条与第三条为依据，但对中国的补贴通知信息要求需要按具体产品划分。其二，基于 SCM 第一条第 2 款和第二条（主要涉及"法律上专向性补贴"与"事实上专向性补贴"的标准）对于补贴专向性的界定，当国有企业成为补贴的主要接受者或者国有企业接受补贴的规模异常之大时，提供给国有企业的补贴将被认定为专向性补贴。其三，SCM 第三条将出口补贴与进口替代补贴列为禁止性补贴，并规定任何成员不得实施或维持此类补贴，中国自加入 WTO 时起，即取消此类补贴。

《议定书》第一部分（总则）第 12 条（农业）主要涉及农业领域内的两个方面的内容。其一，AoA 从"国内支持"与"出口补贴"两个方面对多边补贴纪律进行了规范。相比而言，AoA 对出口补贴的纪律则更为严格，AoA 虽然不完全禁止农业出口补贴，但要求在 WTO 各成员的承诺减让表中必须将其逐步削减。在这一方面，中国作出了更大程度的承诺，即取消对农产品的出口补贴，包括价格补贴、实物补贴以及发展中国家成员可以享有的对出口产品加工、仓储和运输的补贴。需要注意的是，各 WTO 成员已承诺全面取消出口补贴。其二，根据过渡性审议机制，在中国加入 WTO 后的前八年每年接受一次审议，第十年接受最后一次审议。在审议机制中，中国需要就农业领域内的国营贸易企业与按国营贸易企业经营的其他企业之间以及这些相关企业之间的财政转移、其他转移情况作出通知。需要注意的是，2011 年 WTO 对中国的最后一次过渡性审议已经结束。

《议定书》第一部分（总则）第 15 条（确定补贴和倾销时的价格可比性）中，涉及"补贴"的条款集中在（b）款与（c）款，主要明确了在计算补贴接受者所获利益金额时的规范。（b）条款表明，当依据 SCM 第十四条对 SCM 中"禁止性补贴""可诉补贴"以及"反补贴措施"项下的四种情况（"政府股本投资""政府提供贷款""政府提供贷款担保""政府提供货物或服务或购买货物"）中的授予利益进行补贴金额计算时，若适用的方法与准则不能以中国现有情况和条件作为适当基准来确定和衡量补贴利益，则可以基于中国以外的情况和条件予以考虑，但在使用中国以外的情况和条件之前，应对此类现有情况和条件进行调整。（c）条款则进一步强调，依照（b）款使用的方法应向补贴与反补贴措施委员会（委员会）通知。

表 7.3 《议定书》中有关补贴纪律

条款模块	条款内容
第一部分 总则 第 10 条 补贴	·依据 SCM 的相关规定通报补贴信息 ·依据 SCM 的相关规定对国有企业补贴进行规范 ·取消 SCM 第 3 条界定的所有补贴
第一部分 总则 第 12 条 农业	·取消对农产品的任何出口补贴 ·在过渡性审议机制中就有关国营企业之间财政或其他转移作出通知
第一部分 总则 第 15 条补贴价格可比—— （b）款与（c）款	·确定补贴时的价格可比性方法

7.3《中国加入工作组报告书》中的有关补贴纪律

《报告书》B 部分（进口法规）第 13 条（反倾销税和反补贴税）中有关补贴的纪律共涉及四个方面的内容。其一，中国参考 WTO 多边体系框架下的《反倾销协定》与 SCM，修改国内相关法规和程序，全面履行中国在二者项下的义务。其二，将《议定书》中第 15 条（确定补贴和倾销时的价格可比性）中，对于中国的进口方 WTO 成员（WTO 进口方成员）的国内法，确定为"法律、法令、法规及行政规章"。这涉及判定"是否适用依据与中国国内价格或成本进行严格比较"的方法的一个参考依据（即，根据 WTO 进口方成员国内法证实中国是否为市场经济国家）。这里需要注意的有两点：第一，根据 WTO 进口方成员的国内法证实中国是否是市场经济国家的前提是，在中国加入 WTO 时，该 WTO 进口方成员的国内法中必须已经包含有关市场经济的标准；第二，无论如何，根据 GATT 1994 第六条（反倾销税和反补贴税）和《反倾销协定》确定价格可比性时，WTO 进口方成员适用不依据与中国国内价格或成本进行严格比较的方法将于 2016 年终止。其三，WTO 进口方成员在反倾销调查与反补贴调查中，当确定成本和价格可比性存在特殊困难时，需要遵守相关规定，即：第一，若使用不依据中国国内法价格或成本进行严格比较的方式来确定具体案件中的价格可比性时，相关WTO进口方成员应保证已经制定并提前公布了关于"确定生产该同类产品的产业或生产者是否具备市场经济条件所适用的标准"以及"确定价格可比性时所使用的方法"等规定。其中，在方法的使用过程中，调查主管机关应最大限度地，并在得到必要合作的情况下，使用一个或多个属于可比商品重要生产者的市场经济国家（其经济发展水平应可与中国经济相比较）中的价格或成本；或根据接受调查的产业性质，这些国家中的价格或成本可以作为适当的来源被适用。第二，WTO进口方成员在"适用市场经济标准"及"确定价格可比性方法"适用之前，应保证已经将这些标准与方法通知给WTO反倾销措施委员会。第三，在调查过程中，WTO进口方成员应给予中国生产者或出口商充分的机会维护自身的相关利益。其四，根据中国的《反倾销和反补贴条例》规定，负责反倾销调查和反补贴调查的政府机构分别为：对外贸易经济合作部、国家经济贸易委员会、海关总署、国务院关税税则委员会。其中，对外贸易经济合作部与国家经济贸易委员会已于2003年整合为商务部。

《报告书》C部分（出口法规）第3条（出口补贴）中有关补贴的纪律规范要求，中国自加入WTO时起，取消SCM第二部分（禁止性补贴）第三条（禁止）第1款中的出口补贴与进口替代补贴。

《报告书》D部分（国内政策）第2条（产业政策、包括补贴）中有关补贴的纪律共涉及以下几个方面的内容。首先是SCM中给予发展中国家成员的特殊与差别待遇。SCM第八部分（发展中国家成员）第二十七条（发展中国家成员的特殊与差别待遇）共计15个条款。其中第1款肯定了补贴对发展中国家成员经济发展的正面作用。第2款与第4款指出SCM第二部分（禁止性补贴）第三条（禁止）中的出口补贴不适用于SCM附件七中所指的发展中国家成员，对于其他发展中国家成员自《WTO协定》生效8年内不适用，但需要任何发展中国家成员应在8年期限内最好以渐进的方式逐步取消其出口补贴，不得提高其出口补贴的水平。除此之外，一发展中国家成员在出口补贴与其发展需求不一致时，需要适时调整甚至取消出口补贴（或短于8年取消出口补贴，或与补贴与反补贴措施委员会磋商后在8年期满后延长）。第3款指出发展中国家成员在《WTO协定》生效5年内不适用进口替代补贴，最不发达国家成员8年内不适用进口替代补贴。第2款至第7款以及第14款均与出口补贴相关，而中国已经明确表明自加入WTO时取消一切出口补贴与进口替代补贴，在第二十七条的剩下款项中，第13款涉及发展中国家成员私有化过程中的补贴纪律，中国只保留了第10款至第12款以及第15款的权利。对于第8款、第9款以及第13款而言，中国不寻求这些条款权利。其中，第8款与第9款说明了补贴所产生的两种严重侵害的情况：第一，有关"从价补贴总额""产业经营亏损补贴""债务免除"等方面的严重侵害；第二，有关"市场进入的取代与阻碍""市场份额的增加""价格抑制或压低"等方面的严重侵害。对于第一种严重侵害，不适用于发展中国家成员，而对于与第二种严重侵害相关的情况，则应给出肯定性的证明，并采取相对应的补救措施。对于中国保留的第10、11、12款而言，发展中国家成员享有不被任何反补贴调查的豁免，只需要满足以下条件之一即可：第一，按单位计算价值，相关产品的补贴总体水平不超过该价值的2%；第二，补贴进口产品数量占进口成员同类产品总进口量不足4%；一个例外情况，即来自单个发展中国家成员的进口量份额不足总进口量的4%，但发展中国家成员总进口量占进口成员同类产品总进口量的9%以上。其中，第11款进一步给出了放松的条件，即SCM附件七所指发展中国家成员以及在《WTO协定》生效8年期满内已取消出口补贴的其他发展中国家成员在其通知补贴与反补贴措施委员会取消出口补贴之日起，对相关产品的补贴总体水平不超过按单位计算价值的3%，即可享有不被任何反补贴调查的豁免，值得注意的是，此待遇在《WTO协定》生效8年后不再适用。第12款考虑到多个发展中国家成员补贴的累积效应，并指出第10款与第11款适用SCM第十五条第3款对微量补贴的任何规定，而SCM第十五条（损害的确定）考虑到来自一个以上国家的某一产品的进口同时接受反补贴调查的情况，当同时满足两个条件时，调查主管机关才可以评估此类进口产品的补贴累积效应。其中的条件具体是：第一，来自每一国家的进口产品确定的补贴金额大于微量水平，且来自每一国家的进口量并非可忽略不计；第二，对进口产品累积影响的评估考虑到进口产品之间的竞争条件和进口产品与国内同类产品之间的竞争条件是适当的。第 15 款考虑到反补贴措施中关于第 10 款与第 11 款规定的审议情况。有利害关系的发展中国家成员有权要求补贴与反补贴措施委员会对某一特定反补贴措施进行"是否对所涉发展中国家适用第 10 款与第 11 款待遇"的审议。其次，针对工作组成员关注的一系列问题，诸如：国有企业（包括银行）提供财政资助、信息收集全面性、与经济特区和其他特殊经济区有关的补贴、"钢铁进口替代计划""中国高技术产品出口目录"。中国明确表示：其一，SCM第一部分（总则）第一条（补贴定义）在对补贴进行定义时，需要同时满足SCM第一条第 1 款（a）项（多种财政补助或收入、价格支持等形式）与（b）项（产生授予一项利益）这两个条件，而国有企业（包括银行）提供的财政资助不一定导致SCM第一条第 1 款（b）项中的利益，并且国有企业（包括银行）应在商业基础上运作。其二，需要承认，在获取所有类型补贴的准确信息时，许多WTO成员均面临困难，中国按照SCM第七部分（通知和监督）第二十五条（通知）的规范进行补贴通知。其三，与经济特区和其他特殊经济区有关的补贴，目的在于促进地区发展和外国投资，并确认在中国加入WTO时起，取消任何与SCM不符的此类补贴。其四，不存在与"钢铁进口替代计划"相关的补贴措施，不存在对用于加工贸易原材料的进口与国产钢材征收增值税，有关政策符合WTO规则。其五，对出口产品适用增值税退税，其中"中国高技术产品出口目录"内所列产品享受增值税全额退税待遇，而其他产品只享有增值税部分退税待遇，有关政策符合GATT 1994第十六条（补贴）和SCM相关附件的规范。

《报告书》D部分（国内政策）第 9 条（农业政策）中有关补贴的纪律共

涉及以下四个方面的内容。其一，所有在中国的实体经营均遵循中国的WTO义务。对于在中国的任何实体而言，与WTO义务不一致的资金转移或其他利益，国家和地方各级主管机关不予提供。其二，中国在不迟于加入WTO之日，取消对农产品的任何出口补贴。其三，关于农产品关税的减让与农产品国内支持和有关出口补贴的承诺均附在《议定书》附件8（第152号减让表——中华人民共和国）中。其中，第152号减让表第四部分（农产品：限制补贴的承诺，文件名：WT/ACC//CHN/38/Rev.3）第1节（国内支持：综合支持总量承诺）中列出了中国的综合支持总量承诺水平，而该综合支持总量水平是依据AoA第六条（国内支持承诺）第2款所规范的农业支持措施。AoA第六条（国内支持承诺）第2款肯定了政府支持农业和农村发展的援助措施对于发展中国家成员发展的积极作用，并针对发展中国家成员给出了特殊待遇：即"农业投资补贴""对低收入或资源贫乏地区生产者提供的农业投入品补贴""为鼓励生产者放弃种植麻醉作物而提供的补贴"等国内支持，一方面可以免除国内支持削减承诺，另一方面可不计入一成员现行综合支持总量的计算之中。中国的综合支持总量承诺水平可以免除削减承诺但被计入综合支持总量的计算之中。其四，AoA第六条（国内支持承诺）第4款，分别对一成员现行综合支持量计算中的特定产品与非特定产品的国内支持给出了微量支持免除水平。其中，对于发展中国家而言，该微量支持免除水平分别为10%，高于发达国家5%的微量支持免除水平。中国确认了8.5%的微量支持免除水平，即：特定产品国内支持不超过该基本农产品相关年份内生产总值的8.5%；非特定产品国内支持不超过基本农产品相关年份内生产总值的8.5%。

表 7.4　《报告书》中有关补贴纪律

条款模块	条款内容
影响货物贸易的政策 B 部分 进口法规 第 13 条 反补贴税	・在加入 WTO 前，承诺修改现行法规和程序，履行相应义务 ・明确《议定书》第 15 条（d）款中"国内法"界定范围 ・在反倾销、反补贴税调查中确定成本和价格可比性的规范 ・明确中国反倾销、反补贴调查的政府机构
影响货物贸易的政策 C 部分 出口法规 第 3 条 出口补贴	・加入 WTO 后，取消 SCM 第三条第 1 款规定的出口补贴 ・加入 WTO 后，取消 SCM 第三条第 1 款规定的进口替代补贴
影响货物贸易的政策 D 部分 国内政策 第 2 条 产业政策	・中国保留 SCM 第二十七条第 10、11、12 款及第 15 款获益的权利 ・中国不寻求援引 SCM 第二十七条第 8 款、第 9 款及第 13 款 ・对国有企业（包括银行）提供的财政资助不一定违反 SCM 规定 ・国有企业（包括银行）基于商业基础运作，自负盈亏 ・获得关于所有类型补贴的准确信息存在困难 ・提供符合 SCM 第二十五条预期完整的补贴通知 ・与经济特区有关的补贴目的是促进地区发展和外国投资 ・加入 WTO 后，取消与 SCM 不符的与特殊经济区有关的补贴 ・不存在与钢铁进口替代计划相关的补贴 ・中国高技术产品出口目录所列产品享受增值税全额退税待遇 ・增值税退税只适用于出口产品，不适用于国内消费的产品
影响货物贸易的政策 D 部分 国内政策 第 9 条 农业政策	・所有在中国的实体依照中国的 WTO 义务经营，包括出口补贴义务 ・国家与地方各级主管机关不提供与 WTO 义务不符的资金转移 ・不迟于 WTO 加入之日，取消对农产品的任何出口补贴 ・据 AoA 相关规定，提供 AoA 第六条第 2 款规范的国内支持 ・AoA 第六条第 2 款下的国内支持水平计入中国综合支持量 ・特定农产品支持援用相关年份该基本农产品生产总值 8.5% 免除 ・非特定农产品支持援用相关年份基本农产品生产总值 8.5% 免除

7.4 本章小结

　　基于中国在 WTO 框架下的多边权利与义务，本章从中国加入 WTO 的法律文件入手，分析了中国财政补贴政策在 WTO 框架下的多边纪律规范的边界。本书发现：（1）在《议定书》中，中国明确了补贴信息通报的义务与有关国有企业的规范，取消了农产品出口补贴，确定了补贴价格可比性的方法。（2）在《报告书》中，中国进一步明确且保留了大部分符合WTO规则补贴项目，取消了SCM中的禁止性补贴，同时有选择性地保留了发展中国家的部分特殊与差别待遇。

第 8 章

中国财政补贴政策选择

本书第3章尝试搭建了一个分析框架，从财政补贴的属性特征（补贴原则、补贴主体、补贴客体、补贴方式、补贴标准等）出发，基于多层次结构（区域经济→产业发展→企业竞争）去分析财政补贴政策对经济发展与经济主体的激励作用机制，试图去回答"补贴政策该如何选择？"以及"补贴政策的目标该如何实现？"等问题。这一分析框架对于理解中国财政补贴政策选择是一种理论上的探讨。基于政策实践，有必要对中国当前的补贴政策进行梳理分析，从总体上把握中国当前补贴政策的基本概况与特征，了解当前国际环境下中国进一步实施财政补贴的政策空间。

8.1 加入WTO时的财政补贴政策

依据本书第7章所分析的中国在加入WTO法律文件中的基本权利与义务，对中国加入WTO时的财政补贴政策进行分析。在《议定书》附件5A中，中国基于SCM的通知义务，按照SCM第二十五条（通知）的规范向WTO各成员进行了补贴通知。在1984年至2000年，中国已经存在23项补贴政策。其中，有3项受到SCM中的"禁止性补贴"纪律约束。中国已经承诺，自加入WTO时起，取消任何与SCM不符的补贴，这些补贴政策（如以出口实绩为条件的优先获得贷款和外汇等）于2000年前逐步取消。经过谈判，中国保留了在WTO规则允许前提下对国内某些地区和产业给予财政资助的权利以及对某些重要的产品及服务实施国家定价和政府指导价的权利，如：中国在《议定书》总则部分第10条（补贴）以及《报告书》D部分（国内政策）第2条（产业政策）中已经明确表示，为促进地区发展和外国投资，保留与经济特区和其他特殊经济区有关的补贴；又如：国有企业（包括银行）应在商业基础上运作，对于国有企业（包括银行）提供的财政资助并非构成SCM中所定义的补贴；等等。在加入WTO时，中国已经保留了与WTO规则相符合的20项补贴项目，具体表现在《议定书》附件5A中。对于中国财政补贴政策空间而言，中国可以保留和实施的，且符合WTO规则的补贴项目，并不局限于入世时已经存在的20项补贴，正如中国在《报告书》中所言，需要承认，在获取所有类型补贴的准确信息时，许多WTO成员均面临困难，中国承诺补贴信息收集、通知的工作是一个逐步完善的过程。事实上，通过比较近些年来中国向WTO提交的补贴通知，可以发现：中国已经大大丰富了入世时的补贴项目，符合WTO规则的补贴政策并不仅仅局限于附件5A中的20项补贴项目。

基于《议定书》附件5A中的23项补贴项目的政策目标，本书初步尝试将这些补贴项目分为以下10类，即：国有企业补贴2项、贸易补贴5项、投资补贴4项、政策性银行贷款、扶贫补贴2项、科技研发补贴3项、节能环保补贴2项、产业发展促进补贴2项、社会福利补贴2项以及价格补贴等，见表8.1。其中，"贸易补贴"与"投资补贴"两类补贴在23项补贴项目中较为集中，占比约39.13%，这一现象可能与中国当时加快对外开放的经济政策密切相关；而"扶贫补贴""科技研发补贴"与"节能环保补贴"三类补贴已达7项，在总体中的占比也相对集中，约为30.43%，这三类补贴与SCM中规定的具有专向性的不可诉补贴密切相关，但鉴于SCM对于"不可诉补贴"的争端豁免适用已于1999年底失效，这意味着原属于"不可诉补贴"范畴的补贴只要符合SCM所规定的专向性就自动落入"可诉补贴"的范畴。

表 8.1　加入 WTO 时的财政补贴政策

1. 国有企业补贴： 以赠款和税收免除方式的补贴提供给由于其生产的产品价格固定或资源开发成本上涨而严重亏损的国有企业，以此促进亏损国有企业的结构调整，促进合理化、维持稳定生产和社会安全以保证就业 ·中央层面由财政部主管提供补贴，截至 2000 年逐步取消 ·地方层面由财政部与地方政府主管提供补贴
2. 贸易补贴： ·由国家计划委员会（1998 年 3 月更名为国家发展计划委员会）主管，根据出口实绩优先获得贷款和外汇，以此促进汽车的出口。该项补贴在 2000 年前取消 ·由国家计划委员会（后更名为国家发展计划委员会）主管，根据汽车生产的国产化率给予优惠关税税率，以此促进中国汽车工业的国产化进程。该项补贴在 2000 年前取消 ·由税务主管机关和海关主管，对出口产品中进口内容的退税，以及对出口产品增值税的退税，以此减少出口企业的不合理关税和国内税负担 ·由税务主管机关和海关主管对企业关税和进口税减免，以此促进边境贸易、加工贸易、补偿贸易等贸易，鼓励国内企业的技术革新 ·由国务院主管对投资政府鼓励领域的投资者进口技术和设备适用关税和增值税免除，以此减少自国外进口技术和设备的投资成本，吸引国外直接投资，同时促进国内投资
3. 投资补贴： 以税收优惠的方式补贴提供给符合条件的外商投资企业，以此吸引外资，加快地区开放，扩大经济合作 ·由国家税务总局和地方税务机关主管，对在深圳等经济特区的外资企业适用优惠所得税税率及所得税免除 ·由国家税务总局和地方税务机关主管，对在大连等经济技术开发区内的外资企业适用优惠所得税税率及所得税免除 ·由国家税务总局和地方税务机关主管，对在上海浦东经济特区外资企业适用优惠所得税税率及所得税免除 ·由国家税务总局和地方税务机关主管，对在华外资企业适用优惠所得税税率及所得税免除
4. 政策性银行贷款： 三家国家政策性银行（国家开发银行、中国进出口银行和中国农业发展银行）通过向商业银行和市场发行债券筹集资金，为调整投资结构，国家开发银行的贷款主要用于中国中西部地区的能源、运输、电信和水利、资源开发等基础设施建设以及一些企业的技术革新；中国进出口银行的贷款主要用于保证商业银行的出口信贷，一小部用于直接出口信贷；中国农业发展银行的贷款主要用于购买和储存农副产品、林业建设和水利开发。国家政策性银行的贷款利率通常与市场利率相同。一般而言，国家预算不向国家政策性银行提供利率补贴

5. 扶贫补贴： ·由国家计划委员会（后更名为国家发展改革委员会）和财政部直接资金分配以及中国农业发展银行提供扶贫贷款，用于扶贫的财政补贴 ·由国家税务总局和地方税务主管机关主管，对贫困地区企业适用所得税减免，以此推进脱贫
6. 科技研发补贴： ·由财政部主管，以赠款和贷款的方式提供技术革新和研发资金，以此鼓励科学研究和技术开发，促进科学技术在农村地区的应用 ·由国家税务总局和地方税务主管机关主管，对高科技企业适用所得税减免，以此加快高科技产业的发展 ·由国家税务总局和地方税务主管机关主管，对技术转让企业适用所得税减免，以此鼓励技术转让和延伸
7. 节能环保补贴： 由国家税务总局和地方税务主管机关主管，对废物利用企业适用所得税减免，以此鼓励资源循环
8. 产业发展促进补贴： ·由国家税务总局和地方税务主管机关主管，对某些林业企业适用增值税退税，以此鼓励充分利用森林资源 ·由财政部和省级财政局主管，以赠款的方式提供用于水利和防洪项目的基础设施资金，以此改善农业灌溉系统和防洪设施
9. 社会福利补贴： ·由国家税务总局和地方税务主管机关主管，对受灾企业适用所得税减免，以此降低灾害损失 ·由国家税务总局和地方税务主管机关主管，对为失业者提供就业机会的企业适用所得税减免，以此增加就业机会
10. 价格补贴： 国家对特定产业部门投入物的低定价。国家对一定比例的发电用煤和一定比例的原油进行低定价，对一定比例的产业投入物进行国家定价，以维持总体价格的稳定

8.2 近年来的财政补贴政策

截至目前，尚未有文献较为完整地梳理出中国的补贴政策全貌，这可能源于这一工作存在一些难以克服的困难。如补贴的政策目标多样、补贴形式繁杂，补贴政策、文件与数据获取难度大，补贴规模难以评估等。尽管对于补贴政策的分析存在困难，但 WTO 多边规则中的《补贴与反补贴措施协定》为评估各成员国内的补贴政策提供了一个基本的分析框架。根据《补贴与反补贴措施协定》第七部分第二十五条的要求，各 WTO 成员应将在其境内实施或维持的按照《补贴与反补贴措施协定》所界定的任何补贴措施以一定的要求与形式做出通知。各成员须提供其所有类型补贴的完整信息，具体补贴信息主要涉及补贴名称、补贴主管部门、补贴依据、补贴对象、补贴方式、补贴时效等内容。WTO 各成员需定期按照上述格式向 WTO 进行通知。《补贴与反补贴措施协定》第二十五条的要求确保了各成员方已实施补贴政策的内容完备性与时间连续性。因此，我们可以借助《补贴与反补贴措施协定》下的补贴通知形成一个分析补贴政策的基本框架。

于是，我们获取了中国向 WTO 提交的通知文件并以此为基础分析中国的补贴政策选择。考虑到政策分析的时效性问题，本书以 2018 年与 2019 年中国向 WTO 提交的补贴通知为基准来分析中国补贴政策的基本特征。其原因在于 2018 年及 2019 年的最新通知包含了近年来中国已经实施的具体补贴政策，对此进行分析具有较强的现实意义。综合分析 2018 年与 2019 年中国向 WTO 提交的补贴通知发现，中央政府层面总共实施了 112 项补贴政策。以 2019 年中国向 WTO 提交的补贴通知为基准，地方政府总共实施了 420 项补贴政策。

我们基于第 3 章的分析框架对中国近年来的补贴政策进行初步分析：

1. 促进区域经济平衡发展的补贴政策实践

以支持中西部地区发展为例，财政部、国家税务总局、商务部等多部门配合出台了一系列政策文件（国发 [2000]33 号，国办发 [2001]73 号，《中华人民共和国企业所得税法》[2007]，《中华人民共和国企业所得税法实施条例》[2007]，财政部、海关总署、国家税务总局公告 2008 年第 43 号、财税 [2011]58 号，《中西部鼓励类产业目录》[发改委 2014 年第 15 号]、国发 [2007]39 号、财税 [2008]1 号等），以税收优惠的补贴方式从基础设施建设、产业政策引导、经济对外开放等方面培育欠发达地区的资源优势，扶持区域经济平衡发展。具体而言：（1）基础设施建设。对于 2010 年 12 月 31 日前在西部地区新设立的从事交通、电力、水利、邮政、广播电视等业务的内外资企业，按照财税[2001]202号《财政部、国家税务总局关于西部开发税收优惠政策的通知》继续享受"两年免征、三年减半"的待遇，直至期满。（2）产业政策引导。对于在西部地区设立的以《中西部鼓励类产业目录》项目为主营业务且符合条件的企业，其所得税按减征15%的税率征收。（3）经济对外开放。对于除《外商投资项目不予免税的进口商品目录》《国内投资项目不予免税的进口商品目录》或《进口不予免税的重大技术装备和产品目录》所列之外的，对境内在西部地区设立的从事鼓励类行业的企业和外商投资设立在西部地区的从事鼓励类和优势类行业的企业投资总额内进口的自用设备，从2001年至今免征关税，2001年至2008年12月31日的进口增值税免征。

除支持西部地区发展的专向性政策以外，支持欠发达地区发展的普惠性政策也在发挥作用。以财农[2011]412号文以及财农[2017]8号文为例，根据这些配套政策，财政部按照国务院扶贫开发领导小组批准的分配方案，向地方政府划拨资金，以便地方政府向贫困地区的个人和组织提供补贴，用于个人补贴、基础设施建设、培训和能力建设等。又如，依据财税[2018]135号文，财政部及国家税务总局等主管部门对符合条件的扶贫迁移贫困人口和扶贫迁移安置用房予以税收优惠方式的财政补贴。再如，商务部会同财政部依据财企[2014]36号文对符合条件的欠发达地区企、事业单位及相关项目的申请进行审查，提出配套方案。财政部门审批后，直接或通过省级财政部门划拨资金，支持欠发达地区的国际化经营能力，促进外经贸协调发展，以期实现发展服务和技术贸易，促进投资和劳务合作，完善商业、投资信息等公共服务提供等政策目标。

2. 促进产业发展的补贴政策实践

中央政府与地方政府均重视基础产业与战略性新兴产业的发展。相比而言，基础产业方面，中央政府主要重视农业非商品性与多样性，加强农业基础设施和生态建设，支持农业发展，提高农业综合生产能力等。如财

农 [2013]1 号文支持农业基础设施项目。又如财农 [2015]31 号文，由财政部拨款资助农业技术推广项目的从业人员、农业技术服务提供者和农业技术实际使用者等。而地方政府在基础产业方面的补贴政策较多表现为林业保护与发展补助金、海洋及渔业发展资金、水产养殖补助金等。

战略性新兴产业方面，中央政府重在推动关键技术突破和产业化。比如，鼓励发展集成电路，鼓励飞机研发，加快推广和利用新能源汽车等。如据财建 [2012]1111 号文，由财政部与国家发展和改革委员会主管的战略性新兴产业发展资金为新兴产业项目提供持续支持。具体地，如财政部、国家税务总局、国家发展和改革委员会、工业和信息化部、海关总署等主管部门参与的集成电路产业税收优惠政策（财税 [2002]136 号，财税 [2002]152 号，财关税 [2004]45 号，《中华人民共和国企业所得税法》[2007]，财税 [2008]1 号，财政部、海关总署、国家税务总局公告 2008 年第 43 号，财政部令 [2001]62 号，国发 [2011]4 号，财税 [2015]6 号，财税 [2016]49 号，财关税 [2015]46 号，财税 [2018]27 号等文件）。又如财政部、国家税务总局等部门依据财税 [2016]141 号、财税 [2016]133 号等文件，给予大型客机和新型支线飞机的增值税优惠政策、给予设计和制造大型客机和发动机的企业在房地产和城市土地利用方面的税收优惠政策等。再如财政部联合科学技术部、工业和信息化部、国家发展和改革委员会等部门，依据财建 [2013]551 号、财建 [2015]134 号文，针对入选新能源汽车推广应用项目推荐车型目录的纯电动汽车、插电式混合动力汽车和燃料电池汽车的生产企业，对其在产品销售价格中扣除的补贴予以补贴等。相对应地，地方政府在战略性新兴产业方面的补贴政策则更聚焦于新材料开发、新能源、低碳环保、海洋经济发展、生物医药、信息技术应用、软件与集成电路设计、移动互联网等产业。

主导产业与支柱产业发展领域内，不同地方政府之间的补贴政策侧重点有所不同，均表现出明显的地方特色。这可能与各地的主导产业、支柱产业发展方向有关。如沿海省份（福建、浙江、广东等）大多对渔业可持续发展给予产业补贴，上海市为促进国际贸易而给予财政支持，江苏有支持传统工艺美术产业的补贴政策，广东省深圳市在战略性新兴产业、国家高新技术企业、私营企业和中小企业等方面提供补贴，四川省宜宾市支持酒类及食品行业市场发展的补贴等。

注意到产业转型升级，如工业企业重组、行业标准制定、化解过剩产能、工业产品质量提升、绿色节能环保、创新能力建设、信息技术与产业化深度融合等问题。相关配套的财政补贴政策主要有：对涉及降低产能过剩和结构调整的企业免征财产税和城市土地使用税（财税[2018]107号）、工业企业重组奖励支持资金（财建[2016]253号）、资源综合利用产品的税收优惠待遇（财税[2008]56号、财税[2015]74号、财税[2015]78号）、产业转型升级资金（财建[2012]567号）等。

3.针对中小微企业发展的补贴政策实践

中小微企业在转型升级、高质量发展的过程中可以享受到融资担保减免费用的奖励补贴（财建[2018]547号）、融资税收优惠（财税[2017]77号）、企业所得税优惠（财税[2009]133号、财税[2010]65号、财税[2014]34号、财税[2015]34号、财税[2015]99号）、增值税与营业税优惠（财税[2015]96号、财税[2014]71号）等多种形式的补贴政策福利。

8.2.1 中央政府层面的财政补贴政策

结合2018年与2019年中国向WTO提交的补贴通知，在中央政府层面，总共实施了112项补贴政策。中央政府的每一项财政补贴政策均有明确的法律保障，法律依据全部源自《立法法》《行政法规制定程序条例》以及《规章制定程序条例》所明确的法律、行政法规和规章等。法律层面，如：《中华人民共和国外商投资企业和外国企业所得税法》（1991年）、《中华人民共和国外商投资企业和外国企业所得税法实施细则》（1991年）、《中华人民共和国企业所得税法》（2007年）、《中华人民共和国环境保护税法》（2018年）、《中华人民共和国可再生能源法》（2006年）、《中华人民共和国渔业法》(2013年),等等;行政法规层面,如:《中华人民共和国企业所得税法实施条例》(2007年)、《中华人民共和国外商投资企业和外国企业条例》(1991年)、《中华人民共和国企业所得法实施条例》(2007)、国务院下发的相关通知,等等;部门规章层面,如:财政部下发的相关通知、国家税务总局下发的相关通知、发改委下发的相关通知、工信部下发的相关通知、国家海洋局下发的相关通知,等等。初步统计分析后发现,上述补贴政策的初始实施时间最早可以溯及1980年。而此处,本书主要关注的补贴政策有效实施的时间区间为2015年至2020年,其中大部分则集中在2015年至2018年。根据本书第2章中所讨论的补贴的经济属性框架进行分析:

1. 补贴方式分析

从中国的补贴政策实践看,中央层面的财政补贴主要涉及两大类别,即"税收优惠"与"财政拨款"。其中,税收优惠主要涉及四种方式:(1)税收减免:(a)时间维度的税收减免:如"五免五减"(五年免征、五年减半征收);又如"两免三减"(两年免征、三年减半征收);(b)空间维度的税收减免:如在不同情形下的增值税分阶梯(如70%,50%,30%)减免或退还;再如在不同情形下的资源税分阶梯(如75%,50%,30%)减免。(2)税收抵扣:(a)与无形资产有关的所得税税前扣除或税前摊销;(b)符合条件的固定资产可在短期内加速折旧;(c)有关资产投资额可在应纳税额中税收抵扣或以后结转抵扣。(3)税收免征:在不同情形下的分类别的税收免征,如关税、增值税(进口增值税、国内分销增值税、生产与经销环节增值税等)、所得税(企业所得税、个人所得税等)、印花税、契税、房地产税、城市土地使用税、环境保护税等。(4)相关费用免征:如水利建设资金、文化事业建设费用、就业保障资金等。而财政拨款主要涉及三种方式:(1)财政部或配合其他主管部门按照相关分配方案直接向地方政府拨付补贴资金;(2)或根据不同的补贴政策目标与适用条件,将补贴资金划拨给地方政府,由地方政府负责制订详细的实施计划,统筹安排使用;

（3）或根据不同的补贴政策目标与适用条件，财政部会同其他主管部门共同审查相关资金的申请是否符合条件，审批后由财政部划拨资金。

2015年至2020年，中央政府层面的财政补贴政策中，"税收优惠"共有62项，占比约55.36%；"财政拨款"共有50项，占比约44.64%。可见，中央层面的补贴政策中，"税收优惠"是最主要的实施形式。如图8.1所示。

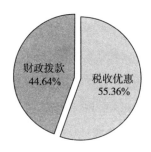

图8.1　中央政府层面的补贴方式

2.补贴时效性分析

补贴政策涉及政策的持续性问题。对于补贴的受益者而言，补贴是短期一次性的还是长期多次的？是间断性的还是连续性的？补贴政策在时间纬度上的标准不同所产生的政策效果是不同的。从中国财政补贴政策的实践特征看，财政补贴政策有"阶段性补贴"与"持续性补贴"之分。以2020年为补贴政策有效性的时间分界点，相关财政补贴政策在2020年之前已经开始实施，但是在2020年之前又终止生效的（从中央层面看，如：财政部、国家税务总局主管的"边境地区销售茶叶的税收优惠待遇"于2014年1月1日开始实施至2018年12月31日终止；又如：财政部等部门主管的"农业综合开发补助"于1988年开始实施至2018年终止），即视为无效的补贴政策；在2020年之前已经开始实施，并且相关财政补贴政策持续到2020年及之后依然生效的（从中央层面看，如：财政部、国家林业局主管的"林业病虫害防治补贴"于1980年开始实施至今；又如：财政部、国务院扶贫开发领导小组、国家发展和改革委员会等部门主管的"扶贫资金"于1980年开始实施至今），则被认定为有效的补贴政策。将无效的补贴政策称为"阶段性补贴",而有效的补贴政策称为"持续性补贴"。

1980年至今,在中央政府层面的财政补贴政策中,"持续性补贴"共有85项,占比约75.89%;"阶段性补贴"共有27项,占比约24.11%。可见,中央政府层面的补贴政策中,"持续性补贴"更为普及,这反映出中央政府实施的补贴政策具有长期性、连续性,更关注长远的发展方向。如图8.2所示。

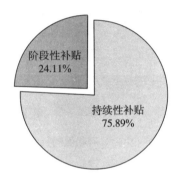

图 8.2　中央政府层面的补贴时效

3.补贴主管部门分析

补贴政策实施的直接主体或间接主体是政府,财政补贴政策的实施主体通常涉及中央政府及地方政府等多层级政府。基于中国财政补贴政策实践,从中央层面看,几乎所有的财政补贴均涉及财政部,大部分涉及财政部与国家税务总局的配合,部分涉及多个主管部门的配合,比如财政部、国家税务总局、商务部、发改委、工信部,等等,少数只由财政部主要负责。具体而言,只由财政部主管的比例约为8.04%;财政部与国家税务总局两部门主管的比例约为39.29%;多部门主管比例约为15.93%;财政部与非税务部门的配合比例约为35.71%。其中,与财政部有关的比例高达99.11%,而与国家税务总局有关的比例达55.36%。可见,财政部是中央政府层面实施补贴政策的主要主管部门,国家税务总局在财政补贴政策的实施过程中发挥重要作用,其他部门更多以配合的方式参与到上述两部门推行补贴政策的过程中来。如图8.3所示。

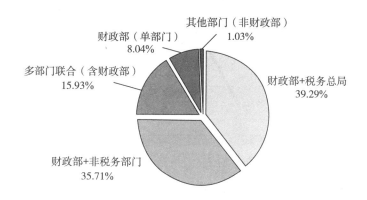

图 8.3　中央政府层面的补贴主管部门

4.补贴政策选择分析

进一步地，我们基于第 3 章的分析框架所衍生出来的八个维度来分析中央政府层面补贴政策选择的基本特征，即从"产业发展促进""产业调整升级""科技创新研发""节能减排环保""资本市场发展""中小微企业发展""社会福利政策""经济对外开放"等维度对补贴政策进行分析。

（1）从中央政府层面看，补贴政策集中的前四个维度分别为"产业发展促进""节能减排环保""社会福利政策""产业调整升级"，上述四个维度的财政补贴占据总体（八个补贴维度）比重已高达81.25%。其中，"产业发展促进"与"环保节能减排"两个维度上的财政补贴较为集中，所占整体比重分别为28.57%与27.68%，二者比重之和已经占据总体（八个补贴维度）的一半以上。此外，"科技创新研发""中小微企业发展""经济对外开放"等维度所占总体比重均低于10%；中央政府层面并无"资本市场发展"维度的补贴。如图 8.4 所示。

（2）从"产业发展促进"维度看，财政补贴政策重点表现在以下四个方面：(a)促进基础设施建设。如：恢复城市水生态系统，提高新型城镇化质量；又如：加强农业基础设施和生态建设，支持农村农田水利建设等；(b)重视农业非商品性、多样性以及正外部性等特点，支持农业发展，提高农业综合生产能力，促进农业结构调整，提升农业生产效率等，保障农产品质

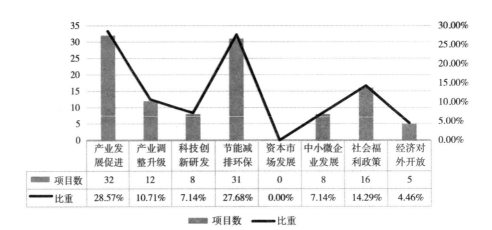

图 8.4　中央政府层面的财政补贴政策选择

量。(c)确保能源供应，调整能源结构。如：推广利用可再生能源。(d)
发展战略性新兴产业，推动关键技术突破和产业化，实现创新驱动发展。
如：鼓励发展集成电路，鼓励飞机研发，加快推广和利用新能源汽车，加
快新能源汽车充电设施建设等。综上可以看出，政府补贴的主要目标是基
础产业(农业、能源、基础设施)和战略性新兴产业(高科技产业)。

　　(3)从"产业调整升级"维度看，财政补贴政策重点表现在以下五个方
面：(a)公共服务平台建设。如：利用PPP项目(新开工的中央政府PPP示
范项目和符合条件的地方政府PPP项目)推广公共服务供给水平，以奖励
的方式促进PPP项目的规范运行。(b)绿色节能环保。如：加快造船产业
结构转变，淘汰高能耗、高排放、安全性能差的船舶，推进远洋渔业船舶
的专业化、标准化，保护沿海水域生态环境。(c)化解过剩产能。如：化
解钢铁、煤炭等行业过剩产能。(d)创新能力建设。如：推进信息技术与
产业化深度融合。(e)调整结构转变。如，提升工业产品质量、完善行业
标准制定、推进中小企业服务体系建设。

　　(4)从"科技创新研发"维度看，财政补贴政策主要表现在：(a)企业
层面。鼓励企业研发，比如开发新技术、新产品、新工艺等；鼓励企业技
术转让；促进先进技术服务企业发展等。(b)产业层面。鼓励高新技术产

业发展，提高技术进步水平；支持农业科技成果转化，推进农业技术推广与服务等。（c）创新创业层面。鼓励科技创新，促进就业创业，如：培育科技企业孵化器，发展国家大学科技园等。

（5）从"节能减排环保"维度看，主要表现在"节能减排"与"环保治理"两个方面。一方面，"节能减排"主要涉及：（a）鼓励资源综合利用、循环利用。如：综合利用资源生产石油产品、建材产品；以农业剩余、林业残余物为原料的综合利用，固体废物综合利用等。（b）鼓励使用清洁能源。如：鼓励利用太阳能发电，水电站发电等。（c）鼓励节能、新能源产品利用，支持推广高效节能产品，提高用能产品的能效水平。如：节能汽车、新能源汽车、新能源车船等。（d）提倡节约能源，提高能源利用效率。如：发展节能减排基础设施和公共平台，重点领域、重点行业、重点地区节能减排，重点节能减排产业的示范、推广、改造和升级等。另一方面，"环保治理"主要涉及：（a）环保综合治理。如：农田、草原保护与治理；渔业资源保护和利用等。（b）污染防治。如：加强空气污染防治，改善大气环境质量；加强水污染防治，对土地、河流、湖泊污染综合治理等。（c）排放治理。如：通过清洁发展机制项目转让温室气体减排量，减少温室气体排放；又如：推进交通领域（公路、水运等）节能减排；特定移动污染源（机动车辆、铁路机车、非公路机动机械、船舶、航空器等）的排放治理；控制企业的污染物（大气污染物、水污染物）排放标准，促进节能环保等。

（6）从"中小微企业发展"维度看，财政补贴政策主要表现在：减轻小微企业负担，协助中小微企业发展，促进创业，保持就业。

（7）从"社会福利政策"维度看，财政补贴政策主要表现在"效率与公平"与"社会福利目标"两方面：其一，"效率与公平"涉及：（a）缓解地区间经济发展不平衡。加快西部大开发，促进区域发展，扩大西部地区对外开放。（b）加快贫困地区经济社会发展。改善贫困人口的生产生活条件，增加贫困地区贫困人口的收入。其二，"社会福利"涉及：（a）促进创业，扩大就业，其中包括帮助残疾人就业，增加就业机会。（b）鼓励发展制药产业，降低患者用药成本，如艾滋病防治、抗癌等。（c）提高农民收入，保持农业生产稳定发展等。

（8）从"经济对外开放"维度看，财政补贴政策主要表现在：（a）贸易方面。优化贸易结构，改善国际经贸关系。（b）投资方面。重在吸引外资，促进内外资合作，实现区域、产业发展，结构调整与产业升级。

8.2.2 2019 年地方政府层面的财政补贴政策

以 2019 年中国向 WTO 提交的补贴通知为基准，经过初步统计分析：在地方政府 [包括省（自治区、直辖市）、市（区、县）、县（区、市）级政府] 层面，总共实施了 420 项补贴政策。其中，省（自治区、直辖市）级政府层面的补贴政策有 143 项，市（区、县）、县（区、市）级政府层面的补贴有 277 项。这些政策主要源自地方性法规等。上述补贴政策的初始实施时间可以溯及 2003 年。而此处，本书关注的补贴政策有效实施的时间区间主要集中在 2015 年至 2020 年，其中大部分集中在 2017 年至 2020 年。

1. 补贴方式分析

地方政府的补贴政策基本以"财政拨款"为主。具体而言，补贴的方式有"拨款""奖励""补助金""项目资助"以及上述不同方式的组合等；此外，还有"一次性总付奖励""一次性总付补助""一次性总付拨款"以及上述不同方式的组合等。

2. 补贴时效性分析

总体看地方政府 [包括省（自治区、直辖市）、市（区、县）、县（区、市）级政府] 层面，"持续性补贴"共有 255 项，占比约 60.71%；"阶段性补贴"共有 165 项，占比约 39.29%；进一步地分开看，省（自治区、直辖市）级政府层面，"持续性补贴"共有 97 项，占比约 67.83%；"阶段性补贴"共有 46 项，占比约 32.17%；市（区、县）、县（区、市）级政府层面，"持续性补贴"共有158项，占比约57.04%；"阶段性补贴"共有119项，占比约42.96%；可见，与中央层面的补贴政策相似，地方政府的补贴政策中"持续性补贴"更为普及，其中，省（自治区、直辖市）级政府要比市（区、县）、县（区、市）级政府在这一方面表现得更为突出。从中央政府到省（自治区、直辖市）级政府再到市（区、县）、县（区、市）级政府，不同层级政府的"持续性补贴"比重依次降低，由此间接表明：中央政府更多关注长期性与持续性发展问题，主导财政支持的方向与框架，而地方政府则多以解决当前阶段性发展问题为主，根据各地区的实际情况确定具体的补贴标准与规模。如图8.5所示。

地方政府［包括省（自治区、直辖市）、市（区、县）、县（区、市）级政府］层面的补贴时效

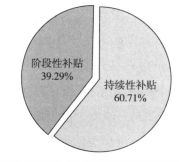

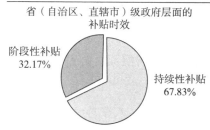
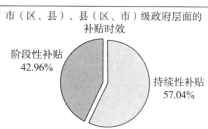

图 8.5 地方政府层面的补贴时效

3. 补贴政策选择分析

类似于分析中央政府层面补贴政策选择的实践特征，我们从"产业发展促进""产业调整升级""科技创新研发""节能减排环保""资本市场发

展""中小微企业发展""社会福利政策""经济对外开放"等八个维度对地方政府层面的补贴政策进行分析。

总体看地方政府〔包括省（自治区、直辖市）、市（区、县）、县（区、市）级政府〕层面，补贴政策集中的前四个维度分别为"科技创新研发""产业发展促进""节能减排环保""产业调整升级"，上述四个维度的财政补贴占据总体（八个补贴维度）比重已高达81.43%。其中，"科技创新研发"与"产业发展促进"两个维度上的财政补贴占比均超过20%，分别为28.10%与21.90%；"节能减排环保"与"产业调整升级"比重较为接近，分别为15.95%与15.48%。此外，"社会福利政策"维度占比10.95%，上述五个维度比重均高于10%，而"中小微企业发展""经济对外开放""资本市场发展"等维度依次为5.24%、1.43%、0.95%。进一步地分开看，省（自治区、直辖市）级政府层面，补贴政策集中的前四个维度分别为"产业发展促进""节能减排环保""产业调整升级""科技创新研发"，上述四个维度的财政补贴占据总体（八个补贴维度）比重已高达76.92%。其中，"产业发展促进"与"节能减排环保"两个维度上的财政补贴均为20.28%；"产业调整升级"与"科技创新研发"比重较为接近，分别为18.88%与17.48%。此外，"社会福利政策"维度占比13.99%，上述五个维度比重均高于10%，"中小微企业发展""经济对外开放""资本市场发展"等维度依次为4.90%、2.80%、1.4%。市（区、县）、县（区、市）级政府层面，补贴政策集中的前四个维度分别为"科技创新研发""产业发展促进""节能减排环保""产业调整升级"，上述四个维度的财政补贴占据总体（八个补贴维度）比重已高达83.75%。其中，"科技创新研发"占比高达33.57%，"产业发展促进"占比达22.74%，"节能减排环保"与"产业调整升级"两个维度上的财政补贴占比均为13.72%；上述四个维度比重均高于10%，"社会福利政策""中小微企业发展""经济对外开放""资本市场发展"等维度依次为9.39%、5.42%、0.72%、0.72%。如图8.6所示。

从"产业发展促进"维度看，一方面，地方政府与中央政府有相似的关注点，均重视基础产业与战略性新兴产业的发展。相比而言，地方政府主要集中在林业、渔业、水产养殖与加工业等产业以及新材料开发、信息技术应用、新能源、低碳环保等产业。另一方面，相比中央层面，地方政府有更多的产业发展促进目标，比如：工业设计、海洋经济发展、生物医药、光伏发电、软件与集成电路设计、移动互联网、烟草业、酒类及食品行业等。此外，不同地方政府所关注的侧重点有所不同，这可能与各地的主导产业、支柱产业发展方向有关。

从"产业调整升级"维度看，地方政府与中央政府保持一致：（a）公共服务平台建设。如：利用 PPP 项目推广公共服务供给水平。（b）绿色节能环保。如：高污染产业转型，推动污染治理和企业转型升级；加强能源效率管理。（c）化解过剩产能，淘汰落后产能。如：化解钢铁、煤炭等行业过剩产能；关闭、转移、改造化工企业，淘汰落后化学品生产能力。（d）创新能力建设。如：推进信息技术与产业化深度融合；发展总部经济；支持产业创新集群。（e）调整结构转变。如，工业企业改制、技术改造、转型升级；纺织服装产业转型升级等。

从"科技创新研发"维度看，地方政府与中央政府的财政补贴政策实践同样基本保持一致，主要表现在：（a）企业层面。鼓励企业研发，如：企业研发经费补助、科技保险补助、科技项目资助等；鼓励企业技术转让与成果转化等。（b）产业层面。奖励认证的科技企业，支持科技企业发展，培育高新技术企业，扶持高新技术企业，促进高新技术产业快速发展；奖励农业科技园，推进农业科技创新等。（c）创新创业方面。资助科技企业孵化，资助众创空间，资助大学科技园区等，支持科技创业发展，增强科技服务对创业创新的支撑作用，鼓励科技创新，促进就业创业。

从"节能减排环保"维度看，地方政府与中央政府的财政补贴政策实践基本保持一致，主要表现在"节能减排"与"环保治理"两个方面。其一，"节能减排"主要涉及：（a）鼓励节能技术改造，提高能源利用效率，促进能源节约与资源利用，发展循环经济，推进节能减排；（b）鼓励使用清洁能源，淘汰污染能源与设备，推进低碳发展。其二，"环保治理"主要涉及：（a）环境综合治理。如：农村环境综合治理；退耕还林、还草；矿山地质环境恢复和管理等。（b）污染防治。如：加强空气污染防治，减少雾霾污染；防止和控制水污染。（c）排放治理。如：机动车的排放治理；控制企业的污染物排放标准等。

从"资本市场发展"维度看，中央政府并没有相关的补贴政策实践，而地方政府则倾向于帮助企业扩展融资渠道，利用资本市场促进企业发展，支持符合条件的企业申请在资本市场上市融资。

从"中小微企业发展"维度看，一方面，地方政府比中央政府的补贴政策内容更丰富，除了促进中小微企业发展与小微企业创新创业，更支持中小企业的转型升级，奖励微企业的高质量发展，也丰富对中小企业的服务，如对中小企业股权上市的补贴，对科技型中小微企业贷款风险补偿，完善中小企业公共服务平台等；另一方面，地方政府对补贴政策的适用对象有区域性限制，地域限制明显，如，限制在某一区域内符合条件的中小企业。

从"社会福利政策"维度看，地方政府与中央政府的财政补贴政策实践同样基本保持一致，主要表现在"效率与公平"与"社会福利目标"两方面。其一，"效率与公平"主要涉及：加快贫困地区经济社会发展，改善贫困人口的生产生活条件，加大扶贫力度，实施精准扶贫，帮助贫困地区脱贫；其二，"社会福利"主要涉及：（a）促进创新创业，发展众创空间，扩大就业，稳定就业，提高就业、创业水平，其中包括帮助大学生创业、就业；促进生活在贫困线以下的农民工就业等；（b）给予特殊群体的扶助。如：改善少数民族的生产生活条件；提高渔民抵御自然灾害和风险的能力等。

从"经济对外开放"维度看，地方政府的补贴政策更为丰富。比如：贸易方面，进口配套资金、进口贴息资金等，扩大进口规模，推动产业升级；投资方面，提高外商投资质量，促进产业结构调整。

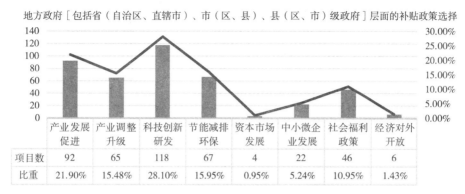

地方政府〔包括省（自治区、直辖市）、市（区、县）、县（区、市）级政府〕层面的补贴政策选择

	产业发展促进	产业调整升级	科技创新研发	节能减排环保	资本市场发展	中小微企业发展	社会福利政策	经济对外开放
项目数	92	65	118	67	4	22	46	6
比重	21.90%	15.48%	28.10%	15.95%	0.95%	5.24%	10.95%	1.43%

■ 项目数　—— 比重

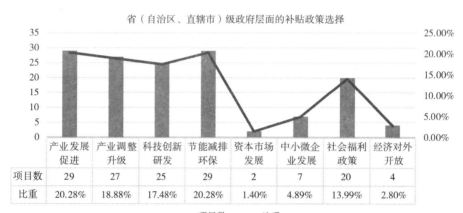

省（自治区、直辖市）级政府层面的补贴政策选择

	产业发展促进	产业调整升级	科技创新研发	节能减排环保	资本市场发展	中小微企业发展	社会福利政策	经济对外开放
项目数	29	27	25	29	2	7	20	4
比重	20.28%	18.88%	17.48%	20.28%	1.40%	4.89%	13.99%	2.80%

■ 项目数　—— 比重

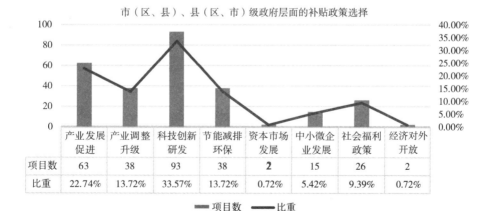

市（区、县）、县（区、市）级政府层面的补贴政策选择

	产业发展促进	产业调整升级	科技创新研发	节能减排环保	资本市场发展	中小微企业发展	社会福利政策	经济对外开放
项目数	63	38	93	38	**2**	15	26	2
比重	22.74%	13.72%	33.57%	13.72%	0.72%	5.42%	9.39%	0.72%

■ 项目数　—— 比重

图 8.6　地方政府层面的财政补贴政策选择

8.3 财政补贴政策比较分析

8.3.1 入世时与现在的比较

通过比较入世时(《议定书》附件5A)与近些年来(2018—2019年)中国向WTO提交的补贴通知,可以发现:中国已经履行了SCM中的通知义务以及《报告书》中的有关承诺,对于补贴信息的收集与通知工作已经做得相当充分且及时。具体而言:(1)政策框架上有延续性。当前中国的财政补贴政策框架与入世时的情况基本保持一致,基本是从八个维度(产业发展促进、产业调整升级、科技创新研发、节能减排环保、社会福利政策、经济对外开放、中小微企业发展、资本市场发展)展开。(2)政策内容上有丰富性。当前中国可以保留和实施补贴的项目已经相当丰富,以2019年为例,中央政府层面就有79项,地方政府层面已达到420项,这些补贴已经涵盖了上述八个维度的各个方面,并且方式多样。(3)逐步规范某些可能存有争议风险的补贴。以国有企业补贴为例,尽管在《议定书》附件5A中有关国有企业补贴的项目得以保留(2个项目中,中央层面的补贴项目已于2000年前取消,地方层面的补贴项目予以保留),但在《议定书》第10条中,针对国有企业补贴的纪律规范已经对相关问题进行了约束:对于补贴专向性的界定,当国有企业成为补贴的主要接受者或者国有企业接受补贴的规模异常之大时,提供给国有企业的补贴将被认定为专向性补贴。这一规定实际上增加了其他WTO成员对中国国有企业补贴采取反补贴措施的风险。通过分析近年来的补贴通知,以2019年为例,在420项地方政府层面的补贴项目中,已经没有了与国有企业相关的专向性补贴,这一变化可能与中国一直以来的国有企业改革密切相关。

8.3.2 当前中央与地方财政补贴政策的比较

从补贴政策的时效性、实施方式、目标维度、具体领域等方面比较分析中央政府层面与地方政府层面的补贴政策选择。

1. 补贴政策的时效性

在中央政府层面的补贴政策中，持续性补贴共有 85 项（占比约 75.89%），阶段性补贴共有 27 项（占比约 24.11%）。可见，中央政府层面的补贴政策中持续性补贴更为普及，这反映出中央政府实施的补贴政策具有长期性、连续性。与中央层面的补贴政策相似，地方政府的补贴政策中持续性补贴较为普遍，总体看地方政府［包括省（自治区、直辖市）、市（区、县）、县（区、市）级政府］层面的持续性补贴共有 255 项（占比约 60.71%），阶段性补贴共有 165 项（占比约 39.29%）；分开看，省（自治区、直辖市）级政府要比市（区、县）、县（区、市）级政府等在持续性补贴方面表现得更为突出。省（自治区、直辖市）级政府层面的持续性补贴共有 97 项（占比约 67.83%），阶段性补贴共有 46 项（占比约 32.17%），而市（区、县）、县（区、市）级政府层面的持续性补贴共有 158 项（占比约 57.04%），阶段性补贴共有 119 项（占比约 42.96%）。从中央政府到省（自治区、直辖市）级政府再到市（区、县）、县（区、市）级政府，不同层级政府的持续性补贴比重依次降低。

补贴时间的标准不同所产生的政策效果是不同的。一方面，长期持续的补贴有利于培育产业与企业发展的竞争优势，相比短期补贴政策，长期补贴政策具有连续性与可预见性，其释放出来的政策效应可能更为充分；另一方面，在开放经济环境中，考虑到补贴政策的时滞效应以及补贴信息收集的困难程度，其他 WTO 成员方可能对于某一成员方长期持续性的补贴政策更为敏感，也更容易发现，进而导致在 WTO 规则下成员方之间针对长期补贴政策的争议风险将比短期补贴政策要高。

2. 补贴政策的实施方式

中央层面的补贴政策主要采取税收优惠与财政拨款两种实施方式，其中税收优惠在中央层面的补贴政策中占比过半，约为 55.75%。而地方政府的补贴政策基本以财政拨款为主，且实施的方式丰富多样，有拨款、奖励、补助金、项目资助以及上述不同方式的组合等。此外，还有一次性总付奖励、一次性总付补助、一次性总付拨款以及上述不同方式的组合等不同形式。相比于地方政府，中央政府实施财政补贴政策的主要方式中多出了税收优惠一项。其原因可能在于税收优惠属于基准税制中的特别措施，其决定权与税种开征停征权、税目税率调整权等均属于税权的基本权能，依据税收法定的原则，税收优惠政策制定权属于国家立法机关或经法律授权的中央政府，未经授权而由地方自行制定的地方性法规、地方政府规章或规范性文件，不能作为纳税人享受税收优惠待遇的法律依据（叶姗，2014）[①]。

3. 补贴政策的目标维度

中央政府层面的补贴政策相对集中的四个维度（总占比达 81.25%）分别为："产业发展促进"（占比 28.57%）、"节能减排环保"（占比 27.68%）、"社会福利政策"（占比 14.29%）、"产业调整升级"（占比 10.71%）。地方政府［包括省（自治区、直辖市）、市（区、县）、县（区、市）级政府］补贴相对集中的四个维度（总占比达 81.43%）分别为"科技创新研发"（占比 28.10%）、"产业发展促进"（占比 21.90%）、"节能减排环保"（占比 15.95%）、"产业调整升级"（占比 15.48%）。总体看，中央政府与地方政府补贴政策的基本框架与基本思路保持一致（见表 8.2）。

此外，可以看出，中央政府层面的补贴政策相对集中的四个维度中，"节能减排环保"与"社会福利政策"两个维度占比较高。地方政府［包括省（自治区、直辖市）、市（区、县）、县（区、市）级政府］补贴相对集中的四个维度中，"科技创新研发"与"节能减排环保"两个维度的比重较高。可以发现，中央与地方各级政府层面，相对集中的政策目标中的多个维度与 SCM 中的"不可诉补贴"相符。SCM 将满足某些特定标准或条件的"专向性"补贴（主要是研究和开发补贴、贫困地区补贴、环保补贴）列入"不

---

① 叶姗. 税收优惠政策制定权的法律保留 [J]. 税务研究，2014(03):58-62.

可诉补贴",说明SCM肯定了这类补贴的正外部性。但SCM对于"不可诉补贴"的争端豁免适用已于1999年底失效,这意味着原属于"不可诉补贴"范畴的补贴只要符合SCM所规定的专向性就自动落入"可诉补贴"的范畴,财政补贴政策的空间受到SCM的多边约束有所增加,为了主动争取这些正当性补贴政策的空间,尝试对"不可诉补贴"的恢复则意味财政补贴政策空间有更多的可能性与操作性。

4. 补贴政策的具体领域

通过比较地方政府与中央政府的财政补贴政策内容发现,二者均重视基础产业与战略性新兴产业的发展(见表8.2)。相比而言,基础产业方面,中央政府主要重视农业非商品性与多样性,加强农业基础设施和生态建设,支持农业发展,提高农业综合生产能力等;战略性新兴产业方面,中央政府重在推动关键技术突破和产业化,比如,鼓励发展集成电路,鼓励飞机研发,加快推广和利用新能源汽车等;相对应地,地方政府在基础产业方面,则主要集中在林业、渔业、水产养殖与加工业等产业,在战略性新兴产业方面,则更关注于新材料开发、信息技术应用、新能源、低碳环保等产业。

进一步细化分析补贴政策内容,可以发现:相比中央政府,地方政府有更多的产业发展促进目标,比如:工业设计、海洋经济发展、生物医药、光伏发电、软件与集成电路设计、移动互联网、烟草业、酒类及食品行业等。通过比较不同地方政府间的政策内容,还可以发现:不同地方政府之间的政策侧重点有所不同,均表现出明显的地方特色。如沿海省份(福建、浙江、广东等)大多对渔业可持续发展给予产业补贴,上海市为促进国际贸易而给予财政支持,江苏有支持传统工艺美术产业的补贴政策,广东省深圳市在战略性新兴产业、国家高新技术企业、私营企业和中小企业等方面提供补贴,四川省宜宾市支持酒类及食品行业市场发展的补贴,等。这可能与各地的主导产业、支柱产业发展方向有关。

综上分析从中央政府下沉到地方各级政府的财政补贴政策实践，可以得出一个比较明晰的结论：地方政府与中央政府在补贴实践上的框架与思路基本保持一致，但在地方政府实践中，其补贴政策目标更微观、更具体且具有地方特色。

财政补贴政策的实施主体通常涉及中央政府及地方政府等多层级政府。从中国财政补贴政策实践看，中央政府与地方政府在财政补贴政策的实施过程中存在着合作与监督的关系。一方面，不同层级政府在财政补贴政策目标上基本保持一致，但不同层级政府所实施的补贴方式以及所给予的补贴标准与规模又不尽相同。通常情况下，中央政府主导财政支持的方向与框架，地方政府则根据各地区的实际情况确定具体的补贴标准与规模，二者是合作的关系。另一方面，鉴于国际上多边义务的约束（诸如WTO 补贴规则等），中央政府会逐渐减少，甚至是取消部分财政补贴，而地方政府基于发展区域经济的动机，可能会尝试去填补这些空白，以地方层级的补贴政策去实现类似的政策目标，从而形成隐蔽性补贴。虽然中央层级的财政补贴减少了，但是对地方政府的补贴政策的监管义务却增加了，因此二者之间又存在监督的关系。

表 8.2　不同层级政府间的补贴政策比较分析

维度＼层级	中央政府	地方政府
产业发展促进	·促进基础设施建设	·重视基础产业
	·提高农业综合生产能力	·发展战略性新兴产业
	·确保能源供应	·更多产业发展促进目标
	·发展战略性新兴产业	
产业调整升级	·公共服务平台建设	·公共服务平台建设
	·绿色节能环保	·绿色节能环保
	·化解过剩产能	·化解过剩产能
	·创新能力建设	·创新能力建设
	·调整结构转变	·调整结构转变

续 表

层级 维度	中央政府	地方政府
科技创新研发	·鼓励企业研发	·鼓励企业研发
	·发展高新技术产业	·促进高新技术产业快速发展
	·鼓励创新创业	·鼓励创新创业
节能减排环保	·节能减排	·节能减排
	资源循环利用	鼓励节能技术改造
	使用清洁能源	推进低碳发展
	推广高效节能产品	
	提高能源利用效率	
	·环保治理	·环保治理
	综合治理	综合治理
	污染防治	污染防治
	排放治理	排放治理
资本市场发展	—	·帮助企业扩展融资渠道
中小微企业发展	·协助发展	·支持中小企业的转型升级
	·促进创业	·丰富对中小企业的服务
		·小微企业创新创业
社会福利政策	·效率与公平	·效率与公平
	缓解地区间经济发展不平衡	加快贫困地区经济社会发展
	加快贫困地区经济社会发展	
	·社会福利	·社会福利
	促进创业与就业	促进创业与就业
	降低患者用药成本	扶助特殊群体
	提高农民收入	
经济对外开放	·改善国际经贸关系	·扩大进口规模
	·吸引外资	·提高外商投资质量

8.5 本章小结

通过分析中国的财政补贴实践，本书发现：中国已经履行了 SCM 中的通知义务以及《报告书》中的有关承诺，对于补贴信息的收集与通知工作已经做得相当充分且及时。当前中国可以保留和实施补贴的项目已经相当丰富，当前中国的财政补贴政策框架与入世时的情况基本保持一致，基本是从八个维度（产业发展促进、产业调整升级、科技创新研发、节能减排环保、资本市场发展、中小微企业发展、社会福利政策、经济对外开放）展开。从中央政府下沉到地方各级政府的财政补贴政策实践，可以得出一个比较明晰的结论：地方政府与中央政府在补贴实践上的框架与思路基本保持一致，但在地方政府实践中，其补贴政策目标更微观、更具体且具有地方特色。本书认为：从中国财政补贴政策实践看，中央政府与地方政府在财政补贴政策的实施过程中存在着合作与监督的关系。

第9章　WTO 改革背景下中国财政补贴政策空间

据本书第 6 章对 WTO 改革背景的分析讨论，未来 WTO 多边规则的发展趋势与中国财政补贴政策空间密切相关的问题，主要涉及以下几个方面：即"国有企业问题""市场经济地位""发展中国家待遇"等。鉴于已有有关补贴纪律规范的多边规则依然存在诸多不足与模糊空间，在 WTO 改革的背景下，进一步澄清多边补贴纪律中的模糊空间、解决潜在问题，实则是在明确甚至是释放各成员财政补贴政策的潜在可利用空间，这一点更多地表现在 SCM、GATS 以及 AoA 等多边规则中。

9.1 国有企业与中国财政补贴政策空间

中国在《中国关于世贸组织改革的建议文件》中建议，WTO 应坚持公平竞争原则，确保不同所有制企业在进行商业活动时的公平竞争环境，不应对国有企业设立特殊、歧视性的补贴纪律。这涉及国有企业作为补贴主体与客体两个维度的讨论。

国有企业作为补贴的主体，将国有企业认定为公共机构。以美、欧、日为代表的发达国家成员普遍认为，国家或政府控股的企业或银行，与政府及其公共政策存在一定的联系，这导致了这些成员试图将公共机构的范围扩大化，将国有企业、国有商业银行、产业基金等列入公共机构的范畴，美、欧、日等成员已经对诸如"优惠投入品价格、政府担保、非商业条件的债转股、非商业条件进行股权投资的政府投资基金"等问题表示关注，并将其认为是补贴国有企业以及国有企业向其他关联企业提供补贴的问题。

　　国有企业以及国有商业银行是否构成补贴的主体，成为"公共机构"，是否存在向其他企业提供货物或服务、贷款或担保，抑或是进行股权投入等行为，是否构成 SCM 中的"财政资助"，是否形成"利益的授予与获得"，这些将直接影响被 SCM 定性为补贴的可能性。一方面，关于国有企业及商业银行与政府、公共政策之间的关系，《报告书》中第 43 段已经指明："中国国有企业已基本依照市场经济规则进行，政府不再直接管理国有企业的人、财、物和产、供、销等生产经营活动……国有银行已经商业化，对国有企业的信贷完全按照市场条件进行……"，另一方面，美、欧、日等在联合声明中已经表明，美、欧、日等成员方试图推进 WTO 的补贴规则改革，并有意将公共机构的范围扩大化。对于国有企业是否被认定为公共机构目前仍存有争议，在 WTO 争端解决实践中出现了两种不同的认定方法，即"政府控制说"与"政府权力说"（陈卫东，2017）[①]，从已有的争端解决方案看，"政府权力说"的认定方法在实践中得以确立和巩固（廖凡，2017）[②]，这为中国国有企业的发展争取了一定的政策空间。此外，关于国有企业与国有商业银行在财政资助方面的特殊规定，中国在《报告书》中已有补充说明，国有企业（包括银行）应在商业基础上运作，对于国有企业（银行）提供的财政资助并不一定导致 SCM 中规定的"利益授予与获得"。而根据 SCM 对补贴的界定，需要同时满足"多种财政补助或收入、价格支持等形式"与"产生授予一项利益"这两个条件，方可将此类财政资助视为补贴。

　　WTO 并未对国有企业明确界定，国有企业的定义范围直接影响到与国有企业有关补贴规则的适用范围，如果国有企业的定义被泛化（如：由最初的"国家控股的企业"扩大到"国家可以影响的企业"），那么国有企业的

　　[①] 陈卫东. 中美围绕国有企业的补贴提供者身份之争：以 WTO 相关案例为重点[J]. 当代法学，2017，31(03):21-30.

　　[②] 廖凡. 政府补贴的法律规制研究——政府补贴的法律规制：国际规则与中国应对[J]. 政治与法律，2017(12):2-11.

经营活动受到约束的范围可能会增大，进一步地，如果将泛化后的国有企业纳入公共机构的范畴，那么国有企业之间的原料提供与服务购买、国有商业银行与国有企业之间的资本往来等活动将面临频繁被反补贴调查的风险，中国的财政补贴政策空间将进一步收窄。

国有企业作为补贴的客体参与市场竞争。国际上对于国有企业的问题争论已久，尤其以发达国家成员为代表的部分 WTO 成员对于国有企业在市场竞争中的表现更为关注。他们通常认为国有企业因其所有制特征而在市场上具有优势地位，政府基于对国有企业的所有权和控制权而给予其政府援助，使得国有企业在市场中获得竞争优势，会造成市场主体之间的不公平竞争。这些 WTO 成员在签署区域性经贸协定（如：近年来出现的 TPP〔Trans-Pacific Partnership Agreement，跨太平洋伙伴关系协定〕、CPTPP〔Comprehensive Progressive Trans-Pacific Partnership，全面与进步跨太平洋伙伴关系协定〕以及 USMCA〔United States-Mexico-Canada Agreement，美国—墨西哥—加拿大协定〕等新型的区域经贸协定）时，已经对国有企业单独成章进行了纪律规范，其中一个显著的特点就是强调"竞争中性"原则。竞争中性原则的确立旨在消除在市场竞争中，国有企业因其所有制特征而获得的竞争优势。

中国对国有企业参与市场竞争的规则已经在《议定书》中有关"国有企业和国家投资企业"的部分有过阐述，其中第45—46段明确指出，"鉴于在市场中与私营企业进行竞争不断增长的需要和可取性，国有企业和国家投资企业的决定应依据《WTO 协定》所规定的商业考虑，中国将保证所有国有和国家投资企业仅依据商业考虑进行购买和销售……，并确认其他 WTO 成员的企业将拥有在非歧视的条款和条件基础上，与这些企业在销售和购买方面进行竞争的充分机会……"。经过多年的公司制度改革，中国国有企业改制覆盖率已经达到90%以上，政企分开，权责分明，公司法人治理结构逐步完善，企业经营管理水平不断提高，国有企业已成长为国家出资的独立法人，其市场特性与商业属性越发明显。2015年8月国务院出台《关于深化国有企业改革的指导意见》，首次将国有企业分为"商业类"和"公益类"两类，并区分其市场与政策职能，增强了国有企业发展规划的透明性，进一步明晰了商业类国有企业的市场定位与企业属性。

针对国有企业作为补贴接受者的特殊规则也已经在《议定书》中有所阐述，《议定书》中第十条第 2 款明确指出，"就实施 SCM 第一条第 2 款和第二条而言，对国有企业提供的补贴将被视为专向性补贴，特别是在国有企业是此类补贴的主要接受者或国有企业接受此类补贴的数量异常之大的情况下"，而这一规则实则为 SCM 关于"事实专向性"补贴标准在国有企业补贴纪律中的一个应用。

9.2 市场经济地位与中国财政补贴政策空间

对于某一 WTO 成员市场经济地位的确定关系到判定倾销和补贴是否存在以及倾销与补贴规模大小的基准，至于如何判定某一成员的市场经济地位，各 WTO 成员方拥有很大的自由裁量权，在实践中多以本国国内法为依据进行判定。依据《议定书》中第十条（确定补贴和倾销时的价格可比性）（a）项（ii）目的规定，即"无论如何，（a）项（ii）目的规定应在加入之日后 15 年终止"。这一特殊规定在对市场经济条件的适用给出说明的同时，也给出了该条款适用的具体时效条件，即在 2016 年 12 月 11 日之后，关于中国市场经济条件的适用将被终止。鉴于 WTO 尚未有对"市场经济"的界定标准，因此即便在 2016 年之后第 15 条款的适用已经终止，WTO 也不会对中国是否具有市场经济地位而做出任何具有实质性意义的判断。

当前，对于第 15 条（a）项（ii）目中有关中国"市场经济地位"的适用问题，有两种主流观点。第一种观点认为，虽然 2016 年 12 月 11 日之后第 15 条的适用终止，但并不意味着中国自动获得市场经济地位，如果相对于中国的进口方依然有证据质疑中国这一方的企业经营活动尚未满足市场条件，则依然可以不采用中国国内的基准价格。这与第 15 条终止之前所不同的地方在于，终止之后认定中国是否具备市场经济条件的举证责任方为进口方，而终止之前，作为出口方的中国，需要主动证明出口企业的经营活动满足市场经济条件。第二种观点认为，第15条（a）项（ii）目到期后，则意味着中国企业无须证明其经营活动是否满足市场经济条件，任何 WTO 成员不可再以"替代国"价格为基准判定和度量倾销与补贴，因为在第15条（a）项（ii）目中有个明确的强调内容，即"无论如何，……"。严格意义上讲，采用"替代国"做法的渊源来自 GATT 附件九针对第六条第1款的注解，即"对于一个完全垄断或者实质上完全垄断贸易的、并且其所有国内价格由国家定价的国家，将出口价格与国内价格比较来确定倾销幅度可能并不合适"，显然这种"替代国"做法的前提条件并不符合中国的实际情况。

一方面，WTO 并未有关于"市场经济"的标准，且《议定书》中第15条中也未明确中国获得"市场经济地位"的条件，更没有明确禁止 WTO 成员适用"替代国"的判定与度量倾销与补贴；另一方面，随着第15条（a）项（ii）目到期后，其他 WTO 成员不可再对中国适用"非市场经济地位"概念与待遇，否则该 WTO 成员将违背履行 WTO 法律条约的义务。鉴于此，在第15条（a）项（ii）目到期日前，欧盟委员会提交了关于反倾销、反补贴立法的新提案（修改欧盟反倾销与反补贴规则的提案），取消了原有的"非市场经济国家"名单，转而采用基于"市场扭曲"概念的新方法，并给出了市场严重扭曲的六个因素，即企业在运营中受出口国政府的政策监管或企业价格与成本指导；某些公共政策或措施有利于出口国国内供应商；政府影响资源配置与企业决策；有关破产、物权等法律法规的歧视性适用与缺失；出口国是否遵守劳工与环境的国际标准、国际金融与会计准则；出口国是否操作汇率、有无遵守国际社会与税收义务等（张丽英等，2020）[1]，欧盟理事会和欧洲议会于2017年12月12日通过了新的反倾销、反补贴规则。

---

① 张丽英，庞冬梅.论"市场扭曲"定义市场经济地位的不合理性[J].经贸法律评论，2020(01): 75-93.

而美国则在其国内的反倾销、反补贴规则中，继续使用其《1988 年综合贸易与竞争法》界定"非市场经济"的六条标准[①]，即出口国货币与其他国家货币的可自由兑换程度；出口国劳工与雇主自由谈判确定工资水平的程度；出口国允许外国企业在该国设立合营企业或进行投资的程度；出口国政府对生产资料的控制程度；出口国政府对资源配置、企业价格与产量决策的控制程度；以及其他适当因素等（李思奇，2016）[②]。

以美、日、欧等为代表的 WTO 成员方在多次联合声明中提及"非市场导向的政策与做法（主要涉及政府财政资助、支持产能扩张、国有企业补贴等）"与"市场导向条件（企业基于市场信号做决策；资本、劳动力、技术等要素市场由市场力量决定；公司法、破产法等法律体系完备；政府力量干预少等）"，将"市场扭曲（主要表现为出现严重产能过剩、阻碍创新技术的开发与使用、产生不公平的竞争环境、破环国际贸易正常运作与现行规则）"作为反倾销、反补贴的判断因素（刘明，2019）[③]。一旦基于"市场扭曲"作为各国判断倾销与补贴的关键因素，那么《议定书》第 15 条的终止适用将面临"名存实亡"的风险，将长期受到国外的反倾销与反补贴压制，财政补贴的政策空间也随之收窄。

市场力量是配置资源的最有效方式，补贴作为政策工具箱中的常用工具，是不是政府干预市场的最佳方式，则需要正确处理好政府与市场的关系。市场经济体制涉及政府与市场关系的问题，即如何看待"有效市场"与"有为政府"的关系。市场经济程度比较高的国家，更加重视市场力量在资源配置中的作用，这些国家对于政府补贴这种干预市场的行为较为敏感。一成员方的市场经济发展程度是当前以及未来一段时期内该成员方国内财政补贴政策是否被质疑的一个重要影响因素，在 WTO 的改革方案中，

---

① 柯静.新一轮世贸组织体制市场导向之争及其前景[J].国际关系研究，2020(03):89-112+157-158.

② 李思奇.国际反倾销和反补贴规则新演变及中国对策[J].国际贸易，2016(07):43-48.

③ 刘明.对2017年以来美欧日三方贸易部长联合声明的分析[J].国家治理，2019(21):13-25.

美、日、欧等成员方试图将补贴规则以及国有企业规则以"市场导向条件"为标准融入WTO多边规则体系中，而这一动机表明了这些市场经济程度更高的经济体有意针对那些市场经济体系正日趋完善的经济体而设置了区别待遇甚至是歧视性待遇的标准。作为回应，中国已在《中国与世界贸易组织》中明确表明，"中国始终坚持社会主义市场经济改革方向，加快完善社会主义市场经济体制，健全市场体系，理顺政府和市场关系，使市场在资源配置中起决定性作用，更好发挥政府作用"。中国更应主动且及时地向世界讲好中国故事，让世界充分了解中国，这将为中国未来发展争取有利的环境与政策空间。

9.3 发展中国家待遇与中国财政补贴政策空间

鉴于WTO对于发展中成员的身份认定尚未有明确标准（在某些具体的多边协定中或有涉及对发展中成员的界定），WTO对发展中成员的认定是以自我选择为基础，这导致了部分成员的发展中国家身份并不一定自动被所有WTO成员所承认。然而，中国在WTO中的发展中国家的身份确认，早已在《报告书》中有所阐述："……在确定中国援用发展中国家可使用的过渡期和《WTO协定》中其他特殊规定的需要方面，应采取务实的方式。应认真考虑和具体处理每个协定和中国的情况。在这方面要强调的是，需要对这种务实的方式进行调整，以便适应少数几个领域中国加入的特定情况，这一点反映在中国议定书（草案）和工作组报告书所列相关规定中……，在注意到就中国而言在少数几个领域采取了务实的同时，成员们还认识到《WTO协定》所包含的针对发展中国家的差别和更优惠待遇的重要性。"这一表述明确了中国在WTO中享有发展中国家的合法合规地位。基于"务实"的方式，中国所享有的发展中国家特殊与差别待遇中，与补贴政策相关的多边纪律规范，主要分布在SCM、AoA中。具体而言：

SCM给予发展中国家成员的特殊和差别待遇分布在SCM的第八部分

（发展中国家成员）第二十七条（发展中国家成员的特殊和差别待遇）之中，共计15个条款。尽管SCM将出口补贴与进口替代补贴列为禁止性补贴，并规定任何成员不得实施或维持此类补贴，但考虑到补贴对发展中国家成员经济发展的正面作用，SCM在第二十七条之第2款与第4款指出SCM第二部分（禁止性补贴）第三条（禁止）中的出口补贴不适用于SCM附件七中所指的发展中国家成员，以及在一定条件下（自《WTO协定》生效8年内渐进取消其出口补贴）不适用于其他发展中国家成员。与此同时，SCM在第二十七条之第3款指出，发展中国家成员在《WTO协定》生效5年内不适用于进口替代补贴，最不发达国家成员8年内不适用进口替代补贴。SCM第二十七条针对发展中成员，放宽了该协定SCM第三部分规定的适用于可诉补贴的多边规则。如果发展中国家维持禁止性补贴的做法，但是符合SCM第二十七条之第2款至第5款的规定，则其他WTO成员不可援引禁止性补贴的争端解决程序，而只可援引可诉补贴的争端解决程序①。基于"务实"的调整，中国已经明确表明自加入WTO时取消一切出口补贴与进口替代补贴，放弃了SCM在"禁止性补贴"方面给予发展中国家的特殊与差别待遇。与此同时，在第二十七条剩下的款项中，中国不寻求第8款至第9款（有关严重侵害方面给予发展中国家成员的特殊与差别待遇）以及第13款（有关发展中国家成员私有化方面的纪律与待遇）的权利。中国只保留了SCM第二十七条之第10款至第12款以及第15款的获益权利，主要包括：在反补贴调查方面，发展中国家成员享有不被任何反补贴调查的豁免，只需要满足以下条件之一即可：第一，按单位计算价值，相关产品的补贴总体水平不超过该价值的2%（不超过2%的从价条件）；第二，补贴进口产品数量占进口成员同类产品总进口量不足4%（不超过4%的从量条件）；一个例外情况，即来自单个发展中国家成员的进口量份额不足总进口量的4%，但发展中国家成员总进口量占进口成员同类产品总进口量的9%以上（不

---

① 许晓曦. 外向经济发展中的中国财政补贴[D]. 厦门：厦门大学，2003.

超过9%的从量累积条件)。对于SCM附件七所指发展中国家成员以及在《WTO协定》生效8年期满内已取消出口补贴的其他发展中国家成员,在其通知补贴与反补贴措施委员会取消出口补贴之日起,对相关产品的补贴总体水平不超过按单位计算价值的3%(特殊情形下不超过3%的从价条件),即可享有不被任何反补贴调查的豁免,但此待遇在《WTO协定》生效8年后不再适用。此外,在微量补贴水平方面,考虑到来自一个以上国家的某一产品的进口同时接受反补贴调查的情况,来自每一发展中国家的进口产品确定的补贴金额不足从价金额的2%,则针对其采取的反补贴调查应立即终止。

AoA从"国内支持"与"出口补贴"两个方面对多边补贴纪律进行了规范。在"出口补贴"方面,AoA不完全禁止农业出口补贴,但要求在WTO各成员的承诺减让表中必须将其逐步削减。基于"务实"的调整,中国作出了更大程度的承诺,即中国在《议定书》中承诺取消对农产品的出口补贴,包括价格补贴、实物补贴以及发展中国家成员可以享有的对出口产品加工、仓储和运输的补贴。在"国内支持"方面,AoA肯定了政府支持农业和农村发展的援助措施对于发展中国家成员发展的积极作用,并针对发展中国家成员给出了特殊待遇:即"农业投资补贴""对低收入或资源贫乏地区生产者提供的农业投入品补贴""为鼓励生产者放弃种植麻醉作物而提供的补贴"等国内支持,一方面可以免除国内支持削减承诺,另一方面可不计入一成员现行综合支持总量的计算之中。基于"务实"的调整,中国的综合支持总量承诺水平可以免除削减承诺,但被计入综合支持总量的计算之中。在"微量支持"方面,AoA分别对一成员现行综合支持量计算中的特定产品与非特定产品的国内支持给出了微量支持免除水平。其中,对于发展中国家而言,该微量支持免除水平分为10%,高于发达国家5%的微量支持免除水平。基于"务实"的调整,中国作出了更大程度的承诺,中国确认了8.5%的微量支持免除水平(获得部分"黄箱补贴"权利,补贴的基期采用相关年份,而不是固定年份,使我国今后的农业国内支持有继续增长的空间），即：特定产品国内支持不超过该基本农产品相关年份内生产总值的 8.5%；非特定产品国内支持不超过基本农产品相关年份内生产总值的 8.5%，低于 AoA 给予发展中国家的特殊与差别待遇水平。

以美、欧为首的发达经济体在多次联合声明中，质疑 WTO 成员"自我认定"发展中国家的身份以及其所享受的特殊与差别待遇。这些发达经济体质疑发展中国家地位实则是针对特殊与差别待遇的适用设置了更高的门槛。美、欧等发达经济体质疑 WTO 成员以"自我认定"的方式确认发展中国家身份，进而提出适用特殊与差别待遇的不同分类标准。对于美国与欧盟的划分标准，可以从"发展空间标准"与"动态时间标准"两个维度来理解。美国实际上是以"成员组织身份"（是不是 OECD 成员或是已启动加入 OECD；是不是 G20 成员）或"经济发展程度"（依据世界银行标准是否为"高收入"国家；WTO 成员占全球商品进出口贸易份额是否高于 0.5%）为出发点，来判断某一 WTO 成员的发展空间，进而提出在当前以及未来的谈判中不应享受特殊与差别待遇的 4 类国家的标准。欧盟则基于"动态时间标准"提出了"毕业条款"，鼓励发展中成员"毕业"并提出完全承担 WTO 义务的详细路线图。当前看，除已有特殊与差别待遇外，额外的特殊与差别待遇的申请需要针对具体情况，综合多方面的因素，进行个案分析；长期看，未来协定中的特殊与差别待遇的适用，除最不发达国家外，应有针对性地基于成员的灵活性需求而非开放式的整体享受。

具体到补贴政策的层面，SCM 与 AoA 在补贴与反补贴纪律规范中充分考虑到发展中国家的灵活性需求，并给予了相应的义务豁免或待遇优惠，但这些待遇适用的前提是该 WTO 成员属于发展中国家的范畴。美、欧等发达经济体质疑 WTO 成员以"自我认定"的方式确认发展中国家身份，进而提出不同的分类标准去划分发达成员与发展中成员，实际上是降低了反补贴调查的门槛，以便这些发达经济体在 WTO 框架内更容易发起对发展中经济体的反补贴调查。作为 WTO 中最大的发展中成员，中国在享受特殊与差别待遇方面，基于"务实"的态度已经作出了不少让步，并积极承担了与自身发展水平和经济能力相符的义务。但已有的工业补贴与农业补贴政策空间对中国而言，一旦失去了被认可的"发展中国家"地位，那么当前以及将来将面临更大的来自美、欧、日等发达经济体的竞争压力，自身的发展空间也将受到不可逆转的影响。

9.4 SCM 与中国财政补贴政策空间

已有 SCM 中的纪律规范存在诸多不足与模糊空间。从 SCM 的实体部分看，如，补贴定义中关于公共机构的界定，由于 SCM 没有对"公共机构"进行明确的界定，导致部分成员在实践中利用 SCM 对某些补贴的认定存有争议。又如，补贴的认定和补贴幅度计算的主观性。再如，可诉补贴中 SCM 并没有明确说明因果关系的确定，等等。诸如这些潜在问题可能会导致对可诉补贴的认定扩大化以及对补贴损害的评估被夸大。从 SCM 的程序部分看，在反补贴调查中，是否构成不当补贴，以及是否构成损害是两个必不可少的程序，不同的机构组织形式会影响上述调查程序，进而也会对反补贴的调查产生影响①，等等。进一步澄清多边补贴纪律中的模糊空间、解决潜在问题，实则是在明确甚至是释放各成员财政补贴政策的潜在可利

---

① 在当前反补贴调查实践中，有些 WTO 成员将二者的调查程序交由单一机构负责，比如欧盟，欧盟委员会是处理欧盟反补贴调查的主要执行部门，负责对补贴的认定以及对补贴损害的认定。而有些 WTO 成员将二者的调查程序分别交由两个相对独立的机构负责。以美国为例，负责反补贴调查与认定的政府机构是两个不同的部门，其中美国行政主管部门商务部负责对补贴的认定工作，一旦商务部认定补贴行为存在，则接下来的程序是由独立的准司法机构美国国际贸易委员会对商务部认定的补贴进行判定是否该补贴对美国国内产业造成实质性损害或威胁或者产生实质性阻碍。不同的机构组织形式可能也会对反补贴的调查产生影响。单一机构的反补贴调查组织形式在反补贴调查中效率可能更高，但鉴于其在反补贴调查中的权限过于集中，在调查中对补贴行为的认定与补贴损害的确定可能会有更多的操控空间，从而形成有利于补贴申诉方的调查结果，比如反补贴调查中有夸大补贴损害结果的风险。多机构负责的反补贴调查组织形式可能没有单一机构的效率高，毕竟涉及多个部门之间的配合与协调，但在反补贴调查结果形成的过程中，多部门之间则形成了权限之间的制约，相比于单一机构的调查过程，最终的调查结果可能更为客观、中性一些，同时也防止了反补贴调查的滥用，甚至有目的性的操控。

用空间。除此之外，在不可诉补贴失效前，鉴于不可诉补贴在解决市场失灵问题时所产生的正外部性，SCM 给予此类补贴相当大的政策空间。倘若未来 SCM 恢复不可诉补贴，并扩大不可诉补贴的适用范围，那么 WTO 成员的财政补贴政策空间将会有更多的可能性，但与此同时，则需要加强相关补贴通知的义务要求，以避免用于其他目的的补贴项目"变身"为"不可诉补贴"。

据此，结合中国的财政补贴政策实践，中国在《中国关于世贸组织改革的建议文件》中给出了具体且有针对性的建议，如"恢复不可诉补贴并扩大范围；澄清并改进反倾销价格比较相关规则，改进日落复审规则；澄清和改进补贴认定、补贴利益确定、可获得事实等补贴和反补贴相关规则，防止反补贴措施滥用；改进反倾销反补贴调查透明度和正当程序，加强效果和合规性评估；给予发展中成员、中小企业和公共利益更多考虑，等等"。

9.5 GATS 与中国财政补贴政策空间

鉴于服务业在国民经济发展中的重要地位，财政补贴对服务业发展的作用不仅仅体现在实现经济政策目标，同时也涉及广泛的社会福利目标。各 WTO 成员意识到补贴对服务贸易的影响，也认识到可能存在的扭曲作用，各成员一直通过多方谈判试图解决这些问题，但服务贸易并不像货物贸易与农产品贸易已经有了较为明确的有关补贴的多边纪律规范。目前，GATS 尚未对服务贸易补贴作出明确的界定，但在实践中，各成员已经在服务业内采取了类似于货物贸易中普遍存在的补贴措施，诸如税收激励、信贷优惠等，甚至采取了直接补贴的方式。如何有效约束补贴的扭曲作用，同时也要兼顾补贴作为财政政策所本应具有的正当性的前提是对服务补贴的政策效果进行有效评估。鉴于服务贸易自身的诸多特点（如：服务部门繁杂、服务提供模式多样等），各成员方对服务贸易的规模、结构等方面的统计口径不一，导致了针对补贴的政策效果评估难以成形。与此同时，考虑到多边补贴纪律规范中的平衡性程序（即，补贴措施与反补贴措施），GATS 并未直接明确给出，当一成员方受到其他成员补贴措施的不利影响时，该如何采取有效的救济措施。目前，GATS 对此问题的解决方式也只停留在 GATS 第十五条第 2 款的"磋商"要求上，而并未有相应的强制性措施予以保障，仅仅是尽"积极考虑"之义务。此外，对发展中国家而言，服务业的发展程度以及在国民经济中的重要地位不及发达经济体，类似于 SCM 与 AoA，GATS 既需要考虑到补贴对发展中国家成员经济发展的重要性，也需要基于发展中成员对补贴政策灵活性的需求，并给予相应的特殊与差别待遇。SCM 是由美国、加拿大等主要发达经济体的国内法推广到 WTO 多边体系下的纪律规范，鉴于此，在 GATS 下的补贴纪律的最终形成需要更多发展中国家成员的积极参与，争取服务贸易领域内的规则制定的主动权，而不应同"SCM 的适用与国内法的构建"之间的关系那样一直处于被动的地位，将多边规则直接引入国内而被动适用。

GATS 采用了最惠国待遇的一般义务与具体承诺减让义务（主要是"市场准入限制"与"国民待遇限制"以及其他承诺等）的框架对服务贸易领域进行规范，WTO 成员基于自身贸易自由化的程度，可自主选择在减让表中某种服务部门类别下某种服务提供模式的承诺以及豁免条件，GATS 并没有强制 WTO 成员作出减让承诺的底线，此外，GATS 还规定 WTO 成员可就影响服务贸易的其他措施进行谈判，并将谈判结果形成附件承诺。鉴于 WTO 各成员方在 GATS 下服务贸易自由化的目标和水平不完全一致，各成员方根据各自的承诺减让表而承担不同的义务。正因如此，在服务贸易领域内，各 WTO 成员的国内政策制定有了充分且自由的空间。

正如 GATS 第一条所述，GATS 适用于各成员影响服务贸易的措施，而补贴则是影响服务贸易的措施之一。服务贸易领域内的"补贴"应适用于 GATS 的所有条款，这类似于"补贴"的"负面清单"标准，没有明确排除适用"补贴"的条款即可全部适用。鉴于 GATS 规则的这种特殊性，服务贸易领域内的补贴规范就集中在市场准入、国民待遇、最惠国待遇、额外承诺、垄断与专营性服务以及救济措施等承诺义务上。

截至2007年，中国服务贸易领域开放承诺已全部履行完毕。根据中国具体承诺表及其勘误表，可以清晰地看出：在"水平承诺"中我国服务贸易提供模式一（跨境支付）和模式二（境外消费）没有限制，在"市场准入限制"中模式三（商业存在）和模式四（自然人流动）列明了具体的限制条件；在"国民待遇限制"中模式三下列明对"试听服务、空运服务和医疗服务部门中的国内服务提供者所有现有补贴不做承诺"，模式四下作出与市场准入一致的承诺。"部门承诺"是对"水平承诺"的进一步补充，"水平承诺"必然约束"部门承诺"。在"部门承诺"中，具体承诺主要集中于"市场准入限制"中的模式三和模式四以及"国民待遇限制"中的模式四，而对模式一和模式二的限制较少。从中国具体承诺表的广度来看，我国服务贸易部门开放度已经比较高；而在承诺开放的深度方面，不同部门间存在比较大的差别。[①]《中国与世界贸易组织》已经明确指出，"在世贸组织分类的12大类服务部门的160个分部门中，中国承诺开放9大类的100个分部门，接近发达成员平均承诺开放108个分部门的水平"。

正如《中国与世界贸易组织》中所述，中国不刻意追求货物贸易顺差，客观看待目前服务贸易存在的逆差。当前，美、欧、日等发达经济体服务产业发展成熟，在服务贸易中处于顺差地位，中国正处在服务业的发展期，是贸易逆差方。基于发展的视角，可以前瞻性地看到，未来中国服务业发展成熟后，必定会与这些发达经济体在国际市场上产生激烈竞争，在这个过程中补贴与反补贴问题可能会大量涌现。鉴于GATS下补贴与反补贴纪律并不成熟，这就给利用补贴措施扶持本国服务业发展提供了较大的政策空间。更为重要的是，在利用多边规则促进国内服务业发展的同时，中国应该争取服务贸易领域内规则谈判与制定的主动权，在推动GATS下

---

① 徐兆东. 中国服务贸易补贴政策研究[D]. 北京：中国社会科学院研究生院，2014.

补贴与反补贴纪律最终形成的过程中，更多地体现出自我意志。其原因在于，SCM是由美国、加拿大等主要发达经济体的国内法推广到WTO多边体系下的纪律规范，鉴于此，GATS下补贴纪律的最终形成应需要更多发展中国家成员的积极参与，争取服务贸易领域内的规则制定的主动权，而不应同"SCM的适用与国内法的构建"之间的关系那样一直处于被动的地位，将多边规则直接引入国内而被动适用。

9.6 AoA 与中国财政补贴政策空间

农业领域内，发达国家与发展中国家对贸易自由化的承诺是不对等的。在农业补贴、农产品市场准入等问题上发达国家与发展中国家一直无法达成协议。对农业的大规模补贴是发达国家保护本国农业发展的基本政策手段，而发展中国家认为发达国家对农业领域的保护程度过高，希望发达国家开放农业市场并降低农业补贴。尽管AoA对农业领域内的补贴纪律有了较为明确的规范，但是依然存在诸多不合理的地方。中国在《中国关于世贸组织改革的建议文件》中已经指出，"现行农业纪律存在严重不公平、不平衡、不合理，主要体现在"综合支持量"（AMS）方面。部分发达成员享受承诺水平较高的AMS，可以提供远高于微量允许水平的黄箱补贴，对农业生产和农产品贸易造成严重扭曲。大多数发展中成员没有AMS……"。

AoA规定了WTO成员削减AMS的义务，即"以1986—1988年为基期，计算基期AMS，从1995年开始，发达国家在6年内以每年20%的比例削减AMS，发展中国家则在10年内以每年13%的比例削减，最不发达国家无削减义务"。与此同时，AoA也规定了微量水平，即"特定农产品AMS不超过该农产品生产总值的5%（发展中国家则为10%），非特定农产品AMS不超过全部农业生产总值的5%（发展中国家则为10%）"，当AoA要求削减的黄箱补贴水平低于微量水平，则无须履行削减承诺。尽管AoA对补贴的纪律规范较为明确，但鉴于在履行AoA义务以及享受AoA权利时各成员之间的能力存在较大差异，故而导致 AoA 依然存在诸多不合理的地方。以中国为例进行分析说明。作为发展中国家，中国并未享有允许对农业出口进行补贴的权利，对在微量水平上所应享受的特殊与差别待遇也作出了巨大让步。特别值得注意的是：在《报告书》D 部分（影响货物贸易的国内政策）第 9 条（农业政策）的第 237 段中还有这样的表述："一些工作组成员注意到，WT/ACC/CHN/38/Rev.3. 号文件中的中国国内支持表显示，DS:4 表中中国的基期综合支持总量为零。他们还注意到 DS:5 表中的特定产品支持为负数。"基于这样的事实，在 AoA 的规范下，中国享有的黄箱补贴政策空间被大幅挤压至可以利用的微量水平上。而 AoA 给予发展中国家的正常微量水平为 10%，相比于其他发展中国家，中国只有 8.5% 的空间。进一步地，在《报告书》中，中国又作出了较大程度的让步，放弃了 AoA 给予发展中成员的部分特殊与差别待遇，即"中国的综合支持总量承诺水平可以免除削减承诺，但被计入综合支持总量的计算之中"。至此，在仅有的 8.5% 的黄箱补贴水平下，中国对农业补贴的政策空间又被进一步挤压。中国的例子已经表明现行 AoA 存在诸多不公平、不平衡、不合理的地方。鉴于 AoA 是渐进式的框架协定（WTO 各成员间通过谈判而形成的承诺属于 AoA 的重要组成部分），这也注定农业领域内多边纪律规范的形成将是一个不断完善的渐进式的过程。在 AoA 持续对农业支持和保护逐步进行实质性的削减，纠正和防止世界农产品贸易的限制和扭曲的过程中，中国更应在 AoA 中争取有利的主动地位，为中国财政补贴政策在农业领域内的实践赢得更为自由的政策空间。

9.7 GPA 与中国财政补贴政策空间

在 WTO 多边体系框架下，有一些诸边协定，对于 WTO 成员而言，可选择自愿加入，并受其纪律约束，也可选择不加入。这不同于各成员在加入 WTO 时所接受的"一揽子"多边协定那样，不可能存在条约挑选的余地。

在这些诸边协定中,《政府采购协定》(GPA)与财政补贴有着较密切的关系。GPA与财政补贴之间之所以密切相关,主要是因为政府采购与财政补贴所产生的政策效果存在一致性,政府采购作为财政支出管理的重要措施之一,同财政补贴一样属于一国财政政策的常用工具。从政府与市场的关系角度看,相比于财政补贴,政府采购可能更直接地发挥了政府在资源配置中的作用,因为在政府采购计划中,政府是市场中唯一的买主,其需求规模较大,从而对市场的刺激也更为明显,比如政府采购可以通过限制采购的对象与范围,来培育某些企业的市场竞争力(如促进中小企业、科技创新型企业的发展),促进产业结构优化升级(如促进主导产业发展、扶植新兴产业发展),带动某一区域的经济发展与结构转型(如支持不发达地区和少数民族地区发展)。

从GPA的产生历史看,其与WTO下的SCM的发展路径颇为相似,均是从一国国内法进一步发展成为国际法层面的多边纪律规范。补贴与反补贴规则最初是由美国、加拿大等发达国家的国内法实践而来,经由GATT/WTO框架下的多轮谈判而最终形成SCM。对于政府采购而言,随着各国国家公共服务能力的增强,大多数国家的政府及其控制机构在20世纪50年代之后逐渐成为货物和服务市场上的主要参与方之一,政府采购所占市场份额逐步增加,在全球市场范围内,政府采购市场的开放性问题需要相应的纪律约束予以规范。20世纪70年代,欧盟(欧共体)最先开始了相关实践,颁布了《关于协调公共工程服务合同、公共供货合同的授予规则和程序》,在欧盟的推动下,政府采购作为一项议题被GATT纳入东京回合中进行谈判,最终,美、欧等发达国家之间达成了一项关于政府采购的诸边协定,相关的纪律规范只约束诸边协定的参加方。在随后的乌拉圭回合谈判中,经过对该诸边协定的修订与补充(比如,将政府采购协定约束的领域由之前的货物采购领域扩大到服务和建筑服务领域,将之前约束的采购主体由之前的中央政府实体扩大到地方政府和公共事业等重要的公共采购实体),随着1995年GATT过渡到WTO,GATT下的政府采购协定也最终形成了WTO下的GPA。从GPA的框架内容看，GPA主要明确了4个方面的内容（适用范围、政府采购基本原则和规则、争端解决、政府采购委员会等），共由24个条款与4个附录构成。WTO下的GPA历经三次修改，最新版本的GPA于2012年完成修订，并于2014年生效。目前GPA的参加方共有20个，包括了48个WTO成员，其中欧盟及其27个成员以欧盟的统一身份加入GPA。从当前GPA的成员构成结构看，多以发达国家成员为主。中国在2001年加入WTO时并未加入GPA，但承诺有意加入GPA，并于加入WTO之日起成为GPA的观察员。

　　GPA的基本原则为"国民待遇"与"非歧视原则"。加入GPA则意味着政府采购市场的开放，参加方成员将不再拥有利用政府采购优先购买本国货物、服务与工程，扶持本国产业、企业发展的政策空间，这些类似的歧视性政策被禁止，国外企业将享受参加方成员给予的国民待遇。加入GPA的谈判包含两个方面，其一为出价谈判，主要涉及政府采购主体、政府采购项目与开放门槛以及适用例外情形等谈判内容，其二为法律调整谈判，即申请加入GPA的参加方按照与GPA规则相一致的原则，通过谈判修改国内相关的政府采购法律法规。中国在加入GPA的谈判过程中，在出价谈判方面，中国于2007年提交了第一份GPA出价清单，截至2019年底，中国已经向WTO提交了7份出价清单，给出中国政府采购市场拟对外开放的范围。从历次中国的出价清单看，GPA中的采购实体范围在不断扩大，除了中央层级的政府实体，还包括大部分地方层级的政府实体，同时有多家国有企业与公共事业单位也进入GPA的实体范围内；GPA中的货物采购、服务采购与工程采购范围在不断扩展，相关的一些例外规定也在删减；GPA的采购门槛进一步降低，基本与大部分GPA参加方保持一致的水平。在法律调整谈判方面，当前《中华人民共和国采购法》2014年修正》（以下简称，中国《政府采购法》）与GPA在多个方面存在不一致性，其中一个最主要的问题反映在"GPA的非歧视原则与国货优先原则的冲突"。中国《政府采购法》第十条所述"政府采购应当采购本国货物、工程和服务"，这表明在尚未开放政府采购市场的前提下，政府采购在法律上确定了国货优先的原则，这一原则的动机已经在中国《政府采购法》的第九条中有所明确，即"政府采购应当有助于实现国家的经济和社会发展政策目标，包括保护环境，扶持不发达地区和少数民族地区，促进中小企业发展等"。在第十条的例外情形中（即在中国境内无法获取或无法以合理的商业条件获取；为在中国境外使用而进行采购的；其他法律、行政法规另有规定的）也考虑到购买国外企业提供的货物、服务与工程的情况。

在中国开放政府采购市场前，利用政府采购达到与财政补贴一致性效果的政策空间是存在的。按照GATT1994第三条（国内税与国内规章的国民待遇）第8款的规定，有关政府机构采购供政府公用、非为商业转售或用以生产供商业销售的物品的管理法令、条例或规定不适用国民待遇。据此，政府采购可以优先购买本国货物，通过政府采购优先购买本国货来促进本国相关产业的发展（徐进亮等，2012）[1]。但随着中国加入GPA的谈判进程加快，这一政策空间正在收窄，综合GPA谈判中的两个方面，可以发现：出价清单中的采购实体包括的范围越大，采购项目越多，采购门槛越低，例外规定越少，则采购市场开放的程度越大，进而对国内的政策利用空间压缩越明显。与此同时，中国《政府采购法》在对接GPA的过程中，GPA中确立的"国民待遇"与"非歧视原则"也会进一步限制政府采购优先购买本国货的可能性。从当前GPA参加方与中国的谈判趋势看，国有企业是否被纳入政府采购实体是中国与许多GPA参与方的一个重要分歧，GPA参加方一直关注中国国有企业和国家投资企业在有关货物和服务的购买和销售的决定和活动方面是否受到任何政府影响或实施歧视性措施，并要求中国将国有企业的采购纳入政府采购的开放清单中。此外，中国是否可以援引与适用"特殊与差别待遇"条款（GPA考虑到发展中国家和最不发达国家对发展、财政和贸易的灵活性需求，在国民待遇与最惠国待遇的适用

---

① 徐进亮，刘婉莹，王光. 政府采购扶持少数民族地区的若干政策建议——以"本国货物"的合理界定为视角[J]. 贵州民族研究，2012，33(04):29-32.

例外、过渡措施、实施期等方面给予发展中成员特殊与差别待遇），也是 GPA 谈判过程中的另一个主要分歧。上述分歧可能会导致政府采购政策空间收窄，在正式加入 GPA 之前，中国应充分抓住最后的政策适用空间，利用政府采购政策培育中小企业与创新型企业竞争力、促进产业优化升级、推动落后地区的区域经济发展。从时间维度看，未来一段时间内，争取中国在 GPA 中所享受的发展中国家待遇，一方面在过渡期内使用较高的政府采购门槛，采取棘轮式的政府采购门槛，延长过渡期并逐年降低；另一方面适度延长 GPA 的实施期。从空间维度看，需要注意到中国当初在《报告书》中已经给未来 GPA 的谈判留下了政策空间，即所有有关国有企业和国家投资企业的属于商业性质而非用于政府目的的货物和服务采购，将适用于 GATT 与 GATS 中的国民待遇、最惠国待遇与市场开放等多边纪律规范，并不适用于与政府采购有关的规则。另外，考虑到 GPA 允许对少数民族、落后地区提供优惠政策，中国应充分利用这一规则例外，扩大政府采购的政策空间，在出价清单中将"为扶持中小企业、促进少数民族和贫困地区发展进行采购的项目"作为中国政府开放采购市场的例外，从而达到与财政补贴类似的政策效果。

9.8 本章小结

通过对 WTO 框架下多边补贴规则的趋势分析，本书认为：中国的财政补贴政策空间与"国有企业""市场经济地位""发展中国家待遇""政府采购"密切相关。具体表现在：（1）国有企业与中国财政补贴政策空间。国有企业以及国有商业银行是否构成补贴的主体，将直接影响被 SCM 定性为补贴的可能性。国有企业作为补贴的客体，则与之有关的"竞争中性"原则，旨在消除政府基于对国有企业的所有权和控制权而给予其政府援助，使得国有企业在市场中获得的竞争优势。（2）市场经济地位与中国财政补贴政策空间。对于某一 WTO 成员市场经济地位的确定将直接影响到判定倾销和补贴是否存在以及倾销与补贴规模大小的基准，一旦基于"市场扭曲"作为各国判断倾销与补贴的关键因素，那么《议定书》第 15 条中的终止适用面临"名存实亡"的风险，中国将长期受到国外的反倾销与反补贴压制，财政补贴的政策空间也随之收窄。(3)发展中国家待遇与中国财政补贴政策空间。中国以发展中国家身份在享受特殊与差别待遇方面，已经作出了不少让步，并积极承担了与自身发展水平和经济能力相符的义务。但已有的工业补贴与农业补贴政策空间对中国而言，一旦失去了被认可的"发展中国家"地位，那么现有以及将来将面临更大的来自美、欧、日等发达经济体的竞争压力，自身的发展空间也将受到不可逆转的影响。(4)GATS 与中国财政补贴政策空间。从中国具体承诺表的广度来看，我国服务贸易部门开放度已经比较高；而在承诺开放的深度方面，不同的部门存在比较大的差别。鉴于 GATS 下补贴与反补贴纪律并不成熟，这就给利用补贴措施扶持本国服务业发展提供了较大的空间。(5)GPA 与中国财政补贴政策空间。在中国开放政府采购市场前，利用政府采购达到与财政补贴一致性效果的政策空间是存在的，但随着中国加入 GPA 的谈判进程加快，这一政策空间正在收窄。

第 10 章

主要结论与政策建议

10.1 主要结论

本书对 WTO 补贴规则与中国财政补贴政策选择进行研究，始终围绕着"财政补贴政策空间的边界"与"财政补贴政策选择的框架"两条主线在讨论以下几个问题：

1.在当前 WTO 框架下，已有的多边补贴规则有哪些？

2. WTO 改革背景下，有关补贴规则的多边纪律规范未来可能有哪些变化？

3.中国财政补贴政策应该怎么选择？

4.WTO 补贴规则下中国财政补贴政策的边界在哪里？

5.当前以及未来中国财政补贴的空间有多大？

通过本书前 9 个章节的论证，上述 5 个问题基本有了明晰的解释。

本书结论如下：

1.在当前 WTO 框架下，已有的多边补贴规则有哪些？

WTO 框架下，明确且较完善地对补贴进行规范与约束的规则是《补贴与反补贴措施协定》(SCM)，鉴于服务贸易与农业贸易的特殊性，在这两个领域内，关于补贴的纪律自然而然也具有自身的特殊性，相对应的有关补贴的规则则体现在 WTO 框架下的《服务贸易总协定》(GATS)与《农业协定》(AoA)之中。其中，GATS 对补贴的态度较为温和，GATS 对于补贴的规范是方向性的。而 AoA 与 SCM 之间的关系，更像是特殊与一般的关系。AoA 从"国内支持"与"出口补贴"两个方面对多边补贴纪律进行了规范。当前，AoA 中对于农业领域内的补贴纪律就主要体现在"国内支持"部分。

2.WTO改革背景下，有关补贴规则的多边纪律规范未来可能有哪些变化？

WTO框架下多边补贴规则的改革趋势将集中在"国有企业""发展中国家待遇"等问题上面。具体而言：

（1）WTO并未对国有企业明确界定，国有企业的定义范围直接影响到与国有企业有关补贴规则与纪律约束的适用范围，但从当前有关多边纪律对国有企业规范的发展趋势看，国有企业的经营活动受到的约束范围可能会增大，国有企业作为主体被泛化为公共机构的可能性在增大，或作为客体被认定受到政府补贴的可能性在增加。

（2）对发展中成员的认定标准直接影响着特殊与差别待遇的适用。短期看，发展中成员与发达成员之间发展水平的差异将持续存在，这也导致发展中成员在多边规则谈判以及义务承诺减让水平上表现出不同程度的能力缺失，不同发展中成员会依据自身发展的实际情况而作出例外的承诺。长期看，对于发展中成员的"毕业"机制的设计，未来可能是一个趋势。

3.中国财政补贴政策应该怎么选择？

（1）中国实行财政补贴政策的主体通常涉及中央政府及地方政府等多层级政府，中央政府与地方政府在财政补贴政策的实施过程中存在着合作与监督的关系。

（2）财政补贴政策实施的基本原则是应该处理好"政府与市场"（财政补贴更应该体现在市场失灵的情况下，"有为"政府的积极干预作用），"政策成本与政策收益"（考虑到补贴的机会成本以及可能引起的寻租成本，补贴政策应采取最有效率的方式）这两对关系。

（3）在实现不同政策目标时，需要考虑到补贴受益群体的多样性与标准的设定、补贴方式与路径的选择等问题。

（4）在区域经济发展层面，在处理缩小地区间的经济发展差距的问题上，政府补贴应该扩大"扩展效应"的作用规模，丰富"扩展效应"的实现方式，加快"扩展效应"赶超"极化效应"与"回程效应"的速度。

（5）在产业发展层面，加大对萌芽期的新兴产业财政补贴的力度与规模，促进其较快进入产业成熟期，进一步发展为主导产业或是支柱产业。财政补贴应加速主导产业进入成熟期，并进一步促进其发展为支柱产业。在培育主导产业的过程中，财政补贴的引导作用可以充分释放主导产业的产业关联效应。对于基础产业而言，通过财政补贴帮助其提供基本产出，增大供应量，保护产业安全。当基础产业的发展进入到衰退期，则应通过财政补贴促进产业内的生产要素优化重组，平稳实现转型升级。

（6）在企业竞争层面，上游企业更倾向于政府对研发投入的补贴、融资补贴与要素补贴，中游企业更倾向于融资补贴、要素补贴与研发补贴，下游企业倾向于消费补贴、融资补贴以及税收抵减等。消费补贴使得下游企业的受益程度要大于上游与中游企业，而生产补贴使得上、中游企业受益要比下游企业更直接，当同时实施消费补贴与生产补贴时，上游企业与中游企业会增加对供应链的控制力，下游企业则会需求更多的政府支持。

（7）开放经济环境中，基于当前WTO面临改革的形势，中国的补贴政策选择应着眼于利用现有多边规则，确保充分可用的既有政策空间不被挤压，与此同时，更应视中国在国际经贸规则制定与谈判中的主导权，主动争取未来规则变化中的可利用的政策空间。

4. WTO补贴规则下中国财政补贴政策的边界在哪里？

（1）理论层面：在开放经济环境中，一国财政补贴政策具有"外溢性"，一国的补贴政策会传导到他国并产生间接影响，与此同时，其他国家的补贴政策也会对本国的经济产生影响。鉴于此，多边规则下有关财政补贴纪律的核心就聚焦在，补贴在国际市场资源分配中通过影响竞争进而引起资源配置扭曲的程度上。因此，补贴政策"外溢性"导致了一国国内政策在多边规则下随时面临着被诉的风险。"制度性差异""竞争模式"等方面是主要风险因素。从规则自身看，"已有纪律规范与潜在问题""尚有纪律规范的完善"等因素也值得关注。

（2）法律层面：基于中国在WTO框架下的多边权利与义务，中国财政补贴政策在WTO框架下的多边纪律规范边界为：补贴信息通报的义务与有关国有企业的规范被明确，大部分符合WTO规则的补贴项目得以保留，SCM中的禁止性补贴以及农产品出口补贴被取消，补贴价格可比性的方法被确定，同时有选择性地保留了发展中国家的部分特殊与差别待遇。

（3）实践层面：当前中国可以保留和实施补贴的项目已经相当丰富，当前中国的财政补贴政策框架与入世时的情况基本保持一致，主要是从八个维度（产业发展促进、产业调整升级、科技创新研发、节能减排环保、资本市场发展、中小微企业发展、社会福利政策、经济对外开放）展开。从中央政府下沉到地方各级政府，地方政府与中央政府在补贴实践上的框架与思路基本保持一致，但在地方政府实践中，其补贴政策目标更微观、更具体且具有地方特色。

5. 当前以及未来中国财政补贴的空间有多大？

中国的财政补贴政策空间与WTO框架下的多边（SCM、GATS、AoA）或诸边（GPA）规则的特征密切相关，也与有关"国有企业""发展中国家待遇"等议题的WTO改革密切相关。

（1）SCM中的纪律规范存在诸多不足与模糊空间。在WTO改革过程中，进一步澄清SCM纪律中的模糊空间、解决潜在问题，实则是在明确甚至是释放财政补贴政策的潜在可利用空间。

（2）我国服务贸易部门开放度已经比较高，但在承诺开放的深度方面，不同的部门存在比较大的差别。鉴于GATS下补贴与反补贴纪律并不成熟，这就给利用补贴措施扶持本国服务业发展提供了较大的空间。

（3）AoA在持续对农业支持逐步进行实质性削减的过程中，中国所承担的承诺存有诸多不公平、不合理的地方，鉴于AoA是一个渐进式的框架协定，在AoA不断完善并继续纠正世界农产品贸易限制与扭曲的过程中，中国更应在 AoA 中争取利用规则甚至是主导规则谈判的主动权,在农业领域赢得更为宽松的政策空间。

（4）在中国开放政府采购市场前,利用政府采购达到与财政补贴一致性效果的政策空间是存在的,但随着中国加入 GPA 的谈判进程加快,这一政策空间正在收窄。

（5）国有企业以及国有商业银行是否构成补贴的主体,将直接影响被 SCM 定性为补贴的可能性。国有企业作为补贴的客体,则与之有关的"竞争中性"原则将对国有企业补贴的政策产生更大的压力。

（6）中国以发展中国家身份在享受特殊与差别待遇方面,已经作出了不少让步,并积极承担了与自身发展水平和经济能力相符的义务。一旦失去了被认可的"发展中国家"地位,自身的发展空间也将受到不可逆转的影响。

10.2 政策建议

在全球经济持续低迷,逆全球化浪潮兴起的大背景下,贸易保护主义与单边主义有所抬头,部分国家会更加注重保护本国国内的就业水平与产业安全,通常会采取大规模的经济刺激计划。在经济刺激计划中,推动经济增长的三股力量分别是消费、投资与进出口,因此,政府会增加财政支出,刺激消费与投资,促进出口。这里就存在国家之间政策博弈的情况:一方面,补贴作为常用的财政政策工具,部分国家会积极利用这一工具刺激国内经济实体,比如补贴消费者、补贴生产者;另一方面,鉴于开放经济环境中财政补贴政策所具有的"外溢性",实施财政补贴的国家,并不希望他国的类似措施对本国造成不利影响,故而倾向于采取有针对性的反制措施,利用多边补贴规则甚至是试图改变相关规则,来限制并约束他国的经济刺激计划。鉴于此背景,一国的财政补贴政策选择,除了需要分析当前多边补贴规则的可利用空间外,长远地看,更应该分析并引导未来规则的变化趋势，主动争取更大的有利空间，与此同时，在这一过程中通过自身的不断调整也可以释放出更多可利用的政策空间。

针对美、欧、日等发达经济体对中国财政补贴政策的质疑，中国应该有策略性地区别对待：从战略层面看，近年来的逆全球化风波使得全球化进程受阻，中国在继续保持对外开放的同时，应将重心转向对国内政策环境的改革与完善上来，处理好"国内改革"与"对外开放"的关系；与此同时，中国更应主导国际经贸规则的谈判与制定，不断削减在实现价值链向中高端迈进过程中的规则约束与壁垒障碍。从战术层面看，着眼于国有企业问题、市场经济地位问题、发展中国家地位问题，中国应充分利用现有的政策空间、主导规则的多边谈判并主动争取未来规则的利用空间；与此同时，在不断调整与改革的过程中进一步释放政策空间。

10.2.1 国有企业问题

1. 利用现有空间

（1）国有企业作为补贴主体

不认可美、欧等发达国家成员将国有企业纳入"公共机构"的认定范围。"公共机构"这一概念最初出于东京回合中美欧之间的博弈，其目的在于在《补贴守则》中约束欧洲一些国家的地方行政机构（朱绵茂等，2019[1]）。从历史动机角度看，美、欧等 WTO 成员借"公共机构"概念来规范国有企业并不合适。从纪律规范方面看，中国已经在《报告书》中明确表明，国有企业（包括银行）提供的财政资助不一定违反SCM规定。这一说明也为国有企业补贴问题的处理争取了适当的规则空间。从WTO争端解决实践看，在有关"政府控制说"与"政府权力说"两种认定方法（陈卫东，

---

① 朱绵茂，陈卫东，陈咏梅，等. WTO改革的中国学者方案 笔谈[J]. 南海法学，2019，3(01):1-16.

2017①）的选择上，相对而言，"政府权力说"的认定方法得以确立和巩固（廖凡，2017②），这为国有企业作为补贴主体这一问题的解决提供了较为有利的规则适用空间。

（2）国有企业作为补贴客体

在区域性经贸协定中出现的"竞争中性"原则，其目的在于维护不同市场主体之间公平竞争的市场环境。尽管国有企业有其特殊性，但是国有企业出于商业目的的市场属性不应该被一些特殊、歧视性的补贴纪律所限制，应正确运用"竞争中性"原则，确保不同所有制企业在进行商业活动时的公平竞争环境。

2. 主动创造空间

WTO 多边规则中并未有专门针对国有企业的纪律规范。因此，有必要结合中国国有企业的发展规律与改革方向，提出构建有关国有企业的多边纪律规则，其主要的立足点在于合理界定国有企业的市场主体地位，明确国有企业市场属性与商业属性的条件与标准，为国有企业营造一个公平竞争的市场环境，从规则制度层面为国有企业的发展赢得更大的空间。与此同时，在参与多边或区域规则的谈判过程中，也要防止部分发达成员利用规则漏洞（比如泛化国有企业的定义）对中国国有企业的发展与改革造成压力，更要坚决抵制单独针对国有企业设立的带有所有制歧视的待遇规则。

3. 改革释放空间

从本质上看，当前国内国有企业的改革思路与WTO所坚持的公平竞争原则以及部分区域经贸协定中所要求的"竞争中性"规则是一致的。国有企业改革一方面涉及企业内部的公司制改革（推行公司法人治理）、企业分

---

① 陈卫东. 中美围绕国有企业的补贴提供者身份之争：以WTO相关案例为重点[J]. 当代法学，2017，31(03):21-30.

② 廖凡. 政府补贴的法律规制：国际规则与中国应对[J]. 政治与法律，2017，(12):2-11.

类改革（区分商业类与公益类），另一方面也涉及企业外部环境的混合所有制改革（促进不同所有制资本共同发展）。一系列的国有企业改革最终目的就在于完善不同所有制企业在进行商业活动时的公平竞争环境，这将为国有企业参与全球市场竞争赢得更为有利的外部环境。

10.2.2 市场经济地位问题

1. 利用现有空间

《议定书》第15条（a）项（ⅱ）目已经到期，现有WTO多边规则下，任何WTO成员不可再对中国适用"非市场经济地位"概念与待遇，否则该WTO成员将违背WTO的法律条约履约义务。因此，有关针对此标准而对中国发起的反倾销、反补贴调查与措施，中国完全有理由予以驳斥，维护应有的合法权益。

2. 主动创造空间

WTO多边规则中并未有关于"市场经济"的标准，并且《议定书》第15条中也并未明确2016年12月11日之后中国自动获得"市场经济地位"的条件，因此，这里就存在一个主动明确中国市场经济地位的问题。当前环境下，如何判定某一成员的市场经济地位，各WTO成员方拥有很大的自由裁量权。鉴于此，在WTO改革谈判中，中国应主动指出相应规则上的漏洞与标准上的缺陷（如，改进日落条款的设置与复审条件），并提出确定市场经济地位的标准与条件（主动向WTO成员明确中国的社会主义市场经济地位）。如有必要时，在与各WTO成员的双边谈判中应增加"关于承认中国完全市场经济地位"的备忘录。此外，需警惕美、日、欧等发达成员以"非市场导向政策与做法"以及"市场导向条件"为由，将"市场扭曲"适用于中国，进而对中国未来的产业政策、国有企业等议题形成新一轮不合理的约束。

3. 改革释放空间

市场体系是由商品市场、服务市场、要素市场构成的。改革开放 40 多年来，我国商品和服务市场发展迅速，目前 97% 以上的商品和服务价格已由市场来形成，而生产要素市场虽然经历了由无到有，由小到大的过程，但在运行过程中依然存在不同程度的行政干预过多、市场化运作不畅、资源配置效率不高等问题。鉴于此，《中共中央 国务院关于构建更加完善的市场要素市场化配置体制机制的意见》已经明确指出，"完善要素市场化配置是建设统一开放、竞争有序市场体系的内在要求，是坚持和完善社会主义基本经济制度、加快完善社会主义市场经济体制的重要内容"。当前，中国国内已经就促进要素自主有序流动、加快要素价格市场化改革、健全要素市场运行机制等方面开展了深入工作，其中主要涉及对土地、劳动力、资本等传统要素市场的继续完善以及对技术、数据等新型要素市场的培育构建等内容。中国始终坚持社会主义市场经济改革方向，加快完善社会主义市场经济体制，健全市场体系。以开放促改革，让世界充分了解中国，这将为中国未来发展争取有利的外部环境与政策空间。

10.2.3 发展中国家待遇问题

1. 利用现有空间

WTO 多边规则中并未有关于"发展中成员"的标准，这导致了部分成员的发展中国家身份并不一定自动被所有 WTO 成员所承认。然而，中国在 WTO 中的发展中国家身份的确认，早已在《报告书》中明确了，基于"务实"的方式，中国享有发展中国家的特殊与差别待遇，其中与补贴政策相关的多边纪律规范主要集中在 SCM、AoA 之中。

2. 主动创造空间

需要意识到发展中成员在 WTO 多边体系框架下面临着"规则赤字"的问题。这是因为不同发展中国家之间经济发展水平的差异所致。对此，应该在 WTO 改革谈判中，为不同经济发展水平的发展中成员进行较为客观且细致的分类，这个标准可以是动态的，也就是所谓的"毕业机制"，这种安排机制可以充分满足不同发展水平的成员在不同发展阶段的灵活性需求，但是相对应的分类标准与条件必须是客观的、明晰的。需警惕发达国家成员所提议的毕业门槛条件以及过渡期要求等背后的主观性、任意性，因为这背后隐藏着发展中成员所享有的特殊与差别待遇被动丧失的风险以及发达国家主动取消对发展中成员优惠待遇的风险。

3. 改革释放空间

以农业领域为例。作为发展中国家，中国享有部分特殊与差别待遇，比如黄箱补贴中有针对发展中成员的发展计划支持以及相比于发达成员更高的微量水平，但相比于其他发展中成员，基于"务实"的调整，中国对此作出了较大让步，中国的黄箱补贴水平只有 8.5% 的空间。中国在农业领域内的大量财政补贴主要用于农产品和农用生产资料的价格支持和贴息贷款等方面，这些多属于黄箱补贴的范畴。鉴于 AoA 的长期目标是持续对农业支持和保护逐步进行实质性削减，因此，黄箱补贴的空间逐步削减是必然趋势。中国当前的农业补贴结构中，黄箱补贴空间利用较多，而绿箱补贴结构尚不平衡。因此，农业领域内，中国的财政补贴政策选择应该利用空间换时间，即将 8.5% 水平下的黄箱空间作为过渡，逐步实现农业补贴结构的调整，在削减黄箱补贴的同时，用绿箱补贴替代黄箱补贴，充分挖掘绿箱空间，并积极开发蓝箱空间。

10.2.4 政府采购政策的政策空间利用

1. 利用现有空间：

政府采购已在法律上确定了国货优先的原则。在中国开放政府采购市场前，利用政府采购达到与财政补贴一致性效果的政策空间是存在的。因此，可以通过政府采购优先购买本国货来促进本国相关地区与产业的发展。

2. 主动创造空间：

为实现与财政补贴一致性政策效果的目的，在GPA谈判过程中，中国还可以主动争取有利条件的方向有二：其一，力争中国在GPA中所享有的发展中国家待遇，尝试采取棘轮式逐年降低的方式，设置较高标准的政府采购门槛，并争取延长过渡期与实施期。其二，充分利用当初《报告书》给未来GPA谈判预留的政策空间，对所有有关国有企业和国家投资企业属于商业性质而非用于政府目的的货物和服务采购，明确适用规则例外。此外，考虑到GPA允许对少数民族、落后地区提供优惠政策，中国应在出价清单中将"为扶持中小企业、促进少数民族和贫困地区发展进行采购的项目"作为中国政府开放采购市场的例外，利用这一规则例外，扩大政府采购的政策利用空间。

10.2.5 中国财政补贴政策的一般选择

开放经济环境中，一国实施财政补贴是基于优化财政支出结构的目的，且产生的政策外溢性并没有造成严重的市场扭曲，那么该国的政策选择空间不会受到多边补贴规则的约束。如第4章、第5章的论证分析表明，SCM对不同类型补贴的态度差异是以"市场扭曲"程度为标准进行区分的，禁止性补贴（出口补贴与进口替代补贴）是以过程为导向，而可诉补贴是以结果为导向，相比而言，禁止性补贴的纪律更为严格。尽管不可诉补贴（研发补贴、贫困地区补贴、环保补贴）已经失效，但是SCM对不可诉补贴的纪律是比较温和的。又如，政府可以针对国内消费者实施补贴，一方面可以刺激国内需求，另一方面也不会直接对他国产生市场扭曲的外溢性影响。再如，政府针对生产者的研发进行补贴，可能还会对他国产生正外部性影响，这是与WTO多边补贴规则相容的。但倘若政府采取直接针对生产者的财政补贴则可能更容易受到多边补贴规则的约束。尤其是当这些补贴政策具有歧视性特征的时候，更容易引起其他国家采取相应的反制措施，而采取反制措施的这些国家多与实施补贴政策的国家在全球价值链竞争中形成了显著的竞争关系。

根据第3章节的理论分析与第8章的经验分析，中国财政补贴政策选择可以从以下几个维度考虑：

1. 恢复不可诉补贴，并扩大不可诉补贴的适用范围，争取更多政策选择空间

在美、欧、日等发达经济体利用多边补贴规则改革向中国施压的背景下，一方面中国应着眼于利用现有多边规则，确保充分可用的既有政策空间不被挤压，另一方面，中国更应重视在国际经贸规则制定与谈判过程中的主导权，要主动争取未来规则变化中可利用的政策空间。基于中国补贴政策选择的经验总结，中央政府与地方政府的补贴政策目标大部分集中在产业发展促进、产业调整升级、科技创新研发、节能减排环保、社会福利政策等维度上。在这五个维度中，科技创新研发、节能减排环保与社会福利政策均在中央政府与地方政府的补贴政策维度中比重较高。可以发现，中央与地方各级政府层面相对集中的政策目标中的多个维度与WTO框架下《补贴与反补贴措施协定》中的不可诉补贴（企业研发补贴、贫困地区补贴以及环保补贴）相符。尽管该类补贴的争端豁免适用已经失效（在不可诉补贴失效前，《补贴与反补贴措施协定》给予此类补贴相当大的政策空间），但从《补贴与反补贴措施协定》对待该类补贴的温和态度可以看出，这类补贴的政策空间是可以充分利用的。鉴于此，为了主动争取这些正当性补贴的政策空间，中国应尝试在多边补贴规则改革谈判中要求重新恢复对不可诉补贴的适用，并积极要求扩大不可诉补贴的适用范围（尽可能覆盖科技创新研发、节能减排环保、社会福利政策等政策目标维度下的具体补贴领域），这将意味着补贴政策空间会有更多的可能性与可操作性。

2. 继续加大对基础产业与战略性新兴产业的支持，政策着力点应聚焦于研发类补贴

除了上述三个政策集中维度外，中央政府与地方政府在产业发展促进与产业调整升级维度上的补贴政策也相对集中，二者均重视补贴在基础产业与战略性新兴产业发展中的重要作用，有必要给予大量财政资金支持。但补贴政策的着力点应聚焦于研发类补贴（基础研发补贴以及以研发为导向的投资补贴）。其原因在于：一方面，研发类补贴的专向性特征并不明显（尤其是基础研发类的补贴），这类补贴不易被潜在受益群体所左右，其背后的寻租空间相对有限；另一方面，从WTO多边补贴规则看，尽管该类补贴的争端豁免适用已经失效，但这类补贴一般不具有专向性，因此该类补贴的政策空间依然存在。进一步地，该类补贴的实施方式应以财政拨款方式为主，以税收优惠方式为辅。原因在于：财政拨款具有资金规模较大、使用范围集中、扶助方式直接、政策反应较快等特点，长期持续性财政拨付为主的补贴方式（持续性补贴可以促使企业形成政策预期，从而稳定企业进行长期研发投资的决策）可以缓解基础研发投入通常所面临的研发投入不足的问题。相比于财政拨款这种直接财政资金支出方式，税收优惠对政府的财政支出压力相对较小，且以税收优惠的方式给予研发补贴可以避免因信息不对称而出现的财政资金无效投资以及投资效率低下等问题。因此，税收优惠需要辅助支持，可以阶段性补贴的方式去实施，这样可以灵活地调节不同企业在其不同发展阶段对研发投资的激励水平。

3. 不同层级政府在补贴政策实施中应相互配合

补贴政策的主体涉及多层级政府，中央政府与地方政府在补贴政策的实施过程中应该存在着合作与监督的关系。一方面，不同层级政府在补贴政策目标上基本保持一致，且中央政府与地方政府均重视基础产业与战略性新兴产业的发展。但地方政府的财政预算规模不大，财力不及中央政府，且不同层级政府所实施的补贴方式以及所给予的补贴标准与规模又不尽相同。鉴于此，为了实现不同层级政府之间的配合，在具体的补贴政策实施过程中，建议中央政府主导补贴政策的方向与框架，由地方政府来配合政策实施，地方政府根据各地区的实际情况确定具体的补贴标准与规模。由此，中央政府与地方政府可以实现财政资金配合，形成政策合力，同时也避免了地方政府间的不良竞争与过度补贴而导致的产能过剩、财政资金浪费、政策违规等问题的出现。另一方面，鉴于国际上多边义务的约束（诸如WTO补贴规则等），中央政府会逐渐减少，甚至是取消部分财政补贴，而地方政府基于发展区域经济的动机，可能会尝试去填补这些空白，以地方层级的补贴政策去实现类似的政策目标，从而形成隐蔽性补贴。虽然中央层级的财政补贴减少了，但是对地方政府的补贴政策的监管义务却增加了。因此，建议中央政府积极督导地方政府在实施补贴政策过程中的透明度与规范性。

4.处理好政府与市场的关系应是补贴政策选择的一个基本原则

理论层面上还需要注意补贴政策选择的一个基本原则。经济学理论认为市场力量是配置资源的最有效方式。一般情况下，补贴作为政府干预市场的一种方式被认为扭曲了资源的有效配置，其原因在于政府对资源的再分配产生了经济效率的损失。当市场不能发挥资源有效配置的作用时，作为次优的政策工具之一，补贴在一定程度上会弥补市场自身的非完备性。但当出现资源市场化配置的结果与社会福利目标不一致时，补贴是不是众多政府干预市场方式中的最佳方案，政府就需要考虑补贴政策的选择是否能够实现政府与市场这两种力量间的平衡，是否可以更完美地处理好政府与市场间的关系。

10.2.6 服务业领域的财政补贴政策选择

1. 从国内的服务业发展环境看

近年来，随着中国经济进入新常态，服务业在三大产业结构中的比重不断提升，2015年，服务业对GDP的贡献率首次超过第二产业，突破50%，达52.9%，2019年，服务业增加值占GDP的总值已达53.9%，对GDP增长的贡献率近六成，达到59.4%。按此趋势发展，服务业发展的空间将会进一步释放。

据 2019 年国家统计局的相关报告分析，按照传统服务业与现代服务业的分类方式看，批发和零售业、交通运输、仓储和邮政业、住宿和餐饮业等传统服务业比重不断下降，金融业、房地产等现代服务业占服务业增加值的比重在上升，对 GDP 的支撑作用逐渐显现。随着服务业结构的进一步优化，现代服务业的比重将不断上升，传统服务业比重将不断下降。

从服务业立体式发展结构看，服务业由生产性服务业（如：金融、物流、批发、电子商务等）、消费性服务业（如：教育、医疗保健、住宿、餐饮、文化娱乐、旅游等）、公共性服务业（如：政府公共管理、基础教育、公益性信息服务、公共医疗与卫生等）以及基础性服务业（如：通信服务、信息服务等）构成。其中，生产性服务由制造业部门延伸出来，消费性服务业是从消费部门独立发展出来，公共性服务业因其公共品属性，主要由政府提供。随着信息技术的发展，以人工智能、大数据、云计算、区块链为支撑的新兴技术不断与实体经济融合，在服务业领域内又形成了一种新兴的服务业态，即数字经济产业。

基于服务的立体式结构，生活性服务业根植于消费部门的各个方面，更贴近消费者市场，消费者的需求倾向改变将直接影响生活性服务业的发展方向，消费需求结构的变化将决定生活性服务业结构的变化。因此，为了促进消费性服务业的结构优化，实现提质增效，政府更适合采取持续性的消费补贴，持续性地激励消费者的决策行为，进而引导消费者的需求倾向改变。鉴于生活性服务业中的大部分部门也属于传统服务业，从这一点出发，生活性服务业的消费端补贴也有利于实现传统服务业结构优化的政策目标。相对应地，生产性服务业依附于制造业的发展，贯穿于制造业供应链上、中、下游的各个环节，正因此，生产性服务业具有很强的产业发展黏合度。生产性服务业的产业升级有助于实现更高的产业附加值。鉴于此，政府补贴政策的发力点应聚焦于生产性服务业的生产端，针对生产性服务业在制造业供应链中的融合点精准实施补贴政策。对于公共性服务业与基础性服务业，应处理好政府与市场的关系，坚持"有为政府与有效市场"的原则实施补贴政策，对于纯公共品与准公共品属性的服务部门（如国防、公共卫生等），容易出现市场失灵的问题而导致此类服务供给不足，因此政府应该坚持主导地位，增加财政支出予以扶持，对于具有正外部性、竞争性但不具有排他性的服务部门（如教育、交通等）或是新兴服务部门（这些新兴部门会对已有部门进行重塑，释放部门之间的关联效应，引导现代服务业的发展方向，可能成为未来服务业发展的主导部门，比如数字经济），应坚持以市场为导向，政府可以通过财政补贴的方式引导此类服务部门的可持续发展，培育市场活力，形成良性的市场竞争环境，丰富服务供给，但不应承担主导的角色，进而挤占私人投资与市场发展的空间。除此之外的服务部门，应充分发挥市场的力量，以实现各服务部门资源优化配置的最优状态。

2. 从服务业开放发展的环境看

中国虽然已成为世界第二大贸易国，但相对于货物贸易，中国的服务贸易发展规模相对不大，且长期处于逆差状态，新兴服务贸易部门发展相对滞后，外商投资服务贸易的比例相对偏低。在加入WTO时，中国已经就GATS中的12个大类中的9类，近100个小类的服务部门作出渐进式开放的承诺，其中金融、通信、旅游、运输以及分销服务等部门是中国对外开放的主要部门。截至2007年，中国服务贸易领域开放承诺已全部履行完毕。作为发展中国家，中国在服务业领域承诺的开放程度接近发达国家的承诺水平。

长期以来，中国在服务贸易出口中占据较大份额的部门主要有运输、旅行、建筑等部门，随着全球信息技术的快速发展，新兴服务的消费在加速升级，出口技术水平也在加速提升，中国原主要出口服务部门所占份额正在下降，与此同时，金融、电信、知识产权使用等服务部门的出口份额在不断增加。从全球范围看，世界服务贸易的结构正在发生着变化，总体趋势是以运输、旅游等为代表的传统服务贸易部门在服务贸易中的比重不断下降，而对应地，以金融、电信、计算机与信息服务、知识产权使用等新兴服务贸易部门在服务贸易中的比重正不断上升。在这一背景下，虽然中国的服务贸易结构也在优化，但是依然存在进一步发展的空间。

财政补贴对支持中国服务贸易发展发挥着重要作用。已有学者对此进行了专门的分析（蒙英华、于立新，2013[①]）。从财政补贴支持的服务部门看，随时间趋势依次为"技术服务——软件服务——运输服务——会计服务——文化服务——服务外包——中医药服务"。从财政补贴的对象看，涵盖了特定地区（如经济特区、经济技术开发区、高新技术园区、示范城市等）、特定服务部门以及相关企业（如服务外包）等。从财政补贴的方式看，主要涉及税收优惠（如"营业税减免""所得税减免""关税减免""增值税减免"）、优惠贷款、直接补贴等。从财政补贴的主管部门看，涉及国务院、商务部、财政部等中央部门（行政法规）以及地方政府（地方法规及规章）。蒙英华、于立新（2013）[②]对全国各省（区、市）的服务贸易补贴政策进行归类分析后认为，大部分的补贴政策对涉及高端服务外包的重视不够；对具有创新型的发展潜力较大的中小企业重视不够；对服务贸易的导向作用重视不够；对服务贸易补贴的绩效评价重视不够；需要借鉴发达国家的相关经验，并分享了浙江省的一些服务业补贴政策实践经验。

基于蒙英华、于立新（2013）[③]的研究成果，考虑到世界服务贸易结构的变化趋势以及中国承诺的对外服务贸易开放水平，从支持中国服务贸易发展的立场看，财政补贴政策应该集中在以下几个方面：

第一，在现有开放水平下，保持相关服务部门的比较优势。根据中国在GATS中的承诺开放水平，分销、商务、旅游、通信、金融、运输、建

[①] 蒙英华，于立新.服务贸易补贴及中国政策绩效评估[J].国际贸易，2013，(10):61-67.

[②] 同上.

[③] 同上.

筑、教育是对外开放的主要部门。其中，在国际上比较有竞争力的部门为运输、旅游，近年来，建筑、计算机信息等部门的发展势头较好，相比而言，金融等部门的竞争劣势较为明显。为培育开放服务部门（尤其是金融、信息技术、研发设计、电子商务等）的比较优势，可从资本投入与人力投入两个维度着力实施财政补贴政策。其原因在于：首先，GATS 对于补贴的态度是温和，并且 GATS 尚未对服务贸易补贴作出明确的界定，加之服务贸易自身的诸多特点（服务部门繁杂、提供模式多样、统计口径不一等），这些导致了针对补贴政策的效果评估难以成形，这为实施服务贸易补贴提供了较大的政策空间。此外，鉴于补贴形式多样，补贴项目的数据与信息获取不易，这使得补贴政策的实施相对隐蔽，相比直接补贴具体的服务部门，采取以关键性投入要素的间接补贴方式，则更能增加政策的隐蔽性。其次，服务贸易多为资本密集型与知识密集型产业，需要大量的人力与资本投入。培育服务贸易比较优势，从资本角度看，需要实现投资主体多元化、融资渠道多样化、资金流动便利化；从人力角度看，需要培养具备较高知识水平与专业技术能力的高端服务人才。在培育、保持相关服务部门比较优势的同时，更应该注意世界服务贸易结构优化的趋势，在人力与资本的投入过程中，通过财政补贴引导这些比较优势部门的发展朝着提质增效与结构优化的方向深入推进。

第二，注重新兴服务产业发展，培育新的竞争优势。随着数字经济广泛普及，以信息技术为支撑的人工智能、区块链、云计算、大数据被推广应用，服务贸易的传统方式（跨境提供、跨境消费、商业存在、自然人流动）正在发生变化，服务贸易中将会不断形成新的业态形式，出现新兴服务部门。对于新兴服务产业，其稳健成长需要成熟的外部环境，且市场潜力大，有待进一步开发与培育，对处于萌芽期或成长期的这些新兴服务业部门，财政补贴可以发挥政府的引导作用，明确这些部门的战略性定位，降低这些部门在发展过程中的不确定性，促进其较快进入成熟期，并形成新的竞争优势。

10.2.7 农业领域的财政补贴政策选择

基于中国已经在《议定书》中承诺取消了农产品出口补贴的历史背景，AoA 中的补贴纪律就集中在"国内支持"部分，即"免于削减承诺的国内支持"（绿箱补贴、蓝箱补贴以及部分黄箱补贴）与"受削减承诺约束的国内支持"（黄箱补贴）。作为发展中国家，中国享有部分的特殊与差别待遇，比如黄箱补贴中有针对发展中成员的发展计划支持，以及相比于发达成员更高的微量水平，但相比于其他发展中国家，中国的黄箱补贴水平只有 8.5% 的空间。吴喜梅（2013）[①]认为，中国在农业领域内的大量财政补贴用于农产品和农用生产资料的价格支持和贴息贷款等方面，而这些多属于黄箱补贴的范畴。鉴于未来"黄箱补贴"的空间逐步削减是必然趋势，与此同时，中国的农业补贴结构中，绿箱补贴的结构还尚不平衡。因此，农业领域内，中国的财政补贴政策选择应该利用空间换时间，即将 8.5% 水平下的黄箱空间作为过渡，逐步实现农业补贴结构的调整，在削减黄箱补贴的同时，用绿箱补贴替代黄箱补贴，充分挖掘绿箱空间，并积极开发蓝箱空间。

在农业补贴结构中，相比而言，绿箱补贴的结构不够平衡，需要加大"绿箱补贴"在整个补贴结构中的比例，并使农业领域内的生产性补贴、保障性补贴和公益性补贴在一定水平上成比例发展。2017 年中央一号文件指出，新形势下，农业主要矛盾已经由总量不足转变为结构性矛盾，主要表现为阶段性的供过于求和供给不足并存。推进农业供给侧结构性改革，提高农业综合效益和竞争力，是当前和今后一个时期我国农业政策改革和完善的主要方向。通过收集、归纳近些年来中央的一系列关于强农、惠农、富农和扶贫开发政策，可以发现：当前中国的农业政策基本围绕着以下几个方面展开，即"粮食安全""扶贫开发""区域平衡发展""产业发展""生态环保"等。围绕着上述主要农业政策的基本思路，若从财政补贴政策选

---

① 吴喜梅. WTO 框架下我国农业补贴法律体系的建构[M]. 北京：法律出版社，2013.

择的角度看，有关农业补贴政策的实施可以充分利用 AoA 中的绿箱空间以及蓝箱空间。

第一，粮食安全方面。农业政策主要是保持粮食播种面积和产量稳定，发挥主产区优势，保护产销平衡区和主销区自给率；落实扶持政策，保障种粮基本收益，保护农民种粮积极性，农民生产粮食和增加收入齐头并进。从财政补贴政策选择的角度看，针对粮食安全储备的补贴政策属于绿箱空间，在保护农民积极性的同时，给予农民的收入直接补贴以及与生产不挂钩的收入补贴属于绿箱补贴，但如果涉及与生产不完全脱钩的补贴则属于受削减约束的黄箱补贴。

第二，扶贫开发方面。农业政策主要是加大财政对扶贫开发的支持力度，形成有利于贫困地区和扶贫对象加快发展的扶贫政策体系。扶贫开发在革命老区、民族地区、边疆地区、贫困地区的三农工作中是重中之重。贫困地区着力解决公共服务、基础设施、产业发展等问题。从财政补贴政策选择的角度看，对于落后地区的援助可纳入绿箱空间。对于贫困地区的公共服务以及基础设施建设的补贴政策属于绿箱补贴中的"一般农业服务支出"，也可免于削减承诺。

第三，区域平衡发展方面。农业政策主要是针对不同的区域发展特色经济，培育特色的主导产业。欠发达地区的生态资源具有特色产业优势，可尝试农业产业化扶贫。利用生态优势建设绿色生态家园，发展庭院经济，结合劳动力资源建立绿色农产品生产基地，发展生态型劳动密集型制造业基地。推进新型城镇化，贯通城镇和乡村，以城带乡，以乡促城，打破城乡二元结构，实现城乡融合一体化发展，增加对农业农村基础设施建设投入，加快城乡基础设施互联互通，要建立健全城乡基本公共服务向农村延伸，推动人才、土地、资本、技术、信息等要素在城乡间双向流动和平等交换，形成城乡互动良性循环。从财政补贴政策选择的角度看，对于落后地区的援助可纳入绿箱空间。对于贫困地区的公共服务以及基础设施建设的补贴政策属于绿箱补贴中的"一般农业服务支出"，也可免于削减承诺。此外，还可利用发展中成员发展计划的支持空间，实施农业投资补贴以及对农业投入品补贴。

第四，产业发展方面。农业政策主要是立足本地资源，发展特色农业，延伸农业产业链，由种植业、畜牧业、渔业、林业等基本产业扩展延伸到处于上游位置的生产资料供应、生产技术及信息服务等农业产前部门和处于下游位置的农产品加工、流通、销售、食品消费、市场信息服务等农业产后部门，进一步扩展延伸到了农业观光旅游、农业生态休闲、农业传统文化保护传承、农业电子商务等农业生产性服务业和生活性服务业的第三产业，从而实现农村一、二、三产业的融合。在农业产业发展的过程中，需要提升农业供给质量，推动农业由增产导向转向提质导向，提高农业质量、效益、整体素质；需要构建适应高产、优质、高效、生态、安全的农业发展要求的技术体系；需要完善农业生产产前、产中、产后社会化服务体系。从财政补贴政策选择的角度看，可以利用绿箱空间中的"农业结构调整投资补贴"与"一般农业服务支出"。

第五，生态环保方面。农业政策主要是树立绿水青山就是金山银山的理念，实施好重大生态工程。推行绿色生产方式，发展绿色农业，加大农村环境突出问题综合治理力度；合理利用自然资源，加大退耕还林还湖还草力度；把水资源作为最大的刚性约束，以解决好地少水缺的资源环境约束为导向，深入推进农业发展方式转变。从财政补贴政策选择的角度看，对农业环境资源保护的补贴可纳入绿箱补贴，也可以纳入蓝箱补贴（尤其是涉及许多生态功能区，这些地区不适宜发展产业经济，而适宜创造生态产品，如三江源地区）。

附　录

附 1　《补贴与反补贴措施协定》框架内容

条款模块		条款内容	
第一部分	总则	第一条	补贴的定义
		第二条	专向性
第二部分	禁止性补贴	第三条	禁止
		第四条	补救
第三部分	可诉补贴	第五条	不利影响
		第六条	严重损害
		第七条	补救
第四部分	不可诉补贴	第八条	不可申诉补贴的鉴定
		第九条	磋商与授权的补救
第五部分	反补贴措施	第十条	1994 年关贸总协定第六条的适用
		第十一条	调查的发起和继续
		第十二条	证据
		第十三条	磋商
		第十四条	以接受补贴者所获利益计算补贴量
		第十五条	损害的确定
		第十六条	国内产业的定义
		第十七条	临时措施
		第十八条	承诺
		第十九条	反补贴税的征收
		第二十条	追溯力
		第二十一条	反补贴税和价格承诺的期限及复议
		第二十二条	反补贴裁定的公告和解释
		第二十三条	司法审议
第六部分	机构	第二十四条	补贴及反补贴的措施委员会及其下属机构
第七部分	通知和监督	第二十五条	通报
		第二十六条	监督
第八部分	发展中国家成员	第二十七条	对发展中国家成员方的特殊与差别待遇

续　表

条款模块		条款内容	
第九部分	过渡性安排	第二十八条	现有计划
		第二十九条	向市场经济转换
第十部分	争端解决	第三十条	经争端解决谅解……除另有特殊规定
第十一部分	最后条款	第三十一条	临时适用
附件一	出口补贴说明表		
附件二	生产过程中投入物消耗的指导准则		
附件三	确定进口替代退税制度为出口补贴的指导准则		
附件四	从价补贴总额的计算第六条第 1 款（A）		
附件五	收集有关严重损害资料的程序		
附件六	根据第十二条第 6 款进行实地调查的程序		
附件七	第二十七条第 2 款（A）所指的发展中国家成员		

附 2　《服务贸易总协定》框架内容

条款模块		条款内容	
第一部分	范围与定义	第一条	范围与定义
第二部分	一般义务与纪律	第二条	最惠国待遇
		第三条	透明度
			机密信息的披露
		第四条	发展中国家的更多参与
		第五条	经济一体化
			劳动力市场一体化协定
		第六条	国内法规
		第七条	承认
		第八条	垄断和专营服务提供者
		第九条	商业惯例
		第十条	紧急保障措施
		第十一条	支持与转移
		第十二条	保障国际收支的限制
		第十三条	政府采购
		第十四条	一般例外
			安全例外
		第十五条	补贴

条款模块		条款内容	
第三部分	具体承诺	第十六条	市场准入
		第十七条	国民待遇
		第十八条	额外承诺
第四部分	逐步自由化	第十九条	具体承诺的谈判
		第二十条	具体承诺减让表
		第二十一条	减让表的修改
第五部分	机构条款	第二十二条	磋商
		第二十三条	争端解决与执行
		第二十四条	服务贸易理事会
		第二十五条	技术合作
		第二十六条	与其他国际组织的关系
第六部分	最后条款	第二十七条	利益的拒绝给予
		第二十八条	定义
		第二十九条	附件
附件	关于第二条豁免的附件		
	关于第二条豁免的清单		
	关于本协定项下提供服务的自然人流动的附件		
	关于空运服务的附件		
	关于金融服务的附件		
	关于金融服务的第二附件		
	关于海运服务谈判的附件		
	关于电信服务的附件		
	关于基础电信谈判的附件		

附3 《农业协定》的框架内容

条款模块	条款内容	
前言		
第一部分	第一条	术语定义
	第二条	产品范围
第二部分	第三条	减让和承诺的并入
第三部分	第四条	市场准入
	第五条	特殊保障条款
第四部分	第六条	国内支持承诺
	第七条	国内支持的一般纪律
第五部分	第八条	出口竞争承诺
	第九条	出口补贴承诺
	第十条	防止规避出口补贴承诺
	第十一条	加工产品
第六部分	第十二条	出口禁止和限制的纪律
第七部分	第十三条	适当的克制
第八部分	第十四条	动植物卫生检疫措施
第九部分	第十五条	特殊和差别待遇
第十部分	第十六条	最不发达国家和粮食进口发展中国家
第十一部分	第十七条	农业委员会
	第十八条	对承诺执行情况的审议
	第十九条	磋商和争端解决
第十二部分	第二十条	改革进程的继续
第十三部分	第二十一条	最后条款
附件一		产品范围
附件二		国内支持：免除削减承诺的基础
附件三		国内支持：综合支持量的计算
附件四		国内主持：支持等值的计算
附件五		关于第四条第2款的特别处理

附 4　中央政府层面的财政补贴政策选择

补贴名称	补贴主管部门	补贴依据	补贴对象与补贴方式	补贴时效
中外合资经营含上海浦东地区)设立的外商投资企业享受税收优惠政策	• 财政部 • 国家税务总局 • 商务部	• 《中华人民共和国所得税法实施细则》 • 《中华人民共和国外商投资企业和外国企业所得税法》（1991 年） • 《中华人民共和国企业所得税法实施条例》（2007） • 国发 [2007]39 号	• 经营期限不少于 15 年的中外合资港口码头建设企业 • 从获利年度开始，第一年至第五年免征企业所得税，第六年至第十年减半征收企业所得税（"五免五减"）	五年的免税和五年减半征收政策将继续适用于个别情况，直至期满。但对于因无利润尚未享受到税收优惠政策的企业，税收优惠政策的起始年应为 2008 年
在经济特区（不含经济特区）设立的外商投资企业享受税收优惠政策	• 财政部 • 国家税务总局 • 商务部 • 科学技术部	• 《中华人民共和国外商投资企业和外国企业所得税法》（1991 年） • 《中华人民共和国外商投资企业和外国企业所得税法实施细则》（1991 年） • 国税发 [1995]139 号 • 《中华人民共和国企业所得税法》（2007 年） • 《中华人民共和国企业所得税法实施条例》（2007 年） • 国发 [2007]39 号 • 国发 [2007]40 号	• 在海南经济特区设立的从事机场、港口、码头、公路、铁路、电站、煤矿、水利等基础设施项目的外商投资企业，以及经营期限不少于十五年的从事农业开发和经营的外商投资企业 • 从获利年度开始，第一年至第五年免征企业所得税，第六年至第十年减半征收企业所得税（"五免五减"）	五年的豁免和五年减半征收政策将继续适用于个别情况，直至期满。但对于因无利润尚未享受到税收优惠政策的企业，税收优惠政策的起始年应为 2008 年

续　表

补贴名称	补贴主管部门	补贴依据	补贴对象与补贴方式	补贴时效
对在上海浦东地区设立的外商投资企业实行税收优惠政策	• 财政部 • 国家税务总局	•《中华人民共和国企业所得税法》（2007 年） •《中华人民共和国企业所得税法实施条例》（2007 年） • 国发 [2007]39 号 • 国发 [2007]40 号	•（1）在上海浦东地区设立的生产性外商投资企业和从事机场、港口、公路、铁路、电站等能源、交通建设项目的外商投资企业 •（2）自 2008 年 1 月 1 日起在上海市浦东地区注册成立被认定为高新技术企业的企业 •补贴方式：（1）从事机场、港口、铁路、公路、电站等能源和交通建设项目的外商投资企业，经营期在 15 年以上的，从获利年度起，第一年至第五年免收企业所得税，第六年至第十年减半（即"五年免收、五年减半"） •（2）在上海浦东地区取得的企业所得，自其经营、生产取得的收入当年起，第一年和第二年免征企业所得税，第三年至第五年按 25% 的法定税率减半征收所得税	•（1）五年的免税和五年减半政策将继续实施，直至到期。但对于因无利润尚未受到税收优惠政策的企业，税收优惠政策的起始年应为 2008 年 •（2）2008 年至今

续　表

补贴名称	补贴主管部门	补贴依据	补贴对象与补贴方式	补贴时效
西部地区税收优惠政策	·财政部 ·国家税务总局 ·商务部 ·国务院其他有关部门	·国发[2000]33号 ·国办发[2001]73号 ·《中华人民共和国企业所得税法》(2007) ·《中华人民共和国企业所得税法实施条例》(2007) ·财政部、海关总署、国家税务总局公告2008年第43号 ·财税[2011]58号 ·《中西部地区鼓励类产业目录》(发改委2014年第15号) ·国发[2007]39号 ·财税[2008]1号	·(1) 在西部地区设立的以《中西部地区鼓励类产业目录》项目为主营业务，其主营业务收入占当年总收入70%以上的企业 ·(2) 2010年12月31日前在西部地区新设立的内外资企业，从事交通、电力、水利、邮政、广播电视等业务的内外资企业，按照2001年财政部第202号《财政部 国家税务总局 海关总署关于西部大开发税收优惠政策问题的通知》享受"两年免征、三年减半"的待遇 ·(3) 境内设立在西部地区从事鼓励类和优势类行业的企业和外商投资企业从事鼓励类行业，除《外商投资项目不予免税的进口商品目录》《国内投资项目不予免税的进口商品目录》或《进口不予免税的重大技术装备和产品目录》所列之外 补贴方式：(1) 2001—2020年，企业所得税按减征15%的税率征收 (2) "两年免征、三年减半"可继续实施，第一年、第二年征收企业所得税，第三年至第五年减半征收企业所得税；经营期在10年以上的外商投资企业，自获利年度起，享受与上述境内企业相同的税收优惠 (3) 2001年至今，已免征关税，2001年至2008年12月31日，已免征进口增值税	·(1) 2001—2020年 ·(2) "两年免征、三年减半"可继续实施，直至期满 ·(3) 2001年至今。

续　表

补贴名称	补贴主管部门	补贴依据	补贴对象与补贴方式	补贴时效
高新技术企业税收优惠政策	• 科学技术部 • 财政部 • 国家税务总局	• 《中华人民共和国企业所得税法》（2007 年） • 《中华人民共和国企业所得税法实施条例》（2007 年）	• 被认定为高新技术企业 • 企业所得税按减征 15% 的税率率征收	2008 年 1 月 1 日至今
对研发费用的加计扣除实行税收优惠政策	• 财政部 • 国家税务总局	• 《中华人民共和国企业所得税法》（2007 年） • 《中华人民共和国企业所得税法实施条例》（2007 年） • 财税 [2015]119 号 • 财税 [2017]34 号 • 财税 [2018]64 号 • 财税 [2018]99 号	• 企业为开发新技术、新产品、新工艺而发生的研发费用 • 科技型中小企业在 2017 年 1 月 1 日至 2019 年 12 月 31 日发生的研发费用未作为无形资产计入当期损益的，在据实扣除的基础上再按照实际研发费用的基础上再额外加计扣除 • 在确定无形资产的情况下，该无形资产的成本的 75% 可以在同一期间进行税前摊销。2018 年 1 月 1 日至 2020 年 12 月 31 日发生的研发费用未作为无形资产计入当期损益的，在实际发生额的基础上再额外加计扣除 75%，在缴纳企业所得税前扣除 • 在确定无形资产的基础上再额外加计扣除，作为企业所得税税前扣除	2017 年 1 月 1 日至 2020 年 12 月 31 日
企业技术转让的税收优惠政策	• 财政部 • 国家税务总局	• 《中华人民共和国企业所得税法》（2007 年） • 《中华人民共和国企业所得税法实施条例》（2007 年） • 国税函 [2009]212 号 • 财税 [2011]111 号 • 财税 [2015]116 号	• 符合条件的企业 • 一纳税年度技术转让所得不超过 500 万元的，免征企业所得税。所得超过 500 万元的，减半征收企业所得税	2008 年 1 月 1 日至今

续　表

补贴名称	补贴主管部门	补贴依据	补贴对象与补贴方式	补贴时效
科技企业孵化器税收优惠政策	• 财政部 • 国家税务总局	• 财税[2016]89号 • 财税[2018]120号	• 符合条件的孵化器 • (1)自用房地产和土地以及以租赁等方式提供给在孵企业的房地产和土地,免征房地产税和城市土地使用税 • (2)向孵化企业出租场地、房屋、提供孵化服务的收入,免征增值税	• (1)2016年1月1日至2018年12月31日 • (2)营改增试点期间
国家高校科技园税收优惠政策	• 财政部 • 国家税务总局	• 财税[2016]98号 • 财税[2018]120号	• 符合条件的科技园 • (1)自用房地产和土地以及以租赁等方式提供给在孵企业的房地产和土地,免征房地产税和城市土地使用税 • (2)向在孵企业出租场地、房屋提供孵化服务的收入,免征增值税	• (1)2016年1月1日至2018年12月31日 • (2)营改增试点期间
对先进技术服务企业实行税收优惠政策	• 财政部 • 国家税务总局 • 商务部 • 科学技术部 • 国家发展和改革委员会	• 财税[2016]122号 • 财税[2017]79号 • 财税[2018]44号	• (1)2016年1月1日至2017年12月31日,15个服务贸易创新试点城市(服务贸易)服务外包 • (2)自2017年1月1日起,全国认可的先进技术服务企业(服务外包) • (3)自2018年1月1日起,全国认可的先进技术(服务贸易)服务企业 补贴方式:(1)减按15%的税率征收企业所得税 (2)工资、薪金总额不超过8%的部分,准予从应纳税所得额中扣除;超过8%的部分,允许结转在以后纳税年度扣除	• (1)2016年1月1日至2017年12月31日 • (2)2017年1月1日起 • (3)2018年1月1日至今

续　表

补贴名称	补贴主管部门	补贴依据	补贴对象与补贴方式	补贴时效
国家重点扶持的公共基础设施项目税收优惠	• 财政部 • 国家税务总局	• 《中华人民共和国企业所得税法》（2007 年） • 《中华人民共和国企业所得税法实施条例》（2007 年） • 财税 [2008]46 号 • 财税 [2012]10 号 • 国税发 [2009]80 号 • 财税 [2014]55 号	• 企业投资经营《公共基础设施项目企业所得税优惠目录》规定的港口、码头、机场、铁路、公路、城市公共交通、电力、水利等公共基础设施项目取得的所得 • 从取得经营、生产所得年度起，第一年至第三年免征企业所得税，第四年至第六年减半征收企业所得税	2008 年 1 月 1 日至今
环境保护、水利、节能项目税收优惠待遇	• 财政部 • 国家税务总局	• 《中华人民共和国企业所得税法》（2007） • 《中华人民共和国企业所得税法实施条例》（2007） • 财税 [2008]48 号 • 财税 [2012]10 号 • 财税 [2009]69 号 • 财税 [2016]131 号 • 财税 [2016]131 号 • 财税 [2018]84 号	• （1）公共污水处理、公共垃圾处理、沼气综合开发利用、节能减排技术改造、海水淡化等符合环境保护或节能节水项目资格的企业 • （2）购买和实际使用《环境保护专用设备企业所得税优惠目录》和《安全生产专用设备企业所得税优惠目录》规定的环境保护、节能节水、安全生产专用设备的企业 • 补贴方式：（1）项目经营生产首次取得收入年度起，第一年至第三年免征企业所得税，第四年至第六年减半征收企业所得税 • （3）企业对特种设备投资的 10%，可在当年应纳税额中抵扣，当年未抵扣的，可结转在以后的五个纳税年度中抵扣	2008 年 1 月 1 日至今

续　表

补贴名称	补贴主管部门	补贴依据	补贴对象与补贴方式	补贴时效
综合利用资源生产的建材产品享受税收优惠待遇	• 财政部 • 国家税务总局	• 《中华人民共和国企业所得税法》(2007) • 《中华人民共和国企业所得税法实施条例》(2007年) • 财税[2008]47号	• 企业以《资源综合利用企业所得税优惠目录》规定的资源为主要原料,生产国家有关标准和行业标准的产品,取得的所得 • 在计算应纳所得税额时,减按90%计入当年收入总额	2008年1月1日至今
资源综合利用增值税优惠	• 财政部 • 国家税务总局	• 财税[2015]78号	• 销售自己生产的符合国家和行业有关标准的《资源综合利用企业所得税优惠目录》所列产品,以该目录所列资源为主要原料并提供资源综合利用劳务的纳税人 • 补贴方式:(1)增值税在征收时退还100% (2)增值税的70%在征收时退还50% (3)增值税征收时退还50% (4)增值税征收时退还30%	2015年7月1日至今
新型墙体材料增值税优惠	• 财政部 • 国家税务总局	• 财税[2015]73号	• 销售列入《新型墙体材料产品名录》享受增值税随征即退政策的自产新型墙体材料的纳税人 • 增值税的50%在征收时退还	2015年7月1日至今

续　表

补贴名称	补贴主管部门	补贴依据	补贴对象与补贴方式	补贴时效
对综合利用资源生产的石油产品实行消费税优惠	·财政部 ·国家税务总局	·财税 [2010]118 号 ·财税 [2013]105 号 ·财税 [2018]144 号	·（1）按照柴油标准，从动物油和植物油中生产的废油量不低于 70% 的原料中生产的纯生物柴油 ·（2）进口生物柴油和生物柴油混和物符合国家柴油发动机燃料生物柴油（BD100）标准 ·（3）工业用油，如润滑油基础油、汽油和柴油，由回收利用的矿物油制成 ·消费税免征	·（1）及（2）2009 年 1 月 1 日至今 ·（3）2013 年 11 月 1 日至 2018 年 10 月 31 日；2018 年 11 月 1 日至 2023 年 10 月 31 日
太阳能发电的增值税优惠	·财政部 ·国家税务总局	·财税 [2016]81 号	·太阳能产生的电能 ·增值税的 50% 在征收时退还	2016 年 1 月 1 日至 2018 年 12 月 31 日
水电增值税优惠	·财政部 ·国家税务总局	·财税 [2014]10 号	·销售自产电力的发机容量超过 100 万千瓦的水电站（含抽水蓄能电站） ·补贴方式：（1）实际缴纳的增值税中超过 8% 的部分，自 2013 年 1 月 1 日至 2015 年 12 月 31 日征收时退还 ·（2）实际缴纳的增值税中超过 12% 的部分，在 2016 年 1 月 1 日至 2017 年 12 月 31 日征收时退还	2013 年 1 月 1 日至 2017 年 12 月 31 日

续 表

补贴名称	补贴主管部门	补贴依据	补贴对象与补贴方式	补贴时效
节能、新能源车船税税收优惠	· 财政部 · 国家税务总局 · 工业和信息化部 · 交通运输部	· 财政部、国家税务总局、工业和信息化部公告2014年第53号 · 《车船税法》 · 《车船税法实施条例》 · 财税[2015]51号	· (1)列入《免征车辆购置税的新能源汽车车型目录》的新能源汽车 · (2)符合条件的节能汽车 · (3)符合条件的新能源车船 补贴方式：(1)免征车辆购置税 · (2)车船税减半 · (3)免征车船税	· (1)2014年9月1日至2020年12月31日 · (2)2012年至今 · (3)2012年至今
城市公共交通企业购买公共汽车、无轨电车享受税收优惠	· 财政部 · 国家税务总局	· 财税[2012]51号 · 财税[2016]84号	· 城市公共交通企业购进的公共汽车、无轨电车 · 免征车辆购置税	2012年1月1日至2020年12月31日
低排放汽车购置税优惠	· 财政部 · 国家税务总局	· 财税[2015]104号 · 财税[2016]136号	· 购买引擎容量不超过1.6升的乘用车 补贴方式：(1)车辆购置税减征后的税率为5% · (2)车辆购置税减征后税率为7.5%。2018年1月1日起，恢复10%的法定税率	· (1)2015年10月1日至2016年12月31日 · (2)2017年1月1日至2017年12月31日

续　表

补贴名称	补贴主管部门	补贴依据	补贴对象与补贴方式	补贴时效
清洁发展机制税收优惠政策	• 财政部 • 国家税务总局	• 财税 [2009]30 号	• (1) 符合规定的中国清洁发展机制项目资金取得的特定收入 • (2) 清洁发展机制项目企业转让温室气体减排收益并支付给国家的部分 • (3) 实施 HPC 和 PFC 项目温室气体减排转移所得 65% 上缴国家的 CDM 项目企业所得税，以及 N20 项目温室气体减排转移所得 30% 上缴国家的 N20 项目企业所得税 补贴方式：(1) 免征企业所得税 (2) 从应纳税所得额中扣除 (3) 从获得温室气体减排转移所得年度起，第一年至第二年免征企业所得税，第四年至第六年减半征收企业所得税	2007 年至今
小微企业所得税优惠政策	• 财政部 • 国家税务总局	• 《中华人民共和国企业所得税法》（2007） • 《中华人民共和国企业所得税法实施条例》（2007） • 财税 [2009]133 号 • 财税 [2010]65 号 • 财税 [2014]34 号 • 财税 [2015]34 号 • 财税 [2015]99 号 • 财税 [2017]43 号 • 财税 [2018]77 号	• (1) 从事国家不限制或禁止的行业，并符合下列条件的：(a) 年度应纳税所得额不超过 30 万元、从业人数不超过 100 人、资产总额不超过 3000 万元的工业企业；(b) 年度应纳税所得额不超过 30 万元、从业人员不超过 80 人、资产总额不超过 1000 万元的其他企业 • (2) 第 (1) 项企业、年度应纳税所得额不超过人民币 50 万元（含）的 • (3) 第 (1) 项企业、年应纳税所得额不超过人民币 100 万元（含）的 补贴方式：符合条件的企业，分别按 50%、20% 的税率征税	2008 年 1 月 1 日至今

续　表

补贴名称	补贴主管部门	补贴依据	补贴对象与补贴方式	补贴时效
对微利利小企业实行增值税优惠政策	·财政部 ·国家税务总局	·财税 [2015]96 号 ·财税 [2016]36 号 ·财税 [2017]76 号 ·财税 [2014]71 号	·月销售额 2 万至 3 万元的小规模增值税纳税人 ·增值税免征	2014 年 10 月 1 日至 2018 年 12 月 31 日
免除小微企业支付政府性基金	·财政部 ·国家税务总局	·财税 [2014]122 号	·（1）按月纳税，月销售额在 3 万元（含 3 万元）以下的纳税义务人，按季度纳税，季度销售额在 9 万元（含 9 万元）以下的纳税义务人 ·（2）自工商登记之日起三年内，未达到残疾人就业比例，在职职工总数在 20 人以下（含 20 人）的小微企业 ·补贴方式：（1）免征教育费附加、地方教育附加、水利建设资金、文化事业建设费用 ·（2）免征残疾人就业保障金	2015 年 1 月 1 日至 2017 年 12 月 31 日
对小微企业免征有关政府性基金	·财政部 ·国家税务总局	·财税 [2016]12 号	·按月纳税，销售额或者营业额不超过人民币 10 万元的，或者按季度纳税，销售额或者营业额不超过人民币 30 万元的纳税义务人 ·免征教育费附加、地方教育附加和水利建设资金	2016 年 2 月 1 日至今

续　表

补贴名称	补贴主管部门	补贴依据	补贴对象与补贴方式	补贴时效
对聘用残疾人的企业实行增值税优惠政策	• 财政部 • 国家税务总局	• 财税[2016]52号 • 财税[2007]92号	• 有资格雇用残疾人的企业 • 补贴方式：（1）增值税可以征收后退还。对退还的金额视企业聘用的残疾人人数而定。对就业的残疾人，企业每年可享受6倍于当地最低工资标准的增值税退税，每人每年可退税3.5万元。（2）企业对就业的残疾人可以退还的增值税所具体数额，由县级以上税务机关按照纳税人所在地区、县（市、旗）适用的月最低工资标准的四倍，报省（自治区、直辖市）人民政府批准，由纳税人所在地的县、市（旗）税务机关核定	• （1）2007年7月1日至2016年4月30日 • （2）2016年5月1日至今
残疾人就业企业所得税优惠政策	• 财政部 • 民政部 • 国家税务总局	• 财税[2007]92号 • 《中华人民共和国企业所得税法》（2007） • 《中华人民共和国企业所得税法实施条例》（2007年） • 财税[2009]70号	• 有资格雇用残疾人的企业 • 符合条件的企业支付给残疾职工的工资，应当双倍计算，从应纳税所得额中扣除	• 2007年7月1日至今 外商投资企业2008年1月1日至今
进口残疾人专用产品享受税收优惠	• 财政部 • 海关总署	• 国函[1997]3号 • 海关总署令[1997]61号 • 《中华人民共和国增值税暂行条例》（2017年）	• 在规定范围内由残疾人专用的进口产品 • 免征关税、进口增值税和消费税	1997年至今

续　表

补贴名称	补贴主管部门	补贴依据	补贴对象与补贴方式	补贴时效
残疾人产品享受税收优惠	• 财政部 • 国家税务总局	• 财税字[1994]60号	• 假肢、轮椅、矫形器械，包括上肢、下肢及脊柱弯倾矫形器械等 • 增值税免征	1994年至今
生产残疾人专用产品的企业享受税收优惠	• 财政部 • 民政部 • 国家税务总局	• 财税[2004]132号 • 财税[2006]148号 • 财税[2008]1号 • 财税[2009]131号 • 财税[2011]81号 • 财税[2016]111号	生产或组装专门供残疾人使用的产品的企业免征企业所得税	2004—2020年
抗艾滋病药物的税收优惠待遇	• 财政部 • 国家税务总局	• 财税[2011]128号 • 财税[2016]97号	• (1) 进口抗艾滋病药物 • (2) 国内指定厂家自主生产的抗艾滋病药物 • 补贴方式：(1) 免征关税、进口增值税、国内分销增值税 • (2) 免征生产、经销环节的增值税	• (1) 2011年1月1日至2020年12月31日 • (2) 2011年1月1日至2018年12月31日
农业、林业、畜牧业、渔业项目的税收政策	• 财政部 • 国家税务总局	•《中华人民共和国企业所得税法》(2007) •《中华人民共和国企业所得税法实施条例》(2007年) • 财税[2008]149号 • 财税[2011]26号	• 企业从事农、林、牧、渔业等规定的初加工项目取得的收入 • 企业所得税可以减免	2008年至今

续　表

补贴名称	补贴主管部门	补贴依据	补贴对象与补贴方式	补贴时效
在边境地区销售茶叶的税收优惠待遇	• 财政部 • 国家税务总局	• 财税 [1994]60 号 • 财税 [2001]71 号 • 财税 [2006]103 号 • 财税 [2009]141 号 • 财税 [2011]89 号 • 财税 [2016]73 号	• 由指定企业生产、指定经营单位在边境地区销售的茶叶 • 增值税免征	2014 年 1 月 1 日至 2018 年 12 月 31 日
替代罂粟种植的进口产品税收优惠待遇	• 商务部 • 国家发展和改革委员会 • 财政部 • 海关总署	• 财税 [2000]63 号	• 在批准范围内用于云南省边境地区替代种植罂粟的进口产品 • 免征关税和进口增值税	2000 年 1 月 1 日至今
进口种子（种苗）税收优惠政策	• 财政部 • 海关总署 • 国家税务总局	• 财关税 [2011]9 号 • 财关税 [2016]26 号	• 在批准品种及数量范围内饲养的进口种子（幼苗）、种苗（品种）、鱼苗（家禽）及野生动植物 • 进口增值税免征	2016 年 1 月 1 日至 2020 年 12 月 31 日
完善矿产资源开发利用税收政策	• 财政部 • 国家税务总局	• 财税 [2016]53 号	• 采用充填法开采的合格矿产资源 • 在枯竭阶段开采的符合条件的矿产资源 补贴方式：（1）减征 50% 的资源税 （2）减征 30% 的资源税	2016 年 7 月 1 日至今

续　表

补贴名称	补贴主管部门	补贴依据	补贴对象与补贴方式	补贴时效
进口设备的税收优惠待遇	• 财政部 • 国家税务总局 • 海关总署 • 国家发展和改革委员会 • 商务部	• 国发 [1997]37 号 • 财政部、海关总署、国家税务总局公告 2008 年第 43 号	• 根据《国务院关于调整进口设备税收政策的通知》（国发 [1997]37 号）的规定，国家鼓励的内外资项目自用进口设备的关税，利用外国政府或国际金融组织贷款项目进口的设备的关税和从外国加工贸易伙伴进口的设备在原规定的范围内予以免除 • 免征关税	1998 年至今
油气生产企业城市土地利用税收政策	• 财政部 • 国家税务总局	• 财税 [2015]76 号	• 油气（含页岩气、煤层气）生产企业 • 补贴方式：（1）下列用于油气生产及相关建设用的土地，暂免城镇土地使用税。地质勘探、钻探、修井作业；厂区以外的铁路、公路专用线及油气田地面工程及其他临时建设用地 （2）市、县、镇以外的厂区、矿区内的消防、防洪排涝、防风防沙设施用地，暂免征收城市土地使用税	2015 年 7 月 1 日至今
成品油消费税优惠	• 财政部 • 国家税务总局 • 海关总署	• 财税 [2011]87 号 • 财税 [2013]2 号	• 自 2011 年 10 月 1 日起，对利用石脑油和燃料油生产乙烯、芳烃化工产品的企业采购使用的进口和国产石脑油和燃料油，按实际使用量退还消费税 • 消费税应当退还	2011 年 10 月至今

续 表

补贴名称	补贴主管部门	补贴依据	补贴对象与补贴方式	补贴时效
集成电路（IC）产业税收优惠	• 财政部 • 国家税务总局 • 国家发展和改革委员会 • 工业和信息化部 • 海关总署	• 财税 [2002]136 号 • 财税 [2002]152 号 • 财关税 [2004]45 号 • 《中华人民共和国企业所得税法》（2007） • 财税 [2008]1 号 • 财政部、海关总署、国家税务总局公告 2008 年第 43 号 • 财政部令 [2001]62 号 • 国发 [2011]4 号 • 财税 [2015]6 号 • 财税 [2016]49 号 • 财关税 [2015]46 号 • 财税 [2018]27 号	• (1) 投资 80 亿元以上或集成电路线宽度小于 0.25 微米的集成电路生产企业 • (2) 投资 80 亿元以上或集成电路线宽度小于 0.25 微米的集成电路生产企业 • (3) 经认证的 IC 制造商，生产的集成电路线宽度小于 0.8 微米 • (4) 经认证的 IC 制造商，可制造集成电路线宽度小于 0.5 微米 • (5) 认证 IC 制造商 • (6) IC 制造商 • (7) 符合条件的集成电路制造、封装企业或者用于生产集成电路的关键材料、设备生产企业 • (8) 经过认证的 IC 制造商，导体宽度小于 0.5 微米（包括在内） • (9) 2018 年 1 月 1 日以后新投资集成电路线宽度小于 130 纳米，运行年限在 10 年以上的集成电路生产企业或项目 • (10) 2018 年 1 月 1 日以后新投资集成电路宽度小于 65 纳米，投资 150 亿元以上、运行年限在 10 年以上的集成电路生产企业或项目	• (1) 2008 年 1 月 1 日至今 • (2) 2000 年 7 月 1 日至今及 2001 年 1 月 1 日至今 • (3) 2008 年至今 • (4) 2004 年 10 月 1 日至 2015 年 11 月 19 日 • (5) 2000 年 7 月 1 日至今 • (6) 2008 年 1 月 1 日至今 • (7) 2014 年 1 月 1 日至今 • (8) 2015 年 11 月 20 日以后 • (9) 2018 年 1 月 1 日以后 • (10) 2018 年 1 月 1 日以后

续 表

补贴名称	补贴主管部门	补贴依据	补贴对象与补贴方式	补贴时效
			• 补贴方式：（1）减按 15% 的税率征收企业所得税。对经营期在 15 年以上的企业，从获利年度起，第一年至第五年免征企业所得税，第六年至第十年减半征收企业所得税（五年免征、五年减半征收） • （2）自 2000 年 7 月 1 日和 2001 年 1 月 1 日起，对自产自销的进口原料和消耗品免征关税和进口增值税；自 2001 年 1 月 1 日起，除污至专用进口特定特种建材、配套系统和集成电路制造设备零部件，免征关税和进口增值税 • （3）从企业开始盈利的年度起，第一年和第二年免征所得税，第三年至第五年减半征收所得税（两年免征、三年减半征收） • （4）2004 年 10 月 1 日起的自产进口原材料和消耗品，2004 年 10 月 1 日至 2015 年 11 月 19 日免征关税和进口增值税 • （5）从 2000 年 7 月 1 日起，对进口的集成电路技术、整机和单独进口的集成电路专用设备、器具免征关税，从 2000 年 7 月 1 日起，至 2008 年 12 月 31 日止，免征进口增值税。除 1997 年国发 37 号文件规定的《外商投资项目不予免税的进口商品目录》和《国内投资项目不予免税的进口商品目录》所列产品外	

231

续表

补贴名称	补贴主管部门	补贴依据	补贴对象与补贴方式	补贴时效
			• （6）生产设备经批准可适当缩短折旧年限，最短为2~3年 • （7）企业从获利年度开始，第一年、第二年免征企业所得税，第三年至第五年减半征收企业所得税。2017年以前因无利润未开始享受待遇的，从2017年开始享受，直至期满 • （8）自2015年11月20日起，对自产自销的进口原料耗品免征关税和进口增值税 • （9）企业第一年、第二年免征所得税，第三年至第五年按25%的法定税率减半征收所得税，直至期满 • （10）五年第一年至第五年免征所得税，第六年至第十年按25%的法定税率减半征收所得税，享受减税政策，直至期满	
大型客机和新型支线飞机增值税优惠政策	• 财政部 • 国家税务总局	• 财税[2016]141号	• （1）从事大型客机及其发动机研发机的纳税人 • （2）从事制造、销售新型支线飞机的纳税人 补贴方式：（1）在会计期末退还未经认可的进项增值税 • （2）临时减按5%的税率征收增值税，退还因制造和销售新支出飞机而产生的未经认证的进项增值税	2015年1月1日至2018年12月31日

续　表

补贴名称	补贴主管部门	补贴依据	补贴对象与补贴方式	补贴时效
设计和制造大型客机和发动机的企业在房地产和城市土地利用方面的优惠	•财政部 •国家税务总局	•财税[2016]133号	•中国境内大型客机、大型客机发动机的设计、制造企业及其全资子公司（大型客机是指空重45吨以上的民用客机；大型客机发动机是指起飞推力大于1.4万公斤的民用客机发动机）•用于科学研究、生产和办公活动的自用财产和土地，免征房地产税和城市土地使用税	2015年1月1日至2018年12月31日
鼓励企业增加就业的税收优惠	•财政部 •国家税务总局 •人力资源和社会保障部	•财税[2015]77号 •财税[2014]39号 •财税[2015]18号 •财税[2017]49号	•(1)从事个体工商户，持有关证明的 •(2)商业贸易企业、服务企业、社区小企业、加工企业聘用失业人员超过半年并持有有关就业证明，与之签订劳动合同满一年并依法缴纳社会保险费的。补贴方式：(1)3年内按每户每年8000元为限额依次扣减其当年实际应缴纳的营业税、城市维护建设税、教育费附加、地方教育附加和个人所得税。限额标准最高可上浮20%，在此幅度内，省、自治区、直辖市结合本地区实际情况，确定具体限额标准 •(2)从当年度实际发生和支付的营业税、城市维护建设税、教育费附加、地方教育附加，企业所得税等扣除每人每年4000元，为期3年，最高可上浮30%，在此幅度内，省、自治区、直辖市结合本地区实际情况，确定具体限额标准	•(1)2015年1月1日至2016年12月31日 •(2)2017年1月1日至2018年12月31日

续　表

补贴名称	补贴主管部门	补贴依据	补贴对象与补贴方式	补贴时效
加快固定资产折旧的税收优惠政策	• 财政部 • 国家税务总局	• 财税〔2014〕75号 • 财税〔2015〕106号 • 财税〔2018〕54号	• (1) 生物医药制造、特种装备制造、铁路、船舶、航空航天等交通运输装备制造、计算机、通信等电子装备制造、仪器仪表制造、信息传输、软件和信息技术服务等企业 • (2) 在(1)中的6个领域中盈利甚微的小企业 • (3) 所有工业部门的企业 • (4) 所有工业部门的企业 • (5) 轻工、纺织、机械、汽车等行业企业 • (6) 在(5)中的4个领域中利润微薄的小企业 • (7) 各领域企业 • 补贴方式：(1) 允许2014年1月1日以后取得的固定资产在较短时间内或者加速折旧 • (2) 2014年1月1日以后取得的仪器、设备，用于生产的仪器设备，计入当期成本和扣除，不逐年折旧，可以短时间内或者加快折旧；对单价在100万元以上的，可以短时间内或者加快折旧 • (3) 允许各行业企业在2014年1月1日以后新购置的用于研究开发的仪器、设备，其单价不超过100万元，计入当期成本费用，从应纳税所得额中扣除，不逐年折旧；对单价在100万元以上的，可以短时间内或者加快折旧	• (1) ~ (4) 2014年1月1日至今 • (5) ~ (6) 2015年1月1日至今 • (7) 2018年1月1日至2020年12月31日

续　表

补贴名称	补贴主管部门	补贴依据	补贴对象与补贴方式	补贴时效
			• (4) 各行业企业持有的单价不超过5000元的固定资产，计入当期成本、费用后，可从应纳税所得额中扣除，不得逐年折旧 • (5) 允许2015年1月1日以后取得的固定资产在较短时间内折旧或者加速折旧 • (6) 2014年1月1日以后购置的用于研发和生产的仪器设备，单价不超过100万元，计入当期成本费用，从应纳税所得额中扣除，不逐年折旧；对单价在100万元以上的，允许较短时间内折旧或加快折旧 • (7) 允许新购置的设备、器具单价不超过500万元人民币的，计入当期成本费用，从应纳税所得额中扣除，不逐年折旧	
挂车购置税优惠	• 财政部 • 国家税务总局 • 工业和信息化部	• 财政部、税务总局、工业和信息化部公告2018年第69号	• 拖车 • 拖车车辆购置税减半征收	2018年7月1日至2021年6月30日

续 表

补贴名称	补贴主管部门	补贴依据	补贴对象与补贴方式	补贴时效
专项扶贫资金	· 财政部 · 国务院扶贫开发领导小组 · 国家发展和改革委员会 · 国家林业和草原局 · 国家民族事务委员会	· 财农 [2011]412 号 · 财农 [2017]8 号	· 地方政府用于向贫困地区的个人和组织提供补贴, 用于个人补贴、基础设施建设、培训和能力建设等 · 补贴方式: 财政部按照国务院扶贫开发领导小组批准的分配方案, 向地方政府划拨资金	1980 年至今
农业发展资金	· 财政部 · 农业部	· 财农 [2017]41 号	· 主要是农民、新型农业主体和承担项目任务的单位和个人 · 补贴方式: 按照省级政府确定的承包地面积和标准, 对具有土地承包经营权的农民、家庭农场、农民合作社等给予补贴; 向农民和农业机械的购买者提供补贴; 为机械服务提供者提供技术推广服务提供资助; 其他与农业生产发展有关的补贴	该项目于 2017 年整合后成立
农业综合开发补助	· 财政部	· 财政部令 [2010]60 号	· 农业综合开发项目符合扶持条件 · 这些资金分配给地方政府; 农业综合开发项目申请审批后给予补贴	1988—2018 年

续 表

补贴名称	补贴主管部门	补贴依据	补贴对象与补贴方式	补贴时效
水资源发展资金	·财政部 ·水利部	·财农[2016]181号	·农田水土保持工程等 ·该资金分配给各省政府。市、县级水资源部门负责补贴的具体实施和提供	1983年至今
农业、防洪、抗旱防灾救灾资金	·财政部 ·农业部 ·水利部	·财农[2017]91号	·农业生产救灾支出用于防灾、控制灾害和灾后救灾;防汛抗旱救灾经费用于防汛抗洪、抢险救援、修复被洪水破坏的水利设施、抗旱抗灾 ·补贴方式:救灾资金将根据灾情进行分配和安排	该项目于2017年整合后成立
农业资源与生态保护资金	·财政部 ·农业农村部	·财农[2017]42号	·符合条件的农牧民、新型农业主体和承担项目任务的单位和个人 ·这些资金分配给省级政府,省级政府负责制订详细的实施计划并提供补贴	2011年至今
新一轮退耕还林还草补助	·财政部 ·国家发展和改革委员会 ·国家林业和草原管理局 ·自然资源部 ·农业部 ·水利部 ·生态环境部 ·国务院扶贫开发领导小组	·财农[2018]66号	·退耕还林还草的农民 ·按照任务和补贴标准测算和安排,提供给省级政府	2014年至今

237

续　表

补贴名称	补贴主管部门	补贴依据	补贴对象与补贴方式	补贴时效
节能减排资金	• 财政部	• 财建 [2015]161 号	• (1) 节能减排体制机制创新 • (2) 发展节能减排基础设施和公共平台 • (3) 节能减排财政政策的全面论证 • (4) 重点领域、重点行业、重点地区节能减排 • (5) 重点节能减排产业的示范、推广、改造和升级 补贴方式：资金提供支持	2015 年至今
空气污染防治资金	• 财政部 • 生态和环境部	• 财建 [2016]600 号 • 财建 [2018]578 号	• (1) 中国北方冬季清洁供热试点城市 • (2) 关键领域 • (3) 氢氟碳销毁企业 补贴方式：资金提供支持	2016 年 8 月至今
战略性新兴产业发展资金	• 财政部 • 国家发展和改革委员会	• 财建 [2012]1111 号	• 新兴产业项目 补贴方式：资金提供支持	2012—2017 年
国际经济关系和贸易发展资金	• 财政部 • 商务部	• 财金 [2014]36 号	• 符合条件的欠发达地区企事业单位及相关项目，发展服务和技术贸易，从事投资和劳务合作，提供商业、投资信息等公共服务 • 补贴方式：商务部会同财政部对申请进行审查，提出配套方案。财政部门审批后，直接或通过省级财政部门划拨资金	2014 年至今

续 表

补贴名称	补贴主管部门	补贴依据	补贴对象与补贴方式	补贴时效
对 PPP 项目的奖励	• 财政部	• 财金 [2016]85 号	• 新开工的中央政府 PPP 示范项目和符合条件的地方政府 PPP 项目 • 对符合条件的 PPP 项目给予奖励	2016—2018 年
产业转型升级资金	• 财政部 • 工业和信息化部	• 财建 [2016]844 号	• 公共服务平台建设、绿色节能环保、创新能力建设等 • 由资金提供支持	2017—2018 年
工业企业重组奖励补贴资金	• 财政部	• 财建 [2016]253 号	• 煤炭、钢铁等化解产能过剩的项目 • 资金的分配依据是产能过剩、人员安置数量等因素	2016 年 5 月至 2020 年
发展可再生能源专项资金	• 财政部 • 国家能源局 • 水利部	• 财建 [2015]87 号	• (1) 煤层气开发用利补助 • (2) 页岩气开采利用补贴 • (3) 农村水电增效扩容改造专项资金	2016 —2020 年
可再生能源电价附加补助资金	• 财政部 • 国家发展和改革委员会 • 国家能源局	•《中华人民共和国可再生能源法》	• 电网企业 • 按照可再生能源发电上网能源提供电力补贴	2012 年至今
对小微企业融资担保降费免费用的奖励补贴	• 财政部 • 工业和信息化部	• 财建 [2018]547 号	• 符合条件的小微企业融资担保机构 • 奖励或补贴	2018—2020 年
降低页岩气资源税	• 财政部 • 国家税务总局	• 财税 [2018]26 号	• 页岩气开采企业 • 页岩气资源税（按规定 6%）减征 30%	2018 年 4 月 1 日至 2021 年 3 月 31 日

续　表

补贴名称	补贴主管部门	补贴依据	补贴对象与补贴方式	补贴时效
农业生产环境保护税优惠（不包括大规模农业生产）	• 财政部 • 国家税务总局 • 生态环境部	•《中华人民共和国环境保护税法》（2018 年）	• 从事农业生产（不含规模化经营）的纳税人 • 暂免征收环境保护税	2018 年 1 月 1 日至今
对特定的移动污染源征收环境保护税的优惠	• 财政部 • 国家税务总局	•《中华人民共和国环境保护税法》（2018）	• 拥有机动车辆、铁路机车、非公路机动机械、船舶、航空器等流动污染源，排放应税污染物的纳税人 • 暂免征收环境保护税	2018 年 1 月 1 日至今
对城乡污水集中处理、生活垃圾集中处理场地征收环境保护税的优惠	• 财政部 • 国家税务总局	•《中华人民共和国环境保护税法》（2018 年） •《中华人民共和国环境保护税法实施条例》（2018 年）	• 依法设立城乡污水集中处理、生活垃圾集中处理场所，为公众提供生活污水处理服务 • 不超过国家和地方规定的排放标准的，暂免征收环境保护税	2018 年 1 月 1 日至今
固体废物综合利用的环境保护税优惠	• 财政部 • 国家税务总局	•《中华人民共和国环境保护税法》（2018）	• 从事固体废物综合利用的纳税人 • 暂免征收环境保护税	2018 年 1 月 1 日至今

续　表

补贴名称	补贴主管部门	补贴依据	补贴对象与补贴方式	补贴时效
对低于国家和地方规定的污染物排放标准的企业，享受环境保护税收优惠	• 财政部 • 国家税务总局	• 《中华人民共和国环境保护法》（2018）	• 排放应纳税大气污染物、水污染物浓度低于国家和地方标准的30%、50%的纳税人 • 纳税人排放的应纳税的大气污染物或者水污染物浓度低于国家和地方污染物排放环境保护税标准的30%的，减按75%的税率征收环境保护税 • 纳税义务人排放的大气污染物或者水污染物浓度低于国家和地方污染物排放标准的50%的，减按50%征收环境保护税	2018年1月1日至今
对涉及降低产能过剩和结构调整的企业免征财产税和城市土地使用税	• 财政部 • 国家税务总局	• 财税[2018]107号	• 按照减少产能过剩和结构调整政策的要求，停产停业或者关闭 • 企业财产税和城市土地使用税，自停产停业之日起免征。企业享受免税政策的累计期限不得超过两年	2018年10月实施，自停产经营之日起，享受免税政策限不超过两年计提期限不得超过两年
融资税收优惠	• 财政部 • 国家税务总局	• 财税[2017]77号	• 利润微薄的小企业和金融机构 • 2018年1月1日至2020年12月31日，金融机构与小微企业签订的贷款合同免征印花税	2018年1月1日至2020年12月31日
抗癌药物增值税政策	• 财政部 • 海关总署 • 国家税务总局 • 国家药品监督管理局	• 财税[2018]47号	• 生产、销售、批发和零售抗癌药物的增值税纳税人 • 税务机关可以根据推荐的方法，选择3%的税率计算缴纳增值税 • 进口抗癌药物，按进口增值税的3%征收增值税	2018年5月1日至今

241

续　表

补贴名称	补贴主管部门	补贴依据	补贴对象与补贴方式	补贴时效
扶贫移民税收优惠政策	·财政部 ·国家税务总局	·财税〔2018〕135号	·符合条件的扶贫搬迁困人口和扶贫迁移安置用房 ·扶贫迁移困人口按照规定与扶贫迁移、扶贫移民人口收政策：（1）扶贫迁移安置所（以下简称"安置所"）有关的住房建设补贴资金、拆迁复垦奖励资金和其他货币补偿，免征个人所得税 ·（2）对扶贫迁移安置困人口按照规定取得安置用房，免征契税 ·扶贫移民安置用房税收政策：（1）扶贫迁移项目实施主体（以下简称项目实施主体）取得用于建设安置房用房的土地，免征契税和印花税 ·（2）在安置房建设和安置期间，由项目实施主体和项目单位缴纳的印花税，免征 ·（3）修建安置用房的土地，免征城市土地使用税 ·（4）在商业建筑等开发项目中修建安置用房的，免征安置用房用地的相关契税和城市土地使用税以及项目实施主体建筑面积占总建筑面积的比例计算 ·（5）项目实施主体为安置房购买商品房或者回购保障性住房作为安置房的，免征契税和印花税	2018年1月1日至2020年12月31日

续　表

补贴名称	补贴主管部门	补贴依据	补贴对象与补贴方式	补贴时效
渔业资源增加补助资金	• 财政部 • 农业农村部	• 财农 [2017]42 号	• 渔民、相关科研机构和社会团体参与鱼类种群的增加的释放 • 资金整体拨给地方政府，地方政府因地制宜使用	2009 年至今
预防水生动物疾病的补助	• 国家发展和改革委员会 • 财政部 • 农业农村部	• 发改农经 [2017]913 号	• 水生动物疾病预防、控制和监测中心和区域中心，主要水生动物疾病实验室 • 中央投资资金根据年度资金规模和专家评审意见确定	2017 年至今
渔业发展和渔船船舶报废、拆解、翻新补助资金	• 财政部 • 农业农村部	• 财建 [2015]977 号 • 财建 [2016]418 号	• （1）涉及减少渔船数量和退出海上捕捞的渔民 • （2）渔船的报废、拆解、改造，重点是：旧的木质渔船，不符合国家渔船检验标准的渔船、安全和防污染性能差的渔船，不符合节能环保标准的渔船。对海洋渔业资源造成破坏的渔船。报废、拆除改造，渔船所有人应当提供不另行建造渔船的，渔船所有人应当出具不再利用改造的渔船从事非法捕捞的承诺书。改造渔船，不得增加动力。该政策受制于船舶总数和总发电量的"双重控制"，即到 2020 年减少 2 万艘摩托化船舶，并将总发电量减少 15 亿瓦。远	2015 年 10 月 1 日至 2019 年 12 月 31 日

243

续 表

补贴名称	补贴主管部门	补贴依据	补贴对象与补贴方式	补贴时效
			洋渔业船舶的专业化、标准化，中国已加入或加入的区域渔业管理组织或者中国已签订渔业准入协定的沿海国家政府对新建渔船的参数有规定的，以本规定为准。 • (3) 渔业设备设施建设（如人工鱼礁、深水养殖网箱、近海渔业基地公共工程等）的补贴 • (4) 经审批合格的国际渔业资源的养护和利用，在利用过程中未发生违法违规行为 • (5) 远洋运输船舶的提前报废和翻新，内河船舶的拆解和新型船舶的翻新和建造 • 补贴方式：(1) 减少海洋渔船数量，补贴5000元/千瓦 • (2) 报废、拆除、翻新渔船的，根据船舶的长度、使用的材料以及拆除后对生态环境的影响，确定补贴数额 • (3) 建设渔业装备设施，按照渔业装备设施种类确定补贴金额 • (4) 国际渔业资源的养护和利用根据渔船合法作业的状况得到补贴。非法捕捞的，取消补贴 • (5) 远洋、内河运输船舶的补贴资金，根据船舶的总吨位、船龄、船型等情况确定	

续　表

补贴名称	补贴主管部门	补贴依据	补贴对象与补贴方式	补贴时效
对改良水产品种的补贴	· 国家发展和改革委员会 · 农业农村部	· 《中华人民共和国渔业法》(2013)	· 符合条件的水产良种养殖场应当具备省级以上原种站、养殖场资质和独立法人资格，并对申请品种具有 3 年以上的品种养护经验 · 中央投资资金根据年度资金规模和专家评审意见确定	2014 年至今
成品油(渔业)税费改革补助	· 财政部 · 农业农村部	· 财建[2015]499 号 · 农办渔[2015]65 号	·(1)支持参与减少渔船数量、不再捕鱼、拆除渔船或改造为人工渔礁的渔民和企业 ·(2)对渔业资源保护、禁渔期补贴、渔业和渔业行政信息化建设、渔港通航标志站建设、渔船通航安全装备建设、养殖池塘标准化、循环水建设以及其他水产养殖基础设施建设给予一定支持 ·(3)对因成品油税费改革而影响捕捞、养殖渔民的补贴，应当遵守国家有关渔业资源保护的规定 ·(4)补贴方式：资金来源为中央政府内资金。这些资金由中央政府以一般性转移支付的形式转移到地方，由地方政府统筹安排，按照农业部规定的条件使用	2015 年至今

续 表

补贴名称	补贴主管部门	补贴依据	补贴对象与补贴方式	补贴时效
研究开发费用加计扣除的税收优惠政策	• 财政部 • 国家税务总局	• 《中华人民共和国企业所得税法》（2007年） • 《中华人民共和国企业所得税法实施条例》（2007年） • 财税[2015]119号	• 企业为开发新技术、新产品、新工艺所发生的研究开发费用 • 企业开展研发活动中实际发生的研发费用，未形成无形资产计入当期损益的，在计算应纳税所得额时，除按照实际发生额的50%，还应扣除本年度实际发生额的50%；成为无形资产的，按该无形资产成本的150%在税前摊销，摊销期限不得少于10年	2008年至今
综合利用资源生产的建材产品享受税收优惠待遇	• 财政部 • 国家税务总局	• 财税[2015]73号 • 财税[2015]78号	• (1) 砖瓦、砌块等废弃残余物占原材料比例不低于70%的产品 • (2) 以建筑（结构）废料和碎石为原料的建筑碎石集料 • (3) 部分新型墙体材料产品 补贴方式： • (1) 增值税的70%在征收时退还 • (2) 增值税征收时退还50% • (3) 增值税的50%在征收时退还	2015年7月1日至今
资源综合利用产品的税收优惠待遇	• 财政部 • 国家税务总局	• 财税[2008]56号 • 财税[2015]74号 • 财税[2015]78号	• (1) 废弃物产生的电或者热、废弃物发酵产生的沼气；与工业生产有关的余热或过度压力所产生的电利用和热、厨房废弃物、性畜类便、稻壳、花生壳、玉米芯、油茶壳、棉籽壳、三剩物（采代剩余物、造材剩余物、加工剩余物）、农作物秸秆、甘蔗渣等原料或燃料、劣质小薪材（采用质物生产的燃料、电、热（以及上述物质发酵料所产生的沼气）	2015年7月1日至今

246

补贴名称	补贴主管部门	补贴依据	补贴对象与补贴方式	补贴时效
			• （2）工业废气生产的高纯二氧化碳产品；由油页岩制成的页岩油；含油污水、有机废水、废水处理产生的污泥、油田生产产生的含油污泥等原料或燃料所产生的微生物蛋白、干污泥、燃料、电、热（以及上述项目发酵产生的沼气）；生物柴油和从废动物油和植物油中提取的工业混合油；由油田生产相关的含油污泥（渣）制成的乳化混油器、防水辊等配件；人的头发制成的假发；由废酒糟和废酿造水制成的活性炭、白炭黑、乳酸、乳酸钙和沼气 • （3）再生水、胶粉、翻新、再生橡胶、全部由废旧轮胎制成；由废沥青混凝土制成的再生沥青混凝土；由回收利用的矿物油制成的工业用油，如润滑油基础油、汽油、柴油等；退役军用推进剂棉化棉末制成的销化棉粉末涂料；燃煤电厂及各类工业厂房废气、高硫天然气脱硫副产物；以燃煤天然气生产的废气伴生的废气和高硫电厂生产的石膏、硫酸、硫酸铵、硫为原料；煤矸石、煤泥、石煤、油页岩制备的氧化硅、活性硅酸钙、粉煤灰、煤矸石制备的氧化铝；瓷绝缘子和煅烧高岭土；铝粉、柴油、汽油、石油焦、炭黑、再生纸浆、铝粉、汽车、摩托	

续　表

补贴名称	补贴主管部门	补贴依据	补贴对象与补贴方式	补贴时效
			车、家用电器，管材专用改性材料，化纤专用再生聚酯材料，瓶用再生聚对苯二甲酸乙二醇酯（PET）树脂及再生塑料制品；由废弃天然纤维、化纤及其制成的纤维纱、织造棉、无纺布、毡、黏合剂及再生聚酯制品；由废石墨制成的石墨异形体、石墨块、石墨粉、石墨渗碳剂；以及风力发电 ·（4）废电池及其拆解品制成的金属氧化物、镍钴锰复合氢氧化物、镍锰锂氧化物或氯化钴；由废旧显影剂、废旧薄膜及其他废旧光敏材料制成的发泡剂；废催化剂、废灯泡（管）、电解废物、电镀废物、废电路板经熔炼、提纯或组合而成的金属、合金及金属化合物；从废发动机、报废汽车、报废摩托车中经熔炼或提纯而制成的金属和金属化合物 ·补贴方式： ·（1）增值税征收时全额退费 ·（2）增值税的70%在征收时退还 ·（3）增值税的50%在征收时退还 ·（4）增值税的30%在征收时退还	

续　表

补贴名称	补贴主管部门	补贴依据	补贴对象与补贴方式	补贴时效
以农业剩余、林业残余物为原料的综合利用产品的增值税优惠	• 财政部 • 国家税务总局	• 财税 [2015]78 号	• （1）以劣质小薪材、作物秸秆、蒙古柳等原料制成的纤维板、刨花板、细木工板、木炭、活性炭、单宁提取物、水解醇、糠醛、木质素、木糖、阿拉伯糖、蔗渣刨花板、硬纸板、蔗渣浆、蔗渣造纸 • 补贴方式：（1）增值税的 70% 在征收时退还 （2）增值税的 50% 在征收时退还	2015 年 7 月 1 日至今
新能源乘用车公共充电设施建设和运营资金	• 财政部 • 科学技术部 • 工业和信息化部 • 国家发展和改革委员会 • 国家能源局	• 财建 [2016]7 号	• 从事充电设施的建设和运营，提供物业服务的相关企业 • 提供奖励或补贴	2016—2020 年

续　表

补贴名称	补贴主管部门	补贴依据	补贴对象与补贴方式	补贴时效
对利润微薄的小企业实行优惠的所得税政策	·财政部 ·国家税务总局	·《中华人民共和国企业所得税法》（2007年） ·《中华人民共和国企业所得税法实施条例》（2007年） ·财税[2009]133号 ·财税[2010]65号 ·财税[2014]34号 ·财税[2015]34号 ·财税[2015]99号	·（1）从事国家不限制、不禁止的行业，具备下列条件的：（a）年度应纳税所得额不超过30万元，从业人员不超过100人，资产总额不超过3000万元的工业企业；（b）年度应纳税所得额不超过80人，资产总额不超过1000万元的其他企业 ·（2）第（1）项中，年度应纳税所得额不超过人民币3万元的企业 ·（3）第（1）项中，年度应纳税所得额在6万元以下的企业 ·（4）第（1）项中，年度应纳税所得额不超过10万元的企业 ·（5）第（1）项中，年度应纳税所得额不超过20万元的企业 ·（6）第（1）项中，年度应纳税所得额不超过30万元的企业 ·补贴方式：（1）所得税减按20%的税率征收 ·（2）～（4）从应纳税所得额中扣除50%，按20%的税率征收企业所得税 ·（5）从其应纳税所得额中扣除50%，按20%的税率征收企业所得税 ·（6）从其应纳税所得额中扣除50%，按20%的税率征收企业所得税	·（1）2008年1月1日至今 ·（2）2010年1月1日至2011年12月31日 ·（3）2012年1月1日至2013年12月31日 ·（4）2014年1月1日至2014年12月31日 ·（5）2015年1月1日至2015年9月30日 ·（6）2015年10月1日至2017年12月31日

续　表

补贴名称	补贴主管部门	补贴依据	补贴对象与补贴方式	补贴时效
对微利小企业实行增值税、营业税优惠政策	•财政部 •国家税务总局	•财税[2015]96号 •财税[2014]71号	•（1）小规模增值税纳税人，月销售额2万至3万元 •（2）月销售额2万至3万元的营业税纳税人 补贴方式：（1）免征增值税 （2）免征营业税	2014年10月1日至2017年12月31日
现代农业发展资金	•财政部	•财农[2013]1号	•农业基础设施和设施项目 资金分配给省级政府，省级政府负责制定具体实施方案	2013年2月至今
农业技术推广与服务资金	•财政部 •科学技术部 •农业农村部	•财农[2015]31号	•农业技术推广项目的从业人员、农业技术服务提供者和农业技术实际使用者 •财政部和农业农村部共同审查地方政府提交的资金申请。申请获批准后，由财政部拨款	2015年至今
购买农业机械补贴	•财政部 •农业农村部	•财农[2005]11号	•农民和农业机械服务提供者购买农业机械 •财政部和财政部联合审查地方政府提交的资金申请。申请获批准后，由财政部拨款	2004年至今
对优良作物种子的补贴	•财政部 •农业农村部	•财农[2004]16号 •财农[2004]17号 •财农[2009]440号	•购买优良种子的农民 •财政部和财政部联合审查地方政府提交的资金申请。申请获批准后，由财政部拨款	2002—2015年

续　表

补贴名称	补贴主管部门	补贴依据	补贴对象与补贴方式	补贴时效
农业投入综合补贴	• 财政部 • 农业农村部	• 财建 [2009]492 号	• 农民 • 补贴资金由省级人民政府安排，由省级人民政府制定具体实施方案，提供对农民的补贴	2006—2015 年
向农民提供直接补贴	• 财政部 • 农业农村部	• 国发 [2004]17 号	• 农民 • 具体实施方案由省级政府负责。按照计税耕地面积给予补贴	2004—2015 年
农业支持和保护补贴	• 财政部 • 农业农村部	• 财农 [2016]26 号	• 承包土地的农民、家庭农场、农民合作社等 • 按照土地承包面积和省级政府确定的标准，对土地承包经营权、家庭农场、农民合作社等给予补贴	2016 年至今
农田水利建设和水土保持资金	• 财政部 • 水利部	• 财农 [2015]226 号	• 农田水土保持工程等 • 该资金被分配给各省政府。市、县级水资源部门负责补贴的具体实施和提供	1983 年至今
农业防灾救灾资金	• 财政部 • 农业农村部	• 财农 [2001]232 号 • 财农 [2013]3 号	• 执行农业灾害防治任务或者遭受农业灾害和损失的农业生产者 • 由地方政府提交申请财政部和农业部共同审查。申请获批准后，由财政部拨款	2001 年至今
农业资源与生态保护资金	• 财政部 • 农业农村部	• 财农 [2004]139 号 • 财农 [2014]32 号	• 符合条件的农牧民渔民和其他单位 • 资金由省级政府负责制定具体实施方案，对符合条件的农牧民渔民和企业给予补助	2011 年至今

续　表

补贴名称	补贴主管部门	补贴依据	补贴对象与补贴方式	补贴时效
林业病虫害防治补贴	• 财政部 • 国家林业和草原局	• 财农[2014]9号	• 基层林业组织分配的任务林业害虫害和疾病的预防和控制 • 补贴的申请由地方政府提交。国家林业局审核申请并提出分配建议。补贴金额由财政部决定	1980年至今
新一轮退耕还林还草补助	• 财政部 • 国家发展和改革委员会 • 国家林业和草原局 • 国土资源部 • 农业农村部 • 水利部 • 生态环境部 • 国务院扶贫开发领导小组	• 财农[2015]258号	• 退耕还林还草的农民 • 2015年对退耕还林农民补贴每亩800元 • 2016年对退耕还草农民补助每亩1000元	2014年至今
内河船舶标准化补助	• 财政部 • 交通运输部	• 财建[2014]61号	• 拆除、翻新符合条件的船舶所有人和建造示范船的水上运输经营者 • 补贴按拆除或翻新船舶的吨位确定	2013年10月1日至2017年12月31日

253

续 表

补贴名称	补贴主管部门	补贴依据	补贴对象与补贴方式	补贴时效
船舶报废拆解和船型标准化补贴	• 财政部	• 财建[2015]977 号	• 进行拆除、翻新船舶的符合条件的船主 • 补贴根据已拆卸或翻新船舶的吨位、船龄和船型而定	• 海 船：2013 年 1 月 1 日 至 2017 年 12 月 31 日 • 渔 船：2015 年 10 月 1 日 至 2019 年 12 月 31 日
渔民陆上安置补贴	• 财政部 • 农业农村部	•《中华人民共和国渔业法》(2013)	• 符合条件的渔民 • 对渔民陆上定居居提供补贴	2014 年至今
水产良种补助金	• 财政部 • 农业农村部	•《中华人民共和国渔业法》(2013)	• 符合条件的水产养殖场的改良品种 • 对符合条件的养殖场提供良种补贴	2014 年至今
旧车报废补贴	• 财政部 • 商务部	• 财建[2002]742 号 • 财建[2013]183 号 • 财建[2014]654 号	• 旧车车主可获资助 • 车主报废旧车获得补贴	2002—2015 年
交通节能减排资金	• 财政部 • 交通运输部	• 财建[2011]374 号 • 财建[2014]654 号	• 符合条件的公路、水运行业节能减排企事业单位 • 具体金额由财政部、交通运输部根据项目性质、投资金额、实际节能减排金额、社会效益等情况确定	2011—2015 年
城市公共汽车补贴	• 财政部 • 工业和信息化部 • 交通运输部	• 财建[2015]159 号	• 城市公共汽车 • 对油价提供补贴	2015 年至今

续　表

补贴名称	补贴主管部门	补贴依据	补贴对象与补贴方式	补贴时效
支持新能源汽车推广和利用	• 财政部 • 科学技术部 • 工业和信息化部 • 国家发展和改革委员会	• 财建[2013]51 号 • 财建[2015]134 号	• 入选新能源汽车推广应用项目推荐车型目录的纯电动汽车、插电式混合动力汽车和燃料电池汽车 • 对新能源汽车生产企业在产品销售价格中扣除的补贴予以补贴	2013—2020 年
民航节能减排资金	• 财政部	• 财建[2012]547 号	• 节能技术改造、节能产品、新能源应用、节能管理、航空交通优化、机场垃圾及污水处理设施建设等项目 • 提供资金资助	2015 年 4 月至今
页岩气开发利用补贴	• 财政部 • 国家能源局	• 财建[2012]847 号 • 财建[2015]112 号	• 页岩气开采业 • 对页岩气开采企业，2015 年给予 0.4 元 / 立方米补贴，2016 年给予 0.3 元 / 立方米补贴	• (1) 2012—2015 年，0.4 元 / 立方米 • (2) 2016—2018 年，0.3 元 / 立方米
煤层气 (气) 的开发利用补贴	• 财政部	• 财建[2016]31 号	• 煤层气 (气) 开采业 • 对煤层气 (气) 开采企业，给予 0.3 元 / 立方米补贴	2016 年至今
防治水污染资金	• 财政部 • 生态环境部	• 财建[2015]226 号	• 重点流域水污染防治；水质较好的江河湖泊的生态保护；饮用水水源的环境保护；环境保护和地下水污染恢复；城市水体恶臭处理；保护和处理跨界和跨省的水环境；土地、河流、湖泊污染综合治理试验 • 资金提供奖励等方式的支持	2015 年 7 月至今

255

续　表

补贴名称	补贴主管部门	补贴依据	补贴对象与补贴方式	补贴时效
海绵城市建设资金	• 财政部	• 国办发 [2015]75 号	• 海绵城市建设项目 • 资金支持	2015 年 10 月至今
产业转型升级资金	• 财政部 • 工业和信息化部	• 财建 [2012]567 号	• 公共服务平台建设、信息技术与产业化深度融合、工业产品质量提升、行业标准制定、中小企业服务体系建设 • 资金提供支持	2012—2015 年
节能产品推广资金	• 财政部 • 国家发展和改革委员会	• 财建 [2009]213 号	• 消费者购买高效节能的产品 • 对节能产品生产企业在产品销售价格中扣除补贴，给予补贴	2009 年 5 月至 2017 年 2 月

注：1. 本表资料内容是以 WTO 文件（文件 1：G/SCM/N/343/CHN 以及文件 2：G/SCM/N/315/CHN）为基础的翻译以及在此基础上的初步信息整理，仅用于本书的论证分析；

2. 需要说明的是，本表中所示的某些项目可能不是（或不总是）补贴；

3. 有关资料的详细信息与相关政策内容，请以中国官方政策文件与法律文本为依据。

附 5　地方政府层面的财政补贴政策选择

地方政府补贴	补贴名称	补贴对象	补贴时效
北京市	推广 PPP 模式的奖励	合格的 PPP 项目	2017 年 10 月至今
北京市	节能减排和环境保护资金	符合条件的企业	2017—2018 年
北京市	市煤炭产能过剩职工分流安置补助	符合条件的企业	2016 年至今
北京市	新能源小型乘用车应用示范奖	购买新能源汽车的企业和个人	2017 年至今
北京市	加强电动汽车充电设施的发展	符合条件的企业和项目	2018 年至今
北京市经济技术开发区	促进职业能力改善补助金	符合条件的企业	2018 年至今
天津市	节约能源资金	符合条件的企业和项目	2017—2022 年
天津市	支持企业上市的资金	符合条件的企业	2017—2023 年
天津市	促进科技成果转化和交易的项目经费	符合条件的企业	2018 年 7 月 1 日—2021 年 6 月 30 日
天津市	进口配套资金	进口列入《天津市鼓励一般贸易进口产品目录》的设备或商品的天津市企业	2017 年 7 月 1 日—2018 年 6 月 30 日
天津市	空气污染防治资金	大气污染防治项目	2017—2018 年
天津市北辰区	减少空气污染物排放计划拨款（废物堆场尘埃控制计划）	大气污染物减排项目主体以控尘为主	2017 年
天津市北辰区	企业深度处理废水的补助	为企业新建、改建污水处理设施的项目	2017—2018 年
天津市北辰区	支持企业上市的资金	申请证券市场上市的企业	2017—2019 年
天津市北辰区	新能源汽车补贴	符合条件的用户	2016 年至今
天津市津南区	工业节能资金	符合条件的企业	2010 年至今
天津市虹桥区	空气污染防治资金	燃煤炉改造工程等	2017 年
天津市南开区	支持科技产业发展的资金	符合条件的企业	2017—2018 年
天津市滨海新区	科技智能化专业化众创空间奖励	符合条件的众创空间	2018 年

地方政府补贴	补贴名称	补贴对象	补贴时效
天津市滨海新区	高新技术企业资金	国家高新技术企业	2017—2018 年
河北省	空气污染防治资金	符合条件的大气污染治理项目	2014—2016 年
河北省	奖励化解煤炭产能过剩的资金	符合条件的煤矿	2015—2016 年
河北省	改善水产品种的补助金	经营管理规范、技术力量雄厚、有水产养殖生产许可证的水产养殖生产企业	2017—2018 年
河北省	科技创新资金	高新技术企业、中型科技企业、科技创新企业家、时尚平台、高端人才	2015 年 12 月至今
河北省石家庄市裕华区	中小科技企业发展资金	众创空间、科技型中小企业、创新平台等	2017—2018 年
河北省石家庄市鹿泉区	创新创业资金	符合条件的企业	2017—2018 年
河北省石家庄市鹿泉区	就业创业资金	小微企业和孵化基地	2017—2019 年
河北省石家庄市	工业企业改制专项奖励	符合条件的企业	2018 年至今
河北省衡水市	科技创新与发展资金	新认定的高新技术企业，小科技巨头	2018 年至今
河北省衡水市	科技创新资金	符合条件的企业	2018 年至今
河北省衡水市饶阳县	科技创新与发展资金	符合条件的科技型中小企业	2018 年
河北省邯郸市	工业设计资金	符合条件的企业	2018—2022 年
河北省唐山市	工业设计发展资金	工业设计企业	2017 年 11 月 13 日至今
河北省唐山市	化解过剩产能企业职工安置资金	符合条件的企业	2017 年 7 月 26 日至今
河北省唐山市	新兴产业发展资金	符合条件的企业	2018 年 5 月 4 日至今
河北省保定市	科技企业孵化器资金	获市二级科技企业孵化器认证	2018 年 8 月 1 日—2021 年 8 月 1 日

地方政府补贴	补贴名称	补贴对象	补贴时效
河北省秦皇岛市	奖励化解钢铁产能过剩的资金	符合条件的钢铁企业	2017 年
河北省秦皇岛市	众创空间资金	城市层面的众创空间	2016—2018 年
河北省秦皇岛市	对上市公司的奖励	符合条件的上市公司	2016 年至今
山西省	新能源汽车资金	新能源汽车制造商	2017—2020 年
山西省	PPP 项目奖励	符合条件的新项目	2018 年至今
山西省	为新能源汽车拨款	新能源汽车的最终用户	2018 年至今
山西省	退耕还林、还草的补助金	农民退耕还林（牧）	2017 年
山西省	扶贫资金	（1）以就业而非直接补助金的方式救济灾区人民 （2）民族地区 （3）贫困的农场	2017 年 9 月至今
内蒙古自治区	生态保护补偿机制	重点生态功能区、优先生态多样性保护区等	2015 年至今
内蒙古自治区	森林生态效益补偿机制	公益林的所有者和经营者	2017 年至今
内蒙古自治区	扶贫资金	贫困家庭和人口	2017—2018 年
内蒙古自治区	对化解钢铁和煤炭行业过剩产能的奖励	产能转移企业	2017 年至今
内蒙古自治区	应用科技研发资金	符合条件的企业	2017—2018 年
内蒙古自治区	重大科技项目资金	符合条件的企业	2017—2018 年
内蒙古自治区	科技研究成果转化资金	符合条件的企业	2018 年至今
内蒙古自治区	就业补助金	符合条件的企业和员工	2017—2019 年
内蒙古自治区呼和浩特市	重大科技项目资金	符合条件的企业	2018 年至今
内蒙古自治区包头市	应用科技研发资金	符合条件的企业	2017 年至今
内蒙古自治区鄂尔多斯市	科技创新资金	符合条件的企业	2017 年至今

地方政府补贴	补贴名称	补贴对象	补贴时效
内蒙古自治区锡林郭勒盟	应用科技研发资金	符合条件的企业	2017 年至今
内蒙古自治区巴彦淖尔市	经济林补助金	符合条件的经济林生产区和企业	2018 年
内蒙古自治区乌海市	科技项目资金	符合条件的企业	2017 年至今
内蒙古自治区乌兰察布市	经济林业发展资金	符合条件的经济林生产区和企业	2018 年至今
内蒙古自治区乌兰察布市	创业补助金	创业园和符合条件的企业	2017 年
内蒙古自治区赤峰市	经济森林发展资金	符合条件的经济林生产区和企业	2017—2018 年
内蒙古自治区额尔古纳市	取消老式燃煤炉的拨款	符合条件的煤改气、煤改电企业	2018 年
辽宁省	空气污染防治资金	符合条件的大气污染防治项目	2017 年 1 月至今
辽宁省	消除小型燃煤炉资金	符合条件的项目	2017 年 8 月至今
辽宁省	农村环境综合治理资金	实施符合条件的农村环境综合治理项目	2018 年 3 月至今
辽宁省	林业有害生物防治资金	各级林业单位承担有害生物防治任务	2017 年 5 月至今
辽宁省大连市	退耕还林补助	退耕还林工程	2017—2019 年
辽宁省大连市	船舶报废拆解和船型标准化补贴	自愿退出海洋捕捞的渔民或企业；报废、拆除、处置船舶而未造成损害的渔民和企业	2017—2020 年
辽宁省大连市	海洋及渔业发展资金	（1）水产品质量安全检测 （2）海洋环境监测与预报 （3）渔业安全管理 （4）库存增强 （5）渔民人身意外保险 （6）标准水产养殖渔船等采购补助金	2017 年 10 月至今
吉林省	科技企业孵化器资助	获省级科技企业孵化器认证	2017 年至今

地方政府补贴	补贴名称	补贴对象	补贴时效
吉林省	科技企业补助	吉林省被认定的科技小巨头	2017 年至今
吉林省	大学科技园区拨款	符合条件的大学与科技园	2018 年至今
吉林省	财政扶贫资金	个人和其他组织	2017 年至今
吉林省	林业保护与发展补助金	承担林业有害生物防治任务的基层组织	2017 年至今
吉林省	水产养殖补助金	水产养殖良种或名优品种引进、选育、示范和推广	2017 年
吉林省	节能减排和生态保护资金	节能减排和循环经济项目	2017—2018 年
吉林省	为新能源汽车拨款	购买新能源汽车的消费者	2017—2018 年
吉林省	电动车充电设施拨款	符合条件的企业和项目	2018—2020 年
吉林省	煤炭行业化解过剩产能专项资金	符合条件的企业	2016—2018 年
黑龙江省	科技企业研发经费	高新技术企业、科技型中小企业	2018 年 7 月至今
黑龙江省	科技企业孵化器、众创空间资助	科技企业孵化器和众创空间	2017 年 11 月至今
黑龙江省	技术交易奖励	符合条件的企业	2018 年 4 月至今
黑龙江省	技术转让资金	符合条件的国家或省级组织	2018 年 4 月至今
黑龙江省	重大科技研究项目转化经费	科技型中小企业和高新技术企业	2018 年 6 月至今
黑龙江省	资金用于新能源汽车牌照	新能源汽车制造商	2017 年至今
黑龙江省	提高技能补助金	2017 年 1 月 1 日起参加失业保险并取得职业资格或技能证书的企业职工	2017 年至今
黑龙江省哈尔滨市	生物医药产业的补助金	符合条件的企业	2017 年 6 月至 2022 年 6 月
黑龙江省哈尔滨市	资助低碳和环保产业	低碳环保企业	2017 年至今
黑龙江省佳木斯市	就业补助金	符合条件的个人	2017 年 1 月 1 日至 2018 年 12 月 31 日

续　表

地方政府补贴	补贴名称	补贴对象	补贴时效
黑龙江省绥芬河市	经济发展补助金	符合条件的企业	2017 年 3 月至 2018 年 2 月
黑龙江省齐齐哈尔市	资金用于新金属材料行业	符合条件的企业	2017 年至今
黑龙江省齐齐哈尔市	科技企业研发经费补助	高新技术企业和科技型中小企业	2018 年至今
黑龙江省七台河市	高新技术企业补助	认证的高新技术企业	2018 年至今
黑龙江省伊春市	专利技术项目的资助	符合条件的企业	2017 年至今
黑龙江省伊春市	财政扶贫资金	扶贫工作的对象等	2016—2020 年
黑龙江省伊春市	新能源汽车资金	符合条件的企业	2017 年
黑龙江省伊春市	环境污染治理资金	企业排放污染物	2015 年至今
上海市	国际经济关系和贸易发展资金	符合条件的企业	2016—2020 年
上海市	产业转型发展资金	符合条件的促进产业转型升级的项目和企业	2015—2020 年
上海市	信息技术发展资金	符合条件的促进信息产业发展的本地企业或项目	2015—2020 年
上海市	高新技术研究成果转化资金	经认定符合条件的国内外企业改造项目	2006 年至今
上海市青浦区	支持中小企业发展资金	符合条件的中小企业	2015—2020 年
上海市青浦区	科技创新资金	符合条件的创新型企业	2016—2020 年
上海市奉贤区	支持科技中介服务提供者的资金	符合条件的科技中介服务提供者	2016—2020 年
上海市虹口区	调整结构支持发展资金	符合条件的企业	2016—2020 年
上海市虹口区	加快培育新兴产业	符合条件的新兴产业企业	2016 年至今
上海市宝山区	职业技能培训补助	符合条件的企业等	2014 年 7 月 1 日至今

地方政府补贴	补贴名称	补贴对象	补贴时效
上海市静安区	促进科技创新和发展资金	符合条件的小科技巨头企业和符合条件的高科技科研成果产业化企业	2018 年 8 月 30 日至 2020 年 12 月 31 日
上海市静安区	支援企业科技中心的资金	经区级技术中心认证的企业	2018 年 7 月 1 日至 2020 年 6 月 30 日
上海市静安区	总部经济发展资金	符合条件的跨国公司区域总部等	2017 年 11 月至 2018 年 11 月
上海市松江区	支持产业创新集群的补贴	经认证的产业创新集群	2017 年 10 月至今
上海市闵行区	支持生物医药产业发展的补贴	生物医药相关企业等	2018 年 5 月 1 日至 2021 年 4 月 30 日
江苏省	节能减排资金	符合资格的绿色建筑项目	2015 年至今
江苏省	化工企业关闭、转移、改造专项资金	符合条件的化工企业	2017—2018 年
江苏省南京市	为新的研发机构提供资金	符合资格的新研发机构	2018 年至今
江苏省南京市	科技创业融资支持资金	符合条件的创业科技企业	2018 年至今
江苏省南京市	在长江休渔期给予渔民补助金	渔民在休渔期捕鱼	2017 年至今
江苏省江阴市	生态环境保护资金	符合条件的企业	2017—2018 年
江苏省江阴市	稳定就业支持资金	采取有效措施减少失业的企业	2017—2018 年
江苏省江阴市	淘汰落后产能资金	符合条件的企业	2017—2018 年
江苏省镇江市	在长江休渔期给予渔民补助金	长江上的渔民	2003 年至今
江苏省镇江市	支持新材料制造业产业升级补助	符合条件的企业	2018 年至今
江苏省镇江市	资助绿色工厂	符合条件的企业	2017—2018 年
江苏省镇江市	奖励艺术和工艺大师	经营工艺美术的工作室和个人	2017—2018 年
江苏省镇江市	科技研究与发展计划资金	符合条件的企业	正在进行

续　表

地方政府补贴	补贴名称	补贴对象	补贴时效
江苏省镇江市丹阳市	支持循环经济发展的专项资金	符合条件的企业	2017 年至今
江苏省苏州市	新能源汽车推广应用资金	符合条件的企业	2017 年
江苏省常州市	长江春捕休渔期渔民补助金	渔民在休渔期捕鱼	2017—2018 年
江苏省常州市	补偿淘汰落后化学品生产能力的补助金	淘汰落后产能的企业	2017—2018 年
江苏省常州市	支持推广和应用新能源汽车的补助金	符合条件的企业	2018 年
江苏省常州市武进区	支持高污染产业转型的专项资金	符合条件的企业	2017 年至今
江苏省常州市天宁区	支持科技创新计划的经费	符合条件的企业	2017 年至今
浙江省	以保单为基础的渔业互助保险补助	符合条件从事渔业生产经营的个人或组织	2015 年至今
浙江省	海洋和渔业综合管理及产业发展资金	（1）渔业恢复、种群增加，渔民退出海洋捕捞 （2）渔业生态改造，推广生态友好、循环、安全的养殖模式 （3）海洋环境、经济监测和海洋保护区开发 （4）标准化渔港建设 （5）水产动物检疫，保障水产品质量	2015—2018 年
浙江省	支持推广和应用新能源汽车的补助金	购买新能源汽车的个人或组织	2016—2020 年
浙江省	森林植被恢复项目赠款	从事森林保护的林业组织	2017—2018 年
浙江省杭州市	支持渔船标准化项目的补助金	渔船所有人依法经营，该方案的实施应符合国家关于减少渔船数量和总动力的要求	2017—2019 年

地方政府补贴	补贴名称	补贴对象	补贴时效
浙江省杭州市	发展和改革资金	符合条件的企业	2018 年
浙江省杭州市	科技创新项目资金	符合条件的从事科技创新活动的企业	2016—2019 年
浙江省杭州市	科技创业扶植资金	符合条件的创业科技企业	2015—2017 年
浙江省杭州市	支持科技发展项目的经费	符合条件的企业	2015—2017 年
浙江省杭州市	支持科学技术发展经费	符合条件的企业	2018—2020 年
浙江省嘉兴市	科技孵化企业创新创业奖励资助资金	符合条件的企业	2018 年
浙江省嘉兴市	科技保险补助金	符合条件的企业	2018 年
浙江省绍兴市	"森林绍兴"开发项目资金	实施城市林业现代化建设和森林生态文化建设项目的组织	2017—2018 年
浙江省金华市	促进产业结构调整资金	符合条件的企业	2018 年 1 月至今
浙江省温州市	产品质量改进资金	符合条件的企业	2015~2017 年
浙江省宁波市	研究和发展投资补助金	符合条件的企业	2018 年 4 月 27 日至 2020 年 12 月 31 日
浙江省宁波市	支持市级示范创业孵化基地	被评为"市级示范创业孵化基地"的企业／机构	2018 年 1 月 1 日至 2020 年
浙江省宁波市	就业和创业资助	被评为"市大学生就业示范基地"的企业／机构	2018 年至今
浙江省宁波市	政策性渔业保险资金	从事渔业生产经营或者为渔业生产经营提供服务的渔船和渔船所有人	2005 年至今
浙江省宁波市	小微企业发展资金	符合条件的小微企业	截止到 2018 年底
浙江省宁波市奉化区	工业挥发性有机化合物污染控制资金	已完成工业挥发性有机化合物污染治理的企业	2016—2018 年
浙江省宁波市奉化区	水利治理工程资金	小型农田水利、农村饮水、小流域治理等	2017 年

地方政府补贴	补贴名称	补贴对象	补贴时效
浙江省宁波市奉化区	林业生态效益资金	林场、农户等	2017—2018 年
浙江省宁波市奉化区	节约能源及锅炉消除工程资金	淘汰高污染燃料锅炉，使用节能设备的企业	2015—2018 年
浙江省宁波市江北区	技术改造资金	实施技术改造的企业	2012 年至今
浙江省宁波市江北区	信息化业务发展资金	采用信息导向方法的企业	2015 年至今
浙江省舟山市	科学技术发展资金	从事科技创新活动的企业	2017—2019 年
安徽省	水污染防治资金	符合条件的项目	2017—2018 年
安徽省	空气污染防治资金	符合条件的项目	2017—2018 年
安徽省	为早日淘汰黄色标签车辆而设立的资金	符合条件的用户	2017—2018 年
安徽省	电力需求侧管理资金	符合条件的企业	2017—2018 年
安徽省	公私合营项目资金	符合条件的项目	2017—2018 年
安徽省	钢铁、煤炭等行业化解过剩产能资金	钢铁和煤炭企业	2017—2018 年
安徽省淮北市	财政扶贫资金	符合条件的受助人	2017—2018 年
福建省	海洋经济发展资金	符合条件的企业	2017—2019 年
福建省	海洋和渔业结构调整资金	水产企业、农场、合作社、科研机构	2017 年至今
福建省	支持战略性新兴产业发展专项资金	符合条件的企业	2012—2018 年
福建省	新能源汽车产业发展资金	符合条件的企业	2017—2020 年
福建省福州市	渔港资金	符合条件的企业	2010 年至今
福建省福州市	水产品加工资金	符合条件的水产品加工企业	2017—2018 年
福建省福州市	水产养殖资金	符合条件的水产养殖企业	2017—2018 年
福建省漳州市	鼓励企业节能减排的资金	符合条件的企业	2016 年至今

地方政府补贴	补贴名称	补贴对象	补贴时效
福建省厦门市	新能源汽车推广应用补贴	新能源汽车企业	2017—2020 年
福建省厦门市	海洋及渔业发展资金	符合国内法和国际渔业管理规则的企业	2018—2020 年
江西省	支持科技创新经费	符合条件的实验室、研究中心等	2018 年至今
江西省	支援科技型中小企业补助金	符合条件的科技中小企业	2018 年至今
江西省	资助新能源汽车的应用	符合条件的消费者、生产研发企业、收费基础设施建设单位	2017 年至今
江西省南昌市	中小微企业公共服务示范平台评审资金	市级中小企业公共服务平台	2015—2017 年
江西省南昌市	授权和运营小型创业基地	（1）2015 年起新增国家和省级小型创业基地 （2）2015 年起获得市级小型创业基地认定 （3）2015 年起通过考核的市级小型创业基地	2015—2017 年
江西省南昌市	支持纺织服装产业转型升级专项资金	符合条件的企业	2018 年
江西省南昌市	扶持高新技术企业的补助金	符合条件的企业	2017 年至今
江西省南昌市	支持工业企业发展的补助金	符合条件的企业	2018 年至今
江西省南昌市	研发开支补助金	符合条件的企业	2018 年至今
江西省九江市	节能技术改造资金	符合条件的企业	2018—2022 年
山东省	中小微企业资金	企业活动人数在 300 人以下，销售收入在 5000 万元以下	2016—2020 年
山东省	企业研发经费	符合条件的企业	2016—2018 年
山东省	钢铁行业去产能奖励	参与去产能的钢铁企业	2016—2020 年
山东省	企业孵化器、众创空间奖励	符合条件的企业	2017—2020 年

地方政府补贴	补贴名称	补贴对象	补贴时效
山东省	从事科技成果转化事业单位的经费	符合条件的机构	2016—2018 年
山东省	工业企业结构调整奖励	符合条件的企业	2016—2018 年
山东省青岛市	远洋渔业资金	符合国内法和国际渔业管理规则的远洋渔业企业	2013—2018 年
山东省青岛市	新能源汽车推广应用补贴	新能源汽车消费者	2018—2020 年
山东省青岛市	中小企业发展资金	符合条件的中小企业	2017—2021 年
山东省青岛市	节约能源资金	符合条件的节能组织	2017 年至今
山东省青岛市	对规模以上工业企业的奖励	新增统计的规模以上工业企业	2018 年 2 月 11 日至 2020 年 12 月 31 日
山东省青岛市李沧区	科学技术发展规划资金	符合条件的创新型科技企业	2017 年
山东省青岛市城阳区	企业科技创新资金	符合条件的创新型科技企业	2017—2018 年
山东省青岛市即墨区	新能源汽车补贴	符合条件的新能源汽车销售机构	2017 年
山东省青岛市即墨区	清洁环保炉灶补贴	符合条件的企业	2017 年
山东省青岛市西海岸新区	中小企业股权上市补贴	在区域股票交易市场上市的青岛民营企业和有限责任公司，如齐鲁股票交易中心和蓝海股票交易中心	2017 年 9 月 9 日至 2020 年 12 月 31 日
山东省日照市	远洋渔业发展资金	符合国内法和国际渔业管理规则的经批准的符合条件的远洋渔业企业	2017—2020 年
河南省	科技创新平台搭建资金	符合条件的企业	2018 年至今
河南省	报废汽车回收拆解企业设备改造资金	在省商务厅登记的报废汽车回收拆解企业	2017 年至今
河南省	促进转型发展资金	符合条件的企业	2017 年至今
河南省	外商投资奖励资金	在中国直接投资的外国公司和企业	2017 年至今

地方政府补贴	补贴名称	补贴对象	补贴时效
河南省鹤壁市	科技创新资金	符合条件的企业	2017 年至今
河南省焦作市	环境保护资金	符合条件的企业	2017 年
河南省沁阳市	支持创新驱动发展资金	新认定的国家、省、市产业技术创新战略联盟、节能减排创新示范企业	2017 年至今
河南省许昌市	分享大型科学设备的资金和奖励	具有大型科研设备的科研机构和企业	2017 年至今
河南省漯河市	发展总部经济资金	入驻昭陵区的国内外大型企业和公司	2017 年至今
河南省漯河市	就业和社会项目资金	城市中的贫困家庭和企业	2017 年至今
河南省信阳市	重大科技项目资金	符合条件的企业	2017 年至今
河南省济源市	科技创新项目资金	符合条件的企业	2017 年
河南省济源市	解决产能过剩的资金	符合条件的企业	2017 年至今
湖北省	财政扶贫资金	贫困县、贫困村、贫困户	2017 年 12 月至今
湖北省	支持科技创业发展资金	符合条件的技术初创企业	2017 年 7 月至今
湖南省	扶贫资金	贫困家庭和贫困人口	2012 年至今
湖南省	环境保护资金	水、大气污染防治等符合条件的项目	2017—2018 年
湖南省	产业转型升级资金	符合条件的企业	2017—2019 年
湖南省	促进就业资金	符合条件的企业	2018 年 12 月至今
广东省	发展深水网箱养殖业资金	符合条件的水产养殖企业	2015 年 1 月 1 日至今
广东省肇庆市	对企业技术革新的奖励	符合条件的企业	2016—2020 年
广东省清远市	高新技术企业培育资金	认证的高科技企业	2016 年 9 月 5 日至 2020 年 12 月 31 日
广东省清远市	企业研究与发展资金	科技企业	2016 年 9 月 21 日至 2020 年 12 月 31 日
广东省潮州市	高新技术企业资金	认证的高科技企业	2016—2019 年
广东省潮州市	科技发展资金	符合条件的企业	2015—2020 年

续　表

地方政府补贴	补贴名称	补贴对象	补贴时效
广东省潮州市	科技创新发展资金	符合条件的企业	2017—2020 年
广东省潮州市	工程技术研究中心建设资金	经批准建立的工程中心	2017—2018 年
广东省揭阳市	科技创新发展资金	符合条件的企业	2017—2021 年
广东省揭阳市	创新驱动发展资金	从事重点科技研究和专利申请的企业	2017 年
广东省珠海市	技术革新资金	符合条件的企业	2017—2021 年
广东省珠海市	资助研发费用资金	符合条件的企业	2017—2019 年
广东省珠海市	节能减排资金	符合条件的企业	2018—2023 年
广东省珠海市	光伏发电产业资金	符合条件的企业	2016 年至今
广东省珠海市	绿色产业发展电动机节能与技术改造资金	符合条件的企业	2017 年
广东省珠海市	企业研发经费补助资金	符合条件的企业	2015—2019 年
广东省珠海市	休渔期渔民生产生活补助	受封闭捕鱼措施规管的渔民	2017 年至今
广东省珠海市横琴新区	软件及集成电路设计业发展资金	符合条件的企业	2018—2020 年
广东省珠海市香洲区	科技创新资金	认证的高科技企业	2017 年至今
广东省珠海市斗门区	工业企业规模扩大资金	符合条件的工业企业	2017—2018 年
广东省中山市	低碳发展资金	符合条件的企业	一次性发放（2017—2018 年）
广东省中山市	战略性新兴产业创新平台建设资金	符合条件的企业	一次性发放（2017—2018 年）
广东省中山市	水产养殖资金	持有有效养殖许可证和养殖生产许可证的企业	2013 年至今
广东省中山市	休渔期渔民的生活津贴	受休渔期限制的渔民	2009 年至今
广东省惠州市	技术革新资金	符合条件的工业企业	2017—2018 年
广东省惠州市	能源节约和循环经济资金	符合条件的循环经济发展项目	2016—2019 年

地方政府补贴	补贴名称	补贴对象	补贴时效
广东省韶关市	企业研发资金	符合条件的企业	一次性发放（2018年）
广东省韶关市	对高科技企业的奖励	符合条件的企业	一次性发放（2018年）
广东省河源市	节约能源资金	工业节能项目	2016年1月至2017年12月期间完成的项目
广东省河源市和平县	企业节能改造资金	符合条件的企业	2017—2018年
广东省江门市	低碳发展资金	符合条件的企业	2017年
广东省江门市	技术转让资金	符合条件的企业	2015年7月1日至2018年7月1日
广东省江门市	科技企业孵化器资金	符合条件的企业	2015年7月1日至2018年7月1日
广东省江门市	企业研发资金	符合条件的企业	2015年7月1日至2018年7月2日
广东省江门市	小微企业众创空间发展资金	认证的小微企业众创空间	2015年10月1日至2017年12月31日
广东省江门市	对小微企业创新创业的奖励	微型和小型工业企业	2017—2018年
广东省广州市	支持水产养殖政策性保险的资金	从事合法水产养殖活动并参加保险计划的农民和企业	2017—2019年
广东省深圳市	私营企业和中小企业发展资金	符合条件的企业	2017年12月10日至2019年12月10日
广东省深圳市	战略性新兴产业资金	符合条件的企业	2018年11月25日至2023年11月25日
广东省深圳市	国家高新技术企业发展规划资金	符合条件的企业	2017—2020年
广东省深圳市	技术改造加倍计划资金	符合条件的企业/项目	2017年12月21日至2020年12月21日
广东省深圳市	科技奖励	符合条件的企业/组织	2018年1月1日至2023年1月1日

地方政府补贴	补贴名称	补贴对象	补贴时效
广东省深圳市盐田区	产业发展资金	符合条件的企业	2017 年 6 月 6 日至 2020 年 6 月 6 日
广东省深圳市盐田区	新能源汽车充电设施资金	符合条件的企业	2017 年 12 月 15 日至 2019 年 12 月 31 日
广东省深圳市盐田区	液化天然气拖车及加油站资金	汽车加油站（或油气站）新建、改建、扩建（不包括搬迁）项目	2018—2020 年
广东省深圳市盐田区	分布式光伏发电资金	符合条件的企业	2018—2020 年
广东省深圳市盐田区	企业/组织自愿清洁生产资金	自愿进行清洁生产评审的企业/组织	2018—2020 年
广东省深圳市盐田区	能源效益合约（EMC）资金	符合条件的节能改造项目	2018—2020 年
广东省深圳市宝安区	创新奖励	国家、省、市创新平台	2018—2020 年
广东省深圳市宝安区	产业园区转型升级资金	符合条件的园区企业	2018—2020 年
广东省深圳市龙岗区	经济和科学技术发展资金	国家、省、市创新平台	2016—2020 年
广东省深圳市龙华区	科技创新资金	符合条件的企业	2018—2022 年
广东省深圳市坪山区	新型研究开发机构资金	在区内注册的符合条件的企业	2018—2020 年
广东省深圳市坪山区	经济发展资金	在区内注册的符合条件的企业	2018—2020 年
广东省深圳市坪山区	科技创新资金	在区内注册的符合条件的企业	2018—2020 年
广东省深圳市坪山区	孵化器发展资金	符合条件的企业	2018—2019 年
广东省深圳市大鹏新区	产业发展资金	符合条件的企业	2017—2021 年

地方政府补贴	补贴名称	补贴对象	补贴时效
广东省深圳市大鹏新区	为更多的技术创新提供资金	符合条件的企业	2017—2021 年
广东省深圳市大鹏新区	生物产业发展资金	生物产业企业	2017—2021 年
广西壮族自治区	工业和信息化发展资金	符合条件的工业项目	永久
广西壮族自治区	新能源汽车购置费补贴资金	符合条件的新能源汽车生产企业	2018—2020 年
广西壮族自治区	工业企业改制奖励	符合条件的企业	2016—2020 年
广西壮族自治区	内河船规范标准化资金	符合条件的船舶运营商	2013 年 10 月 1 日至 2017 年 12 月 31 日
广西壮族自治区	燃煤电厂超低排放支持资金	符合条件的发电厂	2016—2020 年
广西壮族自治区	企业为转型而购买科技研究成果的资金	符合条件的购买科研成果的企业	2016 年 12 月至 2019 年
广西壮族自治区	进口贴息资金	符合条件的进口企业	2017—2018 年
广西壮族自治区南宁市	企业技术改造资金	符合条件的工业企业	2018—2020 年
广西壮族自治区南宁市	科技保险资金	本市境内高新技术企业和中小技术企业	2018—2023 年
广西壮族自治区南宁市	企业为转型而购买科技研究成果的资金	符合条件的购买科研成果的企业	2017—2020 年
广西壮族自治区梧州市	科技企业发展支持资金	符合条件的高新技术企业	2017 年 9 月至今
广西壮族自治区梧州市	科技研究成果转化资金	符合条件的高新技术企业	2018 年 9 月至今
广西壮族自治区北海市	科技研究成果转化资金	经认定的从事科技成果转化的项目	2017 年至今
广西壮族自治区北海市	专利资金	符合条件的企业	2017 年至今
广西壮族自治区北海市	创新资金	高新技术企业、孵化器等	永久

续　表

地方政府补贴	补贴名称	补贴对象	补贴时效
广西壮族自治区北海市	工业和信息技术发展资金	符合条件的项目	2017—2020 年
广西壮族自治区北海市	节能减排资金	重点领域节能减排项目等	2017—2018 年
广西壮族自治区防城港市上恩县	专利资金	符合条件的企业	永久
广西壮族自治区钦州市	科技企业孵化器资金	符合条件的科技企业孵化器	2017 年 11 月至今
广西壮族自治区钦州市	技术转让资金	符合条件的企业	2017—2020 年
广西壮族自治区贵港市	支持工业企业创新研发资金	符合条件的工业企业	2018—2020 年
广西壮族自治区玉林市	科技创新奖励资金	国家、省、市级新认证平台	2017 年 11 月至今
广西壮族自治区玉林市	认证科技企业奖励资金	认证的高新技术企业	2017 年 8 月至今
广西壮族自治区玉林市	科技研究成果转化资金	为转让、转化目的收购科技成果的企业	2017 年 7 月至今
广西壮族自治区玉林市北流市	支持工业发展资金	符合条件的企业	2017 年 1 月至今
广西壮族自治区玉林市北流市	奖励被认证的科技企业资金	高新技术企业	2018 年至今
广西壮族自治区玉林市北流市	科技研究成果的购买和转化经费	从事高新技术转让和转化的企业	2018 年至今
广西贺州市	科技研究成果的购买和转化经费	符合条件的购买科研成果企业	2017—2021 年
海南省	少数民族发展资金	少数民族和扶贫项目	2015 年至今
海南省	低碳制造业发展资金	符合条件的低碳制造业企业	2016—2017 年
海南省	为尽早淘汰旧车辆和控制污染提供补贴	符合条件的旧柴油发动机车辆车主	2018—2020 年
海南省	中小企业发展资金	中小微企业和个人业主	2017 年至今

地方政府补贴	补贴名称	补贴对象	补贴时效
海南省	新能源汽车推广应用补贴	购买新能源汽车的消费者	2017—2019 年
重庆市	内河船级标准化补贴	船东	2015—2017 年
重庆市	新能源汽车推广应用补贴	在本市购买、申请、使用新能源汽车的单位和个人	2017—2018 年
重庆市	节水改造资金	节水技术改造项目	2012 年至今
重庆市	报废和拆解船只的补贴	船东	2018 年
重庆市潜江区	科技创新奖励	符合条件的企业	2018 年
重庆市涪陵区	专利资金	涪陵行政区域内新增专利授权具有专利权属的专利权人	2017 年至今
重庆市涪陵区	研究和技术转化经费	符合条件的企业	2017 年至今
重庆市涪陵区	烟草业发展补贴	符合条件的企业	2016 年至今
重庆市涪陵区	松材线虫病防治补贴	松木线虫病防治单位	2017—2018 年
重庆市涪陵区	工业发展资金	符合条件的工业企业	2017 年
重庆市九龙坡区	用于促进科技创新的奖励	符合条件的企业	2018 年
重庆市九龙坡区	私营经济发展资金	小微企业	2012—2017 年
重庆市长寿区	为减少产能过剩而转移和安置工人提供补贴	降低产能的企业	2017 年
重庆市长寿区	扶贫资金	符合条件的个人或者其他单位	2018 年
重庆市合川区	补贴尽早淘汰黄标车辆	黄牌汽车的车主	2017 年 1 月至 2017 年 12 月
重庆市合川区	生活在贫困线以下的工人的就业补贴	扶贫示范工作坊	2018 年至今
重庆市合川区	就业补贴	符合条件的企业	2017 年至今
重庆市铜梁区	补贴尽早淘汰黄标车	符合条件的黄牌车主	2017 年
重庆市荣昌高新区	烧结砖企业关闭资金	削减产能的企业	2018 年
重庆市丰都县	工业发展资金	符合条件的企业	2017 年

地方政府补贴	补贴名称	补贴对象	补贴时效
重庆市梁平区	创新驱动发展奖励	符合条件的企业	2015 年至今
重庆市垫江县	对微型企业高质量发展的奖励	微型企业	2017 年
重庆市垫江县	科学技术奖励	符合条件的企业	2016 年至今
重庆市垫江县	扶贫资金	符合条件的个人或其他组织	2018 年
重庆市巫山县	科技创新资金	符合条件的企业	2017 年
重庆市石柱县	奖励以鼓励尽早淘汰黄标车	黄牌车辆的车主	2017 年 1 月 至 2017 年 12 月
重庆市彭水县	奖励以鼓励尽早淘汰黄标车	黄牌车辆的车主	2017 年 1 月 至 2018 年 1 月
重庆市两江新区	直辖市品牌发展奖励	符合条件的企业	2018 年 5 月 至 2023 年 5 月
四川省	工业园区基础设施建设指导资金	开发区基础设施项目	2015—2018 年
四川省	节约资源及环境保护资金	第三方污染控制项目	2017—2018 年
四川省	燃煤电厂节能改造资金	有符合节能改造要求的燃煤发电机组	2016—2018 年
四川省	科技项目资金	符合条件的企业	2017 年至今
四川省	矿山地质环境恢复和管理资金	矿山地质环境恢复和管理项目	2017 年至今
四川省	林业改革发展资金	符合林业发展要求的种植业农民或企业	2018 年
四川省成都市	生物制药产业发展资金	符合条件的企业	2016—2019 年
四川省成都市	对淘汰燃煤锅炉和清洁能源改造项目的补贴	符合条件的企业	2017—2018 年
四川省成都市	中小微企业发展资金	符合条件的企业	2013—2017 年
四川省成都市	移动互联网产业资金	符合条件的企业	2012 年至今
四川省自贡市	企业上市资金	上市企业	2015—2017 年

地方政府补贴	补贴名称	补贴对象	补贴时效
四川省自贡市	沿滩工业园区省级园区开发资金	沿滩工业园区	2016—2018 年
四川省泸州市	招商引资奖励	符合条件的企业	2017 年 7 月至 2018 年 6 月
四川省泸州市	创客空间补贴	泸州创客空间	2017—2018 年
四川省泸州市高新区	安全生产标准化建设资金	符合条件的园区企业	2016 年至今
四川省泸州市龙马滩区	技术改造和节能节水资金	符合条件的工业企业	2017 年至今
四川省德阳市	空气污染管制资金	德阳市大气污染防治工程	2017 年
四川省德阳市什邡市	对总部企业的奖励	符合总部企业认定的企业	2018—2020 年
四川省德阳市广汉市	主要污染物总指数的有偿使用资金	污染治理和减排企业	2018 年
四川省巴中市	燃煤锅炉电力替代资金	符合条件的企业	2017—2018 年
四川省眉山市	工业领域燃煤锅炉的替代能源	符合条件的企业	2017—2018 年
四川省绵阳市	创业支援资金	小微企业	2018 年至今
四川省绵阳市	重大科技计划项目资金	科技型中小企业	2016—2018 年
四川省遂宁市彭溪县	奖励淘汰落后产能	符合条件的企业	2018 年至今
四川省遂宁市船山区	支持小微企业资金	船山区的小微企业	2013 年至今
四川省南充市	节能减排和低碳发展资金	节能项目	2014 年至今
四川省南充市	对提前淘汰黄标车的补贴	符合资格的车辆	截至 2017 年 12 月 31 日
四川省南充市阆中市	产业结构调整资金	规模以上工业企业和规模改造企业	2017 年
四川省宜宾市	酒类及食品行业市场发展资金	符合条件的酒类（食品）生产企业	2015—2022 年

地方政府补贴	补贴名称	补贴对象	补贴时效
四川省宜宾市	企业发展资金	规模以上工业企业	2014—2018 年
四川省宜宾市	对小微企业的补助	符合条件的企业	2015—2018 年
四川省宜宾市	小微企业发展资金	符合条件的企业	2015—2018 年
四川省凉山地区	科技成果转化资金	符合条件的企业	2012 年至今
贵州省	产业转型升级资金	符合条件的企业	2018 年 6 月至今
贵州省	水利资金	农田水利工程、农村饮水安全工程等	2017 年 12 月 14 日至今
云南省	技术转让制度发展资金	符合条件的企业	2018 年至今
西藏自治区	扶贫资金	贫困地区和人口	2017 年至今
陕西省	抗击雾霾的奖励	符合条件的企业	2017 年至今
陕西省	技术改造奖励	符合条件的企业	2017 年至今
陕西省	开发新材料的资金	符合条件的企业	2018 年至今
陕西省	省级中小企业发展资金	省级示范县产业集聚区项目和小微创业创新项目	2018 年至今
陕西省	小微企业和科技型企业资金	小微企业、科技初创企业	2018 年至今
陕西省	去产能资金	符合条件的企业	2018 年至今
陕西省	中小微企业贷款风险补偿资金	符合条件的科技型中小企业	2017 年 11 月 3 日至今
陕西省西安市	加快技术转让和转化的资金	符合条件的企业	2016 年至今
陕西省西安市	新能源汽车推广应用项目资金	购买新能源汽车的单位和个人	2017 年至今
陕西省西咸新区	招商引资资金	符合条件的企业	2017 年至今
陕西省西咸新区	PPP 项目奖励	符合条件的 PPP 项目	2018 年 1 月 1 日至今
陕西省西咸新区	支持总部经济发展资金	（1）西咸新区注册企业法人，对注册资本 5000 万元以上不满 1 亿元的企业，给予 300 万元的奖励 （2）对注册资本在 1 亿元以上、5 亿元以下的企业，给予 1500 万元的补助	2017 年至今

地方政府补贴	补贴名称	补贴对象	补贴时效
陕西省渭南市	奖励减少雾霾污染	符合条件的企业	2017 年 9 月 29 日起开始
陕西省渭南市	扶贫资金	符合条件的企业	2018 年 2 月 6 日起开始
甘肃省	就业补助金	符合条件的个人及机构	2018 年 7 月 10 日开始，有效期 5 年
甘肃省	"扶贫工作坊"资助	符合资格的工作坊	2018 年 7 月至今
甘肃省	支持精准扶贫的专项资金	精准扶贫	2015 年至今
甘肃省	环境保护资金	符合条件的环保项目	2015 年 12 月至今
甘肃省	新能源汽车资金	购买新能源汽车的法人和个人消费者	2016 年 1 月至今
甘肃省兰州市	奖励新建和运营新能源汽车充电设施	建设和运营的充电设施项目	2016 年 1 月 1 日开始，有效期 5 年
甘肃省兰州市	战略性新兴产业发展资金	战略性新兴产业	2018 年至今
甘肃省兰州市	信息技术与产业融合发展资金	符合条件的企业	2018 年 4 月开始，有效期 3 年
甘肃省张掖市	智能制造装备和电子制造业支持资金	智能制造装备和电子制造业	2018 年 8 月至今
甘肃省金昌市	工业企业奖励	规模以上制造企业	2018 年 6 月开始，有效期 1 年
青海省	就业和创业补助金	符合条件的创客空间	2017 年 10 月 7 日至今
青海省	科技创新补助金	符合条件的科技企业孵化器	2017 年 10 月 7 日至今
青海省	农业科技园奖励	符合条件的农业科技园	2017 年 12 月 24 日至 2022 年 11 月 23 日
青海省	支持大学生创业投资的资金	符合条件的初创企业，由大学生创办	2018 年 7 月 7 日至 2023 年 7 月 6 日
青海省	大众创业、万众创新平台资金	符合条件的创客空间	2017 年 1 月 1 日至今

地方政府补贴	补贴名称	补贴对象	补贴时效
青海省	节约能源和资源利用资金	符合条件的节能和绿色项目、植物和公园	2018 年 11 月 26 日至今
青海省	对众创空间的奖励	符合条件的众创空间	2017 年 5 月 1 日至 2019 年 4 月 30 日
青海省	空气污染管制资金	符合条件的空气污染项目	2018 年 7 月 5 日至今
青海省	农牧区生活污水处理资金	符合条件的生活污水处理项目	2017 年 6 月 6 日至 2020 年 12 月 31 日
青海省	扶贫资金	符合条件的扶贫项目	2017 年 8 月 1 日至 2022 年 7 月 31 日
宁夏回族自治区	新型工业化发展项目资金	符合条件的企业	2015—2018 年
宁夏回族自治区	企业上市资金	在新三板和主板上市的企业	2015 年至今
宁夏回族自治区	中小企业和私营部门资金	符合条件的企业	2015 年至今
宁夏回族自治区	煤矿瓦斯治理和安全技术改造专项资金	符合条件的企业	2016 年至今
新疆维吾尔自治区	中小微企业资金	符合条件的企业	2017 年至今
新疆维吾尔自治区	水资源发展资金	中小型河流治理、水土保持工程建设等	2018 年至今
新疆维吾尔自治区	战略性新兴产业资金	符合条件的产业	2011—2017 年

注：1. 本表资料内容是以 WTO 文件（文件名：G/SCM/N/343/CHN）为基础的翻译以及在此基础上的初步信息整理，仅用于本书的论证分析；

2. 需要说明的是，本表中所示的某些项目可能不是（或不总是）补贴；

3. 有关资料的详细信息与相关政策的具体内容，请以中国官方政策文件与法律文本为依据。

参考文献

英文文献

[1] Aerts, Kris, and Tobias Schmidt. "Two for the price of one?: Additionality effects of R&D subsidies: A comparison between Flanders and Germany." *Research Policy* 37.5 (2008): 806-822.

[2] Aghion, Philippe, and Peter Howitt. *A model of growth through creative destruction*. No. w3223. National Bureau of Economic Research, 1990.

[3] Arrow, K. J., "Economic Welfare and the Allocation of Resources to Invention", In R.R. Nelson (ed.), *The Rate and Direction of Inventive Activity:Economic and Social Factors* (PP. 609-626), Princeton, NJ: Princeton University Press, 1962.

[4] Aschhoff, Birgit. "The effect of subsidies on R&D investment and success-Do subsidy history and size matter?." *ZEW-Centre for European Economic Research Discussion Paper* 09-032 (2009).

[5] Audretsch, David B., Albert N. Link, and John T. Scott. "Public/private technology partnerships: evaluating SBIR-supported research." *The Social Value of New Technology*. Edward Elgar Publishing, 2019.

[6] Bagwell, Kyle, and Robert W. Staiger. "An economic theory of GATT." *American Economic Review* 89.1 (1999): 215-248.

[7] Bagwell, Kyle, and Robert W. Staiger. "Economic Theory and the Interpretation of GATT/WTO." *The American Economist* 46.2 (2002): 3-19.

[8] Bagwell, Kyle, and Robert W. Staiger. "The role of export subsidies when product quality is unknown." *Journal of International Economics* 27.1-2 (1989): 69-89.

[9] Bagwell, Kyle, and Robert W. Staiger. "The sensitivity of strategic and corrective R&D policy in oligopolistic industries." *Journal of International*

Economics 36.1-2 (1994): 133-150.

[10] Bagwell, Kyle, and Robert W. Staiger. "Will international rules on subsidies disrupt the world trading system?." *American Economic Review* 96.3 (2006): 877-895.

[11] Bergek, Anna, Christian Berggren, and KITE Research Group. "The impact of environmental policy instruments on innovation: A review of energy and automotive industry studies." *Ecological Economics* 106 (2014): 112-123.

[12] Bernini, Cristina, and Guido Pellegrini. "How are growth and productivity in private firms affected by public subsidy? Evidence from a regional policy." *Regional Science and Urban Economics* 41.3 (2011): 253-265.

[13] Bhagwati, Jagdish, and Vangal K. Ramaswami. "Domestic distortions, tariffs and the theory of optimum subsidy." *Journal of Political economy* 71.1 (1963): 44-50.

[14] Bhattacharjea, Aditya. "Infant industry protection revisited." *International Economic Journal* 16.3 (2002): 115-133.

[15] Brander, James A., and Barbara J. Spencer. "Export subsidies and international market share rivalry." *Journal of international Economics* 18.1-2 (1985): 83-100.

[16] Cerqua, Augusto, and Guido Pellegrini. "Do subsidies to private capital boost firms' growth? A multiple regression discontinuity design approach." *Journal of Public Economics* 109 (2014): 114-126.

[17] Chen, Xiao, Chi-Wen Jevons Lee, and Jing Li. "Government assisted earnings management in China." *Journal of Accounting and Public Policy* 27.3 (2008): 262-274.

[18] Claro, Sebastian. "Supporting inefficient firms with capital subsidies: China and Germany in the 1990s." *Journal of Comparative Economics* 34.2 (2006): 377-401.

[19] Dixit, Avinash. "International trade policy for oligopolistic industries." *The Economic Journal* 94 (1984): 1-16.

[20] Dong, Xiao-Yuan, and Louis Putterman. "Soft budget constraints, social burdens, and labor redundancy in China's state industry." *Journal of Comparative Economics* 31.1 (2003): 110-133.

[21] Eaton, Jonathan, and Gene M. Grossman. "Optimal trade and industrial policy under oligopoly." *The Quarterly Journal of Economics* 101.2 (1986): 383-406.

[22] Feenstra, Robert C. "Trade policy with several goods and 'market linkages'." *Journal of International Economics* 20.3-4 (1986): 249-267.

[23] Frye, Timothy, and Andrei. Shleifer. "The Invisible Hand and the Grabbing Hand." *American Economic Review* 87.2 (1997) : 354-358.

[24] Golden, Miriam, and Brian Min. "Distributive politics around the world." *Annual Review of Political Science* 16 (2013): 73-99.

[25] Grossman, Gene M., and Elhanan Helpman. *Innovation and growth in the global economy.* MIT press, 1991.

[26] Grossman, Gene M., and Henrik Horn. "Infant-industry protection reconsidered: the case of informational barriers to entry." *The Quarterly Journal of Economics* 103.4 (1988): 767-787.

[27] Harris, Richard ID. "The employment creation effects of factor subsidies: some estimates for northern Ireland manufacturing industry,1955-1983." *Journal of Regional Science* 31.1 (1991): 49-64.

[28] Hirschman, Albert O. *The strategy of economic development.* No. 04; HD82, H5. Yale University Press, 1958.

[29] Horn, Henrik, Giovanni Maggi, and Robert W. Staiger. "Trade agreements as endogenously incomplete contracts." *American Economic Review* 100.1 (2010): 394-419.

[30] Houthakker, H. S. 1972. *The Control of Special Benefit Programs*, in U.S. Congress, Joint Economic Committee, The Economics of Federal Subsidy Programs-A Compendium of Papers, 92nd Congress, 2nd Session, Washington: International Monetary Fund, January.

[31] Hsieh, Chang-Tai, Satoshi Shimizutani, and Masahiro Hori. "Did Japan's shopping coupon program increase spending?." *Journal of Public Economics* 94.7-8 (2010): 523-529.

[32] Johnson, H. G. "Optimal Trade Intervention in the Presence of Domestic Distortions." in R. E. Caves, P. B. Kenen, and H.G. Johnson, eds., *Trade, Growth and the Balance of Payments: Essays in Honor of Gottfried Haberler*, eds., Amsterdam: North-Holland (1965): 3-34.

[33] Kono, Daniel Yuichi, and Stephanie J. Rickard. "Buying national: Democracy, public procurement, and international trade." *International Interactions* 40.5 (2014): 657-682.

[34] Kornai, János. "The soft budget constraint." *Kyklos*, 39.1 (1986): 3-30.

[35] Leahy, Dermot, and J. Peter Neary. "Multilateral subsidy games." *Economic Theory* 41.1 (2009): 41-66.

[36] Leahy, Dermot, and J. Peter Neary. "R&D spillovers and the case for industrial policy in an open economy." *Oxford Economic Papers* 51.1 (1999): 40-59.

[37] Maggi, Giovanni. "Strategic trade policies with endogenous mode of competition." *The American Economic Review* (1996): 237-258.

[38] Maloney, William F., and Gaurav Nayyar. "Industrial policy, information, and government capacity." *The World Bank Research Observer* 33.2 (2018): 189-217.

[39] Mayer, Wolfgang. "Endogenous tariff formation." *The American Economic Review* 74.5 (1984): 970-985.

[40] Myrdal, Gunnar, and Paul Sitohang. "Economic theory and under-developed regions." (1957). Doi: 10.2307/2601684.

[41] Neary, J. Peter. "Pitfalls in the Theory of International Trade Policy: Concertina Reforms of Tariffs, and Subsidies to High-Technology Industries." *Scandinavian Journal of Economics* 100.1 (1998): 187-206.

[42] Özçelik, Emre, and Erol Taymaz. "R&D support programs in developing countries: The Turkish experience." *Research Policy* 37.2 (2008): 258-275.

[43] Parker, Jonathan A., et al. "Consumer spending and the economic stimulus payments of 2008." *American Economic Review* 103.6 (2013): 2530-53.

[44] Raff, Horst, and Young-Han Kim. "Optimal export policy in the presence of informational barriers to entry and imperfect competition." *Journal of International Economics* 49.1 (1999): 99-123.

[45] Rickard, Stephanie J. *Spending to win: Political institutions, economic geography, and government subsidies.* Cambridge University Press, 2018.

[46] Rickard, Stephanie J., and Daniel Y. Kono. "Think globally, buy locally: International agreements and government procurement." *The Review of International Organizations* 9.3 (2014): 333-352.

[47] Romer, Paul M. "Increasing returns and long-run growth." *Journal of political economy* 94.5 (1986): 1002-1037.

[48] Rostow, Walt Whitman. *The stage of economic growth: A non-communist manifestto.* Cambridge University Press, 1990.

[49] Sachs, Jeffrey D., and Andrew M. Warner. "The big push, natural resource booms and growth." *Journal of development economics* 59.1 (1999): 43-76.

[50] Schrank, W. "Subsidies for Fisheries: A Review of Concepts." in Papers Presented to *the Expert Consultation on Economic Incentive and Responsible Fisheries: Rome, 28 November-1 December 2000, 11-39. Rome: FAO Fisheries Report NO.638, Supplement* (2000).

[51] Schwartz, Gerd, and Benedict Clements. "Government subsidies." *Journal of Economic Surveys* 13.2 (1999): 119-148.

[52] Spencer, Barbara J. "Countervailing duty laws and subsidies to imperfectly competitive industries." *Issues in US-EC trade relations*. University of Chicago Press, 1988. 315-348.

[53] Spencer, Barbara J., and James A. Brander. "International R&D rivalry and industrial strategy." *The Review of Economic Studies* 50.4 (1983): 707-722.

[54] Steenblik, Ronald. "A subsidy primer." *Global Subsidies Initiative of the International Institute for Sustainable Development, Geneva* (2007).

[55] Sykes, Alan O. "Countervailing Duty Law: An Economic Perspective." *Columbia Law Review* 89.2 (1989): 199-263.

[56] Tassey, Gregory. "Underinvestment in public good technologies." *The Journal of Technology Transfer* 30.1-2 (2004): 89-113.

[57] Van Vliet, Oscar, et al. "Multi-agent simulation of adoption of alternative fuels." *Transportation Research Part D: Transport and Environment* 15.6 (2010): 326-342.

[58] Verdier, Daniel. "The politics of public aid to private industry: The role of policy networks." *Comparative Political Studies* 28.1 (1995): 3-42.

[59] Wren, Colin, and Michael Waterson. "The direct employment effects of financial assistance to industry." *Oxford Economic Papers* 43.1 (1991): 116-138.

中文文献

[1] 陈山枝. 全球5G技术、标准与产业进展及发展态势 [C]. 北京：社会科学文献出版社，2018: 77-96.

[2] 陈卫东. 中美围绕国有企业的补贴提供者身份之争：以WTO相关案例为重点 [J]. 当代法学，2017，31(03):21-30.

[3] 高一鹏．WTO补贴规则与中国补贴制度改革[D].福州：福建师范大学，2005.

[4] 顾宾．WTO服务贸易补贴法研究[D].北京：对外经济贸易大学，2012.

[5] 黄东黎，何力．反补贴法与国际贸易[M].北京：社会科学文献出版社，2013.

[6] 柯静．新一轮世贸组织体制市场导向之争及其前景[J].国际关系研究，2020(03):89-112+157-158.

[7] 李思奇．国际反倾销和反补贴规则新演变及中国对策[J].国际贸易，2016(07):43-48.

[8] 廖凡．政府补贴的法律规制:国际规则与中国应对[J].政治与法律，2017(12):2-11.

[9] 刘明．对2017年以来美欧日三方贸易部长联合声明的分析[J].国家治理，2019(21):13-25.

[10] 蒙英华，于立新．服务贸易补贴及中国政策绩效评估[J].国际贸易，2013(10):61-67.

[11] 吴喜梅．WTO框架下我国农业补贴法律体系的建构[M].北京：法律出版社，2013.

[12] 徐进亮，刘婉莹，王光．政府采购扶持少数民族地区的若干政策建议——以"本国货物"的合理界定为视角[J].贵州民族研究，2012，33(04):29-32.

[13] 许晓曦．外向经济发展中的中国财政补贴[D].厦门：厦门大学，2003.

[14] 徐兆东．中国服务贸易补贴政策研究[D].北京：中国社会科学院研究生院，2014.

[15] 叶姗．税收优惠政策制定权的法律保留[J].税务研究，2014(03):58-62.

[16] 张丽英，庞冬梅．论"市场扭曲"定义市场经济地位的不合理性[J].经贸法律评论，2020(01):75-93.

[17] 张向晨，徐清军，王金永. WTO 改革应关注发展中成员的能力缺失
问题 [J]. 国际经济评论，2019(01):9-33+4.

[18] 郑伟，管健. WTO 改革的形势、焦点与对策 [J]. 武大国际法评论，
2019，3(01):75-92.

[19] 朱绵茂，陈卫东，陈咏梅，等. WTO 改革的中国学者方案笔谈 [J]. 南
海法学，2019，3(01):1-16.